数据工程师系列精品教材

总主编　肖红叶

统计建模技术Ⅱ

离散型数据建模与非参数建模

主　编　杨贵军

副主编　孙玲莉　孟　杰

科学出版社

北　京

内 容 简 介

本书兼顾统计知识的基础性和系统性，精炼离散型数据模型和非参数模型的基础知识和建模技术，系统讲授离散型数据建模技术的预备知识、列联表、广义线性模型、Logistic 回归模型、对数线性模型以及非参数建模技术的预备知识、位置参数的非参数检验、总体尺度参数和相关性的非参数检验、总体分布的非参数检验、非参数回归模型. 本书突出统计建模技术的内容通俗性、统计思想性和实际应用性，旨在增强学生对复杂数据的认知，培养学生针对复杂数据的统计建模技术.

本书主要是为经济统计学专业本科学生而写的统计建模技术教材，也可以用作相关专业的本科学生、研究生以及学习统计建模技术读者的教材和学习参考书.

图书在版编目(CIP)数据

统计建模技术Ⅱ，离散型数据建模与非参数建模 / 杨贵军主编. —北京：科学出版社, 2021.3

数据工程师系列精品教材 / 肖红叶总主编

ISBN 978-7-03-068373-1

Ⅰ. ①统… Ⅱ. ①杨… Ⅲ. ①统计模型－教材 Ⅳ. ①C8

中国版本图书馆 CIP 数据核字 (2021) 第 049301 号

责任编辑：方小丽　范培培 / 责任校对：贾娜娜
责任印制：赵　博 / 封面设计：蓝正设计

科学出版社出版
北京东黄城根北街 16 号
邮政编码：100717
http://www.sciencep.com
涿州市般润文化传播有限公司印刷
科学出版社发行　各地新华书店经销
*
2021 年 3 月第　一　版　开本: 787 × 1092　1/16
2024 年 3 月第四次印刷　印张: 14
字数: 330 000

定价: 45.00 元

(如有印装质量问题，我社负责调换)

“数据工程师系列精品教材”
编审委员会

苏为华　教育部统计学类专业教学指导委员会委员　浙江工商大学
李　勇　教育部统计学类专业教学指导委员会委员　重庆工商大学
李金昌　教育部经济学类专业教学指导委员会副主任委员
　　　　浙江财经大学
李朝鲜　教育部经济学类专业教学指导委员会原委员　北京工商大学
杨仲山　教育部统计学类专业教学指导委员会委员　东北财经大学
杨贵军　天津财经大学
余华银　教育部统计学类专业教学指导委员会原委员　安徽财经大学
宋丙涛　河南大学
张维群　西安财经大学
陈尊厚　教育部金融学类专业教学指导委员会原委员　河北金融学院
林　洪　广东财经大学
林金官　教育部统计学类专业教学指导委员会委员　南京审计大学
尚　翔　天津财经大学
罗良清　教育部经济学类专业教学指导委员会委员　江西财经大学
顾六宝　河北大学
徐国祥　教育部统计学类专业教学指导委员会副主任委员
　　　　上海财经大学
彭国富　河北经贸大学
葛建军　教育部统计学类专业教学指导委员会委员　贵州财经大学
傅德印　教育部统计学类专业教学指导委员会委员　中国劳动关系学院
雷钦礼　暨南大学

总 序

经过近 6 年的工作，这套以“数据工程师”命名的系列教材付印出版了. 教材是以经济领域大数据应用本科专业教学为目标的. 但因该系列教材集中在相关技术主题，也应该适用于其他领域大数据应用的学习参考. 当然这取决于教材内容能否满足其他领域大数据应用的要求. 经受住教学及其学生就业适应性的检验，一直是教材编写的重压. 核心在于对大数据应用的认知，总是滞后大数据技术的进步及其应用场景的多样化扩张. 教材只能以一定的基础性和通用性应对，并及时迭代. 即使如此，相关编写内容的选择，也考察编写者对大数据应用目标与发展趋势大背景及人才培养创新探索的理解与把握.

一、时代背景

2010 年前后，计算机网络数据技术及其应用大爆发，大数据概念问世. 涌现出在“大数据”认知中造梦追梦的激情潮流. 相应搜集、处理和深度分析大数据的专业技术人才受到热捧追逐. 一晃十年. 虽然目前该技术驱动出现网购、社交、金融、教育医疗、智慧城市等一系列新商业模式和新兴产业，引发传统生产、生活方式发生深刻变革，但其仍然没有破除生产率悖论[①②]，成长为推动实体经济整体发展的通用技术[③]. 原因在于，不同于以物质和能量转换为特征的历次技术产业革命，信息技术是以智能化方式释放出历次产业革命所积蓄的巨大能量的. 但其能量释放机制高度复杂，远非传统生成要素重新组合就能解决问题. 信息技术与传统领域融合，需要基于以新技术、新基础设施和新要素组织机制构成的新技术经济范式的创建[④]. 新范式应该包括相关人才支撑及其培养机制.

---

① John L. Solow. 1987. The capital-energy complementarity debate revisited. The American Economic Review, 77(4): 605-614.

② Tyler Cowen. 2011. The Great Stagnation: How America Ate All the Low-Hanging Fruit of Modern History, Got Sick, and Will Feel Better. Dutton.

③ Andrew G. Haldane. 2015. How low can you go?. https: //www.bankofengland.co.uk/-/media/boe/files/speech/2015/how-low-can-you-can-go.pdf.

④ Carlota Perez. 2008. The Big Picture: More Than 200 Years of Financial Bubbles, Where are We now and Where Will We end up? Harvard Business School's 100th Anniversary, Oslo Conference, September[EB/OL]. http: //www.konverentsid.ee/files/doc/Carlota Perez. pdf.

2015 年，我国提出实施大数据战略. 2017 年，习近平总书记就实施国家大数据战略主持中共中央政治局第二次集体学习时就指出，要构建以数据为关键要素的数字经济，推动互联网、大数据、人工智能同实体经济深度融合，并要求培育造就一批大数据领军企业，打造多层次、多类型的大数据人才队伍. 国务院则在 2015 年 8 月 31 日印发《促进大数据发展行动纲要》①，专门提出创新人才培养模式，建立健全多层次、多类型的大数据人才培养体系，鼓励高校设立数据科学和数据工程相关专业，重点培养专业化数据工程师等大数据专业人才的规划要求.

二、教学创新探索

2013 年 10 月，中国统计学会在杭州以“大数据背景下的统计”为主题召开第十七次全国统计科学讨论会. 众多著名专家学者深入讨论了大数据背景下政府统计变革等问题，发出经济统计应对大数据的呼吁. 天津财经大学迅速响应，在时任副校长兼任珠江学院院长高正平教授支持下，经过大量调查研究，以经济管理领域大数据应用技术专业人才培养为目标，开始经济统计学专业对接大数据的改革探索，形成“数据工程”专业方向培养方案. 2015 年，天津财经大学珠江学院和统计学院启动改革实践，引发国内同行热切反响. 2016 年 1 月，天津财经大学在珠江学院召开教学会议，联合江西财经大学、浙江工商大学、浙江财经大学、河南财经政法大学、内蒙古财经大学、河南大学以及国家统计局统计教育培训中心、科学出版社等 26 所高校和机构，共同发起成立“全国统计学专业数据工程方向教学联盟”，通过了联合推进教学改革的计划. 2016 年 7 月，在浙江工商大学召开教学联盟第二次会议，47 所高校参会，讨论了课程体系及其主要课程教材大纲，成立教材编写委员会，建议进一步推进高校经济管理各专业学生数据素质培养教学活动. 天津财经大学数据工程教学改革取得较好实践效果，2018 年获天津市优秀教学成果一等奖. 其中数据工程人才培养定位、主要技术课程及教学内容是改革探索的核心，也是这套系列教材形成的具体背景.

三、“数据工程”定位

“数据工程”定位基于两方面考虑.

其一，“工程”概念是以科学理论应用到具体产品生产过程界定的. “数据工程”定位在大数据的应用，就是通过开发从数据中获取解决问题所需信息的技术，为用户提供信息与服务产品. 其直接产生数据的信息价值，具体体现数据要素的生产力. 另外，鉴于数据存在非竞争和非排他性，规模报酬递增性，多主体交互生成与共享的权属难以界定性，以及可无限复制性等基本特征，一般性掌握原生数据并没有现实意义，数据价值来自从中获取的能够驱动行为的信息. 数据配置交易一般通过提供数据的信息服务产品，特别是以长期服务方式完成. 数据工程开发产品为数据要素实现市场配置提供了基础支撑.

其二，标示与“数据科学”区分. 早年分别基于计算机科学与数理统计学体系的理解，

① 国务院关于印发促进大数据发展行动纲要的通知. http: //www.gov.cn/zhengce/content/2015-09/05/content_10137. htm.

由图灵奖获得者诺尔[①]和著名统计学家吴建福[②]提出的"数据科学"概念，历经多年沉寂，在大数据背景下爆发[③④⑤]. 统计学在数据科学概念上与计算机科学产生交集. 但两个学科的数据科学概念解读并不一致. 其中，计算机科学偏向为将数据问题纳入系统处理架构研究提供一个概念框架. 统计学偏向开展促进大数据技术发展的方法论理论研究. 计算机的系统架构研究和统计的基础理论研究非常重要. 数据科学家是国家实施大数据战略需要的高端人才. 当前大数据底层系统技术进展迅速，通用化瓶颈在于其与实体领域的融合应用. 我国经济与产业体系规模决定了大数据领域应用对应的各类型、各层次专业人才需求场景扩展迅速，相应人才需求空间足够大并存在长期短缺趋势. 培养大批掌握成熟数据技术，并能够在领域中发挥应用创新作用的"数据工程师"，是我国较长时期就业市场的选择.

四、主要课程

主要课程解决三方面问题.

其一，总体要求课程设置涵盖大数据应用三阶段全流程. 第一阶段是领域主题数据生成. 支撑领域用户信息需求主题的形成，及其对应原生数据的采集与搜集. 第二阶段是数据组织与管理. 保障大数据应用资源合理配置，方便使用. 第三阶段是数据信息获取. 产生信息产品与服务，实现数据要素价值.

其二，课程结构及内容调整重组. 这是基于大数据应用流程，将应用领域、计算机和统计学三个专业课程汇集到数据工程专业后，教学课时总量约束要求的. 重组原则为在适用性基础上，兼顾知识体系的基础性和系统性.

（1）领域课程. 以经济学等基础课为主体，精炼相关专业课程.

（2）计算机课程. 其覆盖大数据应用全流程，且工程技术专业定位决定其专业基础仍然紧密联系应用. 相关课程包括计算机基础、Python 程序设计和计算机网络等基础课程，数据库原理与应用以及信息系统安全等数据组织管理课程，数据挖掘技术和深度学习、文本数据挖掘和图像数据挖掘以及数据可视化技术等数据信息获取技术课程.

（3）统计课程分为基础与应用两组. 基础包括应用概率基础和应用数理统计. 前者以概率论为主体加入随机过程基本概念. 后者综合数理统计、贝叶斯统计和统计计算三部分内容. 应用包括三门统一命名的统计建模技术(Ⅰ Ⅱ Ⅲ). 其中Ⅰ为多元统计建模与时间序列建模，Ⅱ为离散型数据建模与非参数建模，Ⅲ为抽样技术与试验设计. 另外还有统计软件应用课程.

其三，注重实践操作. 这是应用人才的规定. 除课程中包含实践教学环节之外，独立开设程序设计实践、数据库应用实践、数据分析实践等课程. 引入真实数据，提高学生实际数据感知能力.

---

① Peter Naur. 1974. Concise survey of computer methods Hardcover, Studentlitteratur, Lund, Sweden, ISBN 91-44-07881-1.

② 吴建福. 从历史发展看中国统计发展方向[J]. 数理统计与管理, 1986, (1): 1-7.

③ Thomas H. Davenport and D. J. Patil. 2012. Data scientist: the sexiest job of the 21st century. Harvard Business Review, 90(10): 70-76, 128.

④ Chris A. Mattmann. 2013. A vision for data science. Nature, 493: 473-475.

⑤ Vasant Dhar. 2013. Data Science and Prediction, Communications of the ACM. https://doi.org/10.1145/2500499.

五、系列教材

有关系列教材，做如下两点说明.

其一，关于系列教材组成及特点. 课程结构及其内容调整重组后，教学面临对应的教材问题. 基于统计学专业改革背景，以能够较好把握为出发点，从统计课程和关联性较强的部分计算机数据处理技术切入教材编写. 该系列教材第一批由《应用数据工程技术导论》《数据挖掘技术》《深度学习基础》《图像数据挖掘技术》《数据可视化原理与应用》《应用概率基础》《应用数理统计》《统计建模技术Ⅰ——多元统计建模与时间序列建模》《统计建模技术Ⅱ——离散型数据建模与非参数建模》《统计建模技术Ⅲ——抽样技术与试验设计》《数据分析软件应用》11 本组成. 其特点总体表现在，基于实际应用需要安排教材框架，精炼相关内容.

其二，编写组织过程. 2016 年 1 月，教学联盟第一次会议提出教材建设目标. 2016 年 7 月，教学联盟召开第二次会议，基于天津财经大学相应课程体系的 11 门课程大纲和讲义，就教材编写内容和分工进行深入讨论. 成立了教材编写委员会. 委托肖红叶教授担任系列教材总主编，提出编写总体思路. 诚邀著名统计学家邱东、曾五一和房祥忠教授顾问指导. 杨贵军和尚翔教授分别负责统计和计算机相关教材编写的组织. 天津财经大学、江西财经大学、浙江财经大学、浙江工商大学、河南财经政法大学、内蒙古财经大学等高校共同承担编写任务. 杨贵军和尚翔教授具体组织推动编写工作，其于 2018 年 10 月 20 日、2019 年 9 月 19 日、2020 年 11 月 29 日三次主持召开教材编写研讨会.

系列教材采用主编负责制. 各个教材主编都是由国内著名教授担当. 他们具有丰富的教学经验，曾主编出版在国内产生很大影响的诸多相关教材，对统计学与大数据对接有着独到深刻的理解. 他们的加盟是系列教材质量的有力保证.

这套系列教材是落实国家大数据战略，经济统计学专业对接大数据教学改革，培养大数据应用层次人才的探索. 其编写于“十三五”时期，恰逢“十四五”开局之时出版. 呈现出跨入发展新征程的时代象征. 这预示本系列教材培养出的优秀数据工程师，一定能够在大数据应用中发挥一点实际作用，为国家现代化贡献一点力量. 既然是探索，教材可能存在许多缺陷和不足. 恳请读者朋友批评指正，以利于试错迭代，完善进步.

教材编写有幸得到方方面面的关注、鼓励、参与和支持. 教材编写委员会及我本人，对经济统计学界的同仁朋友鼎力支持教学联盟，对天津财经大学珠江学院高正平教授、刘秀芳教授及天津财经大学领导和同事对数据工程专业教学探索提供的强力支撑，对科学出版社领导的大力支持和方小丽编辑的热心指导表示衷心的感谢！

肖红叶

2021 年 3 月

前言

本书兼顾统计知识的基础性和系统性，精炼离散型数据模型和非参数模型的基础知识和建模技术，系统讲授列联表、广义线性模型、Logistic 回归模型、对数线性模型以及位置参数的非参数检验、总体尺度参数和相关性的非参数检验、总体分布的非参数检验、非参数回归模型. 上述内容既是读者了解相关理论发展前沿、阅读相关文献以及实际应用的基础，也是读者在今后实际工作中更好地运用统计建模技术所必需的知识训练.

为了读者更好地把握每章内容的学习重点和解析每章习题,有效地学习和理解统计建模技术的基础知识，书稿编写兼顾以下两方面.

（1）注重统计思想与内容通俗性的权衡. 离散型数据模型和非参数模型的内容非常广泛. 本书主要选择读者相对易于理解的有关理论知识和建模技术，回避烦琐的理论性质解释和证明. 同时这些建模技术也易于通过统计软件实现，有助于读者将注意力集中于利用统计建模技术解决实际问题的过程，理解统计思想.

（2）注重统计方法的实际应用性. 本书的案例相对简单、易懂，定位于演示离散型数据模型和非参数模型的理论知识，既帮助读者体会统计建模技术的实际应用价值，也期望读者从理论上正确理解不同统计模型的特点和适用性，合理评估统计建模结果的可靠性.

本书主要是为经济统计学专业本科学生而写的统计建模技术教材，也可以用作相关专业的本科学生、研究生以及学习统计建模技术读者的教材和学习参考书.

本书是由杨贵军、孙玲莉、孟杰合作完成的. 在书稿完成过程中,天津财经大学统计学院孙玲莉、孟杰和珠江学院刘之松、苗菲、苏瑞娟、袁世冉、石秀平、刘超等教师，以及多个年级在读的博士研究生和硕士研究生参与了讨论、资料搜集以及书稿的录入、整理、修订与校对工作. 杨贵军作为总纂，完成改写、统稿.

作者在此感谢天津财经大学珠江学院、统计学院和中国经济统计研究中心的全力支持. 感谢科学出版社的大力支持. 感谢国家社会科学基金(20ATJ008, 17CTJ002, 20CTJ009)、国家自然科学基金(11471239)、天津市哲学社会科学规划重点课题(TJTJ19-001)和天津财经大学珠江学院课程改造与建设项目的资助. 本书写作是从大数据应用人才的社会需求调研起步，经历了经济统计学专业培养方案改革和实践探索，统计建模技术课程教材大纲，统计建模技术课程讲稿，统计建模技术讲义，统计建模技术教材初稿，统计建模技术教材终稿，完成经济统计学相关教材结构及内容调整重组. 几十个版本反复精炼和优化改进，是为了在经济统计学专业的大数据应用人才培养中发挥一点作用. 本书仍可能存在缺陷和不足，恳请读者批判指正，以便我们在今后的教学实践中进一步修改和完善.

作　者

2021 年 3 月

目　录

第 1 章

离散型数据建模的预备知识

离散型数据是在实际应用中经常遇到的一类数据. 商品好坏、保险索赔次数、社会经济运行稳定与否等都用离散型数据描述. 离散型数据建模技术不同于连续型数据建模技术. 本章主要介绍离散型数据建模技术的基础知识.

1.1 离散型数据

离散型数据在科学研究和生产实践中非常普遍. 例如, 男性表示为 1, 女性表示为 2, 则人口数据的性别由 1 和 2 组成. 这类数据是离散型数据, 相应的数字代表不同类别. 这类数据也叫名义数据、类别数据、定类数据. 还有一类数据, 如奥运会游泳比赛产生的冠军、亚军和季军, 可以依次用 1, 2, 3 表示. 成年人体重有偏轻、正常、偏重、超重, 可以依次表示为 1, 2, 3, 4. 这些数据也是离散型数据, 不仅能够描述不同类别, 还能够描述类别的差异, 也被称为有序数据. 所研究的客观现象或者所研究问题的结果, 按照某一标准能够划分为不同的类别, 就可以描述为离散型数据, 不同类别用不同的数字表示. 还有一类定量的数据也是离散型数据. 如人口数、信用违约数、保险索赔次数、商品数量、航班数等都是定量指标, 也是离散型数据, 能够描述客观现象出现的频繁程度. 离散型数据有时简称为离散数据, 是指自然数或者整数单位计量的数据. 相对地, 连续型数据常常是指在一段区间内不能一一列举的数据.

一般来说, 连续型数据分析方法不适用于分析类别数据和有序数据. 类别数据分析方法和有序数据分析方法可用于分析定量数据, 但会损失定量数据的定量信息. 有序数据分析方法不适用于分析类别数据. 类别数据分析方法可以用于分析有序数据, 但无法利用有序数据的顺序信息, 会影响分析的效果.

1.2 离散型数据建模技术的发展简介

离散型数据在实际应用中非常普遍, 很早就受到统计学家的关注. 很多统计学家都对其发展做出了重大贡献. 下文按照时间顺序简单介绍离散型数据建模技术的发展过程.

20 世纪早期, Karl Pearson 引入了列联表用于描述类别变量的相关性, 给出 χ^2 统计量, 并发展了 χ^2 检验, 用于检验双向列联表的统计独立性. George Udny Yule 定义了优势比, 直接利用单元频数度量列联表的关联性, 还给出了列联表边缘关联性和条件关联性. Leo A. Goodman 和 William H. Kruskal(1979)对列联表的关联性度量做出了很大贡献. 比利时统计学家 Adolphe Quetelet 首次使用了相对风险的概念. Ronald A. Fisher 引入了 χ^2 分布的自由度. 对于 $I\times J$ 列联表的独立性检验, χ^2 分布的自由度为 $\mathrm{df}=(I-1)(J-1)$. 他也给出了 2×2 列联表的 Fisher 精确检验.

20 世纪 30 年代,离散型数据的分析模型开始较快发展. Ronald A. Fisher 和 Frank Yates 提出了针对二分类数据分析的二项分布参数变换 $\log[\pi/(1-\pi)]$. Joseph Berkson 将这个变换称为 Logit(对数优势比). 之后, Logistic 回归模型获得广泛应用. George Rasch 提出了具有个体和项目参数的 Logit 模型, 现在称为 Rasch 模型. 该模型在心理学和教育学中获得广泛应用. Daniel McFadden 发展了离散选择模型, 并获得 2000 年诺贝尔经济学奖. Peter McCullagh 给出了 Fisher 得分算法, 累积 Logit 模型开始受到关注. John Nelder 和 R. W. M. Wedderburn 引入广义线性模型的概念, 并将二项响应的 Logistic 和 Probit 模型、泊松分布和负二项分布的对数线性模型, 以及正态响应的回归模型和方差分析模型归纳为广义线性模型. 近年来, 聚簇数据的关联响应拟合 Logistic 模型和广义线性混合模型受到更多关注.

20 世纪中期, William Cochran 给出比较多个配对样本比例的一般性检验方法, 提出了 $2\times 2\times K$ 列联表条件独立性的检验, 并发展了多项 Logit 模型. Leo A. Goodman 发展了有序数据的模型, 并将对数线性模型和 Logit 模型应用于社会科学领域. 之后, 对数线性模型也被用于分析多维离散数据.

统计学是不断发展的, 离散数据分析方法也一直处在不断发展过程中. 2000 年后, 由于计算机技术发展和普及, Bayes 方法重新受到统计学者的关注, 促使离散数据分析方法获得较大发展. 海量数据集对离散数据分析提出了新的挑战和发展机遇, 推动了数据挖掘模型不断出现. 有些数据挖掘模型用于文本数据和图像数据, 也为离散型数据建模技术研究提供了新思路.

1.3 离散型数据模型的主要应用

离散型数据模型已被广泛应用于社会科学、行为科学、生物医学、公共卫生、市场营销、教育和农业科学等许多领域. 下面介绍离散型数据模型的几个例子, 演示离散型数据模型的主要应用.

1. *出行方式满意度*

互联网推动了共享经济快速发展, 人们出行方式更多样化. 网约车出行是一种高效便捷的出行方式, 成为商业运营的新模式. 某汽车公司计划在某大城市开展网约车的商业服务，需要做城市网约车服务的市场研究. 该汽车公司关心的问题是网约车服务的市场前景，其中包括城市居民对网约车服务的满意度评价，选择出租车作为参照. 针对本城市居民使用网约车和出租车[①]的出行满意度的市场调查，满意度采用 100 分制计量，调查问卷包括性别、年龄、职业、出行方式、出行费用和满意度评价等. 调查数据整理为列联表如表 1.1 所示.

表 1.1　出行方式与满意度的列联表

出行方式	是否满意		合计
	是	否	
网约车	510	209	719
出租车	292	257	549
合计	802	466	1268

2. 车险保单索赔次数

随着国民经济的不断发展，商业保险市场也发展迅速. 在非寿险业务中，汽车保险是重要组成部分. 车险保单索赔次数的分布是开发车险险种、精确计算保费和厘定准备金等的理论依据. 车险保单索赔数据见表 1.2，包括被保险人的个人信息、索赔次数等信息. 基于保险公司的车险保单索赔数据，响应变量选择车险保单索赔次数，解释变量分别为地区(五个类别: A, B, C, D, E)、汽车型号(三个类别: 大、中、小)、车龄(月)以及司机性别(两个类别: 男、女). 分析车险保单索赔次数，需要考虑数据的相关性，如索赔次数和车龄之间的相关性、索赔次数和投保人所在地区、汽车型号等变量之间的相关性. 地区、汽车型号、司机性别及车龄均为离散型变量. 车险保单索赔次数也是离散型变量，需要选择离散型数据建模技术拟合数据.

表 1.2　车险保单索赔数据

序号	变量名	取值
1	车险保单索赔次数	整数
2	地区	A, B, C, D, E
3	汽车型号	大、中、小
4	司机性别	男、女
5	车龄	按月计算

3. 创业公司未来五年存活概率

创业公司面临的风险很多，未来发展具有很大的不确定性. 为了预测创业公司五年后

① 这里的出租车表示非网约的传统出租车.

存活状况, 研究对创业公司存活状况的潜在影响因素, 收集基金公司的创业公司汇总数据. 基金公司关注的变量主要有公司规模、营业额、信誉等级, 见表 1.3. 公司规模是连续型变量, 营业额是连续型变量, 信誉等级是离散型变量, 分为好、一般、差三个等级. 公司规模扩大、公司营业额提高会增强公司偿债和盈利能力, 提高公司未来五年存活概率. 一家创业公司的信誉等级往往决定着公司规模发展速度.

表 1.3 创业公司存活状况预测数据

序号	变量名	类型	取值
1	未来五年存活	离散型变量	"1" 代表 "是" "0" 代表 "否"
2	公司规模	连续型变量	正实数
3	营业额	连续型变量	正实数
4	信誉等级	离散型变量	好、一般、差

4. *居民出境游意愿*

随着我国国民收入水平的提高, 出境游成为调整生活的一种方式. 旅游公司的旅游产品设计至关重要, 对游客的个性化定制服务能够吸引更多的游客. 某旅游公司进行职场中青年出境游的意愿与偏好的专项调查, 试图发现旅游产品特点与中青年出境游意愿的关联性. 调查数据包括有出境游意愿、舒适度和旅游时长, 均为离散型变量, 见表 1.4. 舒适度分为轻奢型和实惠型. 轻奢型旅游产品提供较高舒适度的服务; 实惠型旅游产品提供一般性舒适度的服务.

表 1.4 居民出境游意愿调查数据

序号	变量名	取值
1	有出境游意愿	"1" 代表 "是" "0" 代表 "否"
2	舒适度	轻奢型、实惠型
3	旅游时长	七日以内、大于七日

5. *上市公司财务风险*

上市公司财务状况不仅反映公司的经营状况、盈利水平, 也代表了公司未来的投资价值, 是公司管理层决策和投资者投资的重要参考指标. 为了建立公司财务状况的预测模型, 在上交所和深交所上市的公司中, 选取两类公司, 分别为 ST(special treatment, 特殊处理)公司和正常公司, 两类公司数量相同, 正常公司财务状况作为 ST 公司财务状况的对照. 公司财务状况选择包括流动比率、资产负债率等指标. 通常, 采用 Logistic 模型识别公司财务风险.

6. *定期存款*

存款是银行的主要业务之一, 也是银行资金的重要来源. 分析客户存款偏好, 探讨影响客户存款的因素, 有助于银行制订合理的营销策略, 增加定期存款数额. 开展银行客户调查, 调查内容包括客户的工作、受教育和存款情况. 将收集的数据编制列联表, 利用对数线性模型拟合不同特征的客户数据, 进行拟合优度检验和条件关联检验, 分析客户选择存款方式的特征.

7. 选举

四年一度的美国总统选举一直备受全球关注, 选举结果会改变美国未来四年经济发展轨迹, 也影响其他国家经济发展. 在美国总统选举中, 调查不同特征的选民对候选人的偏好. 候选人为两位或多位, 作为因变量. 选民的性别、年龄、受教育年限和学历等都是解释变量, 都是离散型变量. 利用 Logistic 回归模型, 分析选民投票的偏好, 判断候选人竞选的优势和劣势.

1.4 离散型数据建模的主要步骤

离散型数据建模是一个具体的统计分析过程. 整个过程都是为了构建合理的离散型数据模型. 为了保证离散型数据模型的实用性, 离散型数据建模要遵循如下步骤: 清楚阐述统计问题, 全面收集统计数据, 合理选择和评估数据模型, 严谨准确地提供分析结果. 不同领域的数据分析问题, 关注建模过程中的侧重点不同. 下面简要介绍离散型数据建模的一般步骤, 作为实际应用的指导和参考.

1. 问题阐述

离散型数据建模的目的是给出可靠的统计分析结果和结论. 因而, 清楚阐述离散型数据分析的问题是离散型数据建模的第一步, 也是最重要的步骤. 离散型数据建模过程都围绕该问题展开. 离散型数据分析的问题各种各样, 需要对问题有一个准确的认识, 理解和掌握正在研究的对象. 如果数据分析问题阐述不清楚, 问题陈述模糊或陈述错误, 很可能会导致选择不合理的变量集或统计分析方法, 模型参数估计容易出现较大偏误, 甚至是错误的统计模型, 统计分析的结果和结论没有任何意义.

2. 选择相关变量

清楚阐述问题之后, 要与该研究领域专业人士合作, 选择相关变量, 包括响应变量和解释变量. 响应变量是离散型数据模型最重要的变量. 在实际应用中, 原始的响应变量如果是连续型变量, 可以先对数据进行离散化变换, 再使用离散型数据模型分析. 解释变量可以是离散型变量, 也可以是连续型变量. 解释变量的选择要根据研究的问题, 也依赖于所选择的响应变量. 选择解释变量的方法有过程或系统的流程图和因果图. 流程图描述了实际的全部过程或整个系统, 包括各环节或组成部分的响应变量的相关影响因素. 因果图列出和组织安排影响响应变量的所有潜在变量. 流程图和因果图为解释变量选择提供完整和全面描述.

3. 收集数据

选择好相关变量后, 接下来需要收集观测数据. 收集数据是建立离散型数据模型过程中最为费时费力的部分, 也是对模型质量影响极大的工作. 可以在现场收集数据或在实验条件下收集数据, 也可以在统计年鉴、数据网站等收集所需要的数据(也叫二手数据), 但要保证收集的数据能够反映变量的统计规律. 对于现场收集数据, 为了保证数据质量, 需要监控数据收集的过程, 随时解决出现的意外情况.

4. 模型设定

根据响应变量和解释变量的数据特征, 结合研究领域的专业知识, 选择适当的模型形式. 有时, 可以由该研究领域的专家根据他们的专业知识、研究经验或者主观判断提出备选的模型形式. 然后, 利用实际数据, 对其提出的模型进行验证和完善. 若模型未通过验证, 则需要重新选择模型形式. 在更复杂的情况下, 也可以计算相关数据的描述性统计量, 基于描述性统计量的特征, 选择某类适当的模型形式. 模型形式选择是为了将响应变量和解释变量的关系用数学形式表达. 设定的模型通常包含未知参数.

5. 模型拟合

确定模型数学形式之后, 利用收集的数据, 估计模型参数, 也称模型参数估计或模型拟合. 模型参数估计需要选择适当的参数估计方法. 离散型数据模型拟合主要采用最大似然估计方法. 在简单情况下, 最大似然估计可以给出显式表达形式. 更多的情况下, 最大似然估计不能给出显式表达形式, 需要采用迭代法等数值计算方法, 给出近似最优解. 模型拟合的相关计算可以借助统计软件完成.

6. 模型评价和选择

模型拟合完成后, 备选的模型初步建立. 接下来, 需要对模型进行评价. 检验内容包括: 拟合模型是否满足假设条件, 拟合模型是否能够客观揭示所研究的经济现象中诸多因素之间的关系. 也就是说, 拟合模型需要通过统计学检验和应用领域检验. 拟合模型的统计学检验, 需要明确要检验的模型假设条件、每个假设条件的检验方法, 以及假设条件不成立时的处理方法. 应用领域检验是指拟合模型的参数符号是否有意义, 参数估计值是否处在合理的范围内. 如果拟合模型没有通过统计学检验或应用领域检验, 就要重新设定模型, 并估计模型参数. 不同的模型设定和参数估计方法会得到不同的模型. 有时, 这些拟合模型都通过统计学检验和应用领域检验. 这时, 需要从可用的模型中选择最合理的模型, 用于分析实际数据.

7. 结论和应用建议

统计分析的结果和结论既包括最终选择的统计分析结果, 也包括离散型数据建模过程中的副产品, 包括不显著的解释变量、显著的解释变量、变量变换方式等. 这些副产品能够更好地揭示变量之间的关系和数据的特征. 这些在离散型数据建模过程中的认识和发现, 与最后得到的拟合模型一样有重要价值.

利用最终选择的拟合模型, 给出数据分析结果和结论, 并提出相应的解决办法与建议. 建议是针对所阐述的问题提出有针对性的解决办法, 注重解决办法的实用性. 解决办法应用于实践也要经过严谨细致的总体分析. 鉴于经济问题的复杂性, 很多解决办法具有利于经济发展的某些方面, 同时也会对经济发展的其他方面带来不利影响, 解决办法的实际应用更要谨慎. 经济政策具有不可实验性. 有时, 可以在局部小范围内先尝试政策建议的效果, 再扩大其实施范围.

离散型数据建模的步骤是对数据认识逐步深入的过程. 很难保证认真细致的建模过

程一定能够解决预期的研究问题. 建模失败随时可能会出现. 在实际应用中, 上述的建模步骤也可能会是一个迭代的循环过程, 是不断试错纠错的过程.

1.5　离散型数据的主要建模技术

目前, 常用的离散型数据建模技术主要有列联表、广义线性模型、Logistic 模型、列联表对数线性模型等.

1. 列联表

假设两个分类变量分别记为 X 和 Y, 变量 X 共有 I 个水平, 变量 Y 共有 J 个水平, 可能出现的分类结果共有 $I\times J$ 个. 按所有可能出现的类别, 将数据进行交叉分组并计数, 得到的频数分布表被称为列联表. 由两个分类变量交叉分类, 每个分类变量都有两个取值的水平, 交叉形成的二维列联表为 2×2 列联表. 2×2 列联表已经有广泛应用. 列联表还可能是含有序变量的列联表和多维列联表, 这两类列联表在实际应用中也经常遇到. 列联表是分析离散型数据的一种方法. 列联表的比例差、相对风险、优势和优势比用于比较变量在不同类别之间的概率差异, 分析多个离散型变量之间的相关性.

2. 广义线性模型

广义线性模型的结构分为三个部分, 分别是随机部分、系统部分和联系函数. 随机部分是识别响应变量 Y 并确定其概率分布. 在实际应用中, Y 的分布依赖于所研究的具体问题. 通常, 连续型响应变量 Y 对应正态分布, 二分类响应变量 Y 对应二项分布, 在很多情况下都能较好拟合数据. 系统部分是指识别解释变量及其进入模型中的函数形式. 解释变量的线性组合称为线性预测量, 是指解释变量的主效应作为可加效应引入模型中, 也可以将两变量的交互效应或二次效应引入模型中. 联系函数是指响应变量 Y 的期望与解释变量的效应组合联系起来的函数. 记 $\mu=E(Y)$, 线性预测量为 $\alpha+\beta_1x_1+\cdots+\beta_kx_k$, 则线性联系函数为 $g(\mu)=\alpha+\beta_1x_1+\cdots+\beta_kx_k$. 联系函数可以是线性函数, 也可以是非线性函数. 常用的联系函数有恒等联系、对数联系、对数优势联系. 广义线性混合效应模型和聚簇属性数据的随机效应模型是两类常用的广义线性随机效应模型. 广义线性混合效应模型中既有固定效应又有随机效应. 对于个体的重复观测, 给定个体的观测集构成一个簇, 同一簇中的观测通常有正相关性. 针对聚簇观测的统计分析需要考虑到这一关联性, 否则标准误的估计偏误可能很大.

3. Logistic 模型

Logistic 模型是分析属性数据的重要模型. Logistic 模型包括一元 Logistic 模型和多类别 Logistic 模型. 随着 Logistic 模型的解释变量个数增加, 主效应和交互效应的数量也迅速增加, 可供选择的模型大量增加会明显增加模型选择困难. 常用的变量选择策略包括前向选择法、后向剔除法、逐步选择法. AIC (Akaike information criterion)是评价模型的常用准则. 多类别 Logistic 模型是对多于两个类别的属性响应变量进行建模, 响应变量 Y 为各类别的频数, 往往设定为服从多项分布. 一个样本的观测与另一个样本的观测一一对应, 称为两个样本响应匹配, 相应的模型为配对数据的 Logistic 模型. Logistic 模型的预测功效用于评价模型预测优良性. Logistic 模型的预测功效主要有分类表的预测功效和 ROC 曲线(receiver operator characteristic curve, 受试者操作特征曲线). 敏感度和特异度越大, 预测功效越大. ROC 曲线与横轴围成的面积(area under the curve, AUC)越大, 预测功效越大. 样本量对 Logistic 模型的实际应用很重要. 目前还没有简单的样本量计算方法. 依据实际应用的经验, Logistic 模型需要大样本的基础. Logistic 模型模拟研究显示, 样本量至少是解释变量个数的 10 倍以上. 也有文献认为, 样本量至少是解释变量个数的 20～30 倍. 在实际应用中, 在考虑上述经验的同时, 还要结合统计应用现实需要确定样本量.

4. 列联表对数线性模型

列联表对数线性模型主要用于分析高维列联表的属性变量之间关联性. 在多维列联表中, 各属性变量之间的关联性较为复杂. 列联表对数线性模型根据属性变量之间的关联模式设定对数线性模型; 估计模型参数, 得到拟合模型和每个单元格频数拟合值; 对拟合模型进行统计检验, 选择最优模型; 分析多维列联表中属性变量之间的关联模式以及关联程度.

完备列联表是指列联表的所有单元格都有观测值. 如果有的单元格没有观测值, 列联表称为不完备列联表. 不完备列联表主要包括两种情况: 一是列联表中某个单元格的观测频数为零; 二是无法获取某个单元格的观测频数.

如果属性变量是有序变量, 就需要构造反映变量间趋势的关联项, 建立线性-线性关联模型. 对数线性模型与 Logistic 模型是有联系的. 对于某个特定的对数线性模型, 构建其中一个变量的 Logistic 模型, 会使对数线性模型结果的解释变得容易. 当解释变量为属性变量时, Logistic 模型也可视为对数线性模型.

1.6 离散型随机变量的分布

1.6.1 常用的离散型分布

离散型随机变量的分布主要有二项分布、泊松分布和多项分布.

1. 二项分布

有些随机试验的结果只有两个, 例如, 试验结果为“成功”或“失败”. 二项分布是指每次随机试验的结果为“成功”的概率 π 不变, 连续进行 n 次独立的重复试验, 试验结果出现 y 次“成功”的概率分布. 假设 n 次独立重复随机试验, 每次随机试验结果为“成功”的概率为 π, 随机试验结果为“成功”出现的总次数记为随机变量 Y, 其服从参数 n 和 π 的二项分布. 随机变量 Y 等于 y 的概率为

$$P(Y=y)=\frac{n!}{y!(n-y)!}\pi^{y}(1-\pi)^{n-y}, \quad \text{其中 } y=0,1,2,\cdots,n \tag{1.1}$$

每次随机试验的结果还可以表示为“发生”或“不发生”, “合格”或“不合格”等. 这里的“成功”并不一定是指试验结果是很理想的、偏好的, 而是指两个对立结果中的一个. 每

次随机试验结果用离散型随机变量描述，其取值也只有两个. 随机试验结果出现的次数也用离散型随机变量描述，其取值有 $n+1$ 个可能的数值. 独立试验是每次随机试验结果并不影响其他随机试验的结果.

假设 8 个公司参加工程投标，每个公司中标的概率相等，都为 π，用随机变量 Y 表示中标公司的总数. 中标概率 π 的数值不同，Y 的分布律也不一样. 表 1.5 给出了 $\pi=0.25$，$\pi=0.50$，$\pi=0.75$ 的分布律.

表 1.5　$n=8$ 的二项分布($\pi=0.25, \pi=0.50, \pi=0.75$) ①

y	$\pi=0.25$	$\pi=0.50$	$\pi=0.75$
0	0.100113	0.003906	0.000015
1	0.266968	0.031250	0.000366
2	0.311462	0.109375	0.003845
3	0.207642	0.218750	0.023071
4	0.086517	0.273438	0.086517
5	0.023071	0.218750	0.207642
6	0.003845	0.109375	0.311462
7	0.000366	0.031250	0.266968
8	0.000015	0.003906	0.100113
μ	2	4	6
σ^2	1.5	2	1.5

表 1.5 中，当 $\pi=0.50$ 时，二项分布是对称的，就是说 $P(Y=y)=P(Y=n-y)$. 当 $\pi=0.25$ 或 $\pi=0.75$ 时，二项分布不再对称，$P(Y=y)\neq P(Y=n-y)$. 随着 π 的取值趋近于 0 或者趋近于 1，二项分布偏斜程度更大.

随机变量 Y 服从参数 n 和 π 的二项分布. Y 的均值和方差分别为

$$\mu=E(Y)=n\pi$$

$$\sigma^2=E(Y-\mu)^2=n\pi(1-\pi)$$

表 1.5 的最后两行给出了 $n=8$，参数 $\pi=0.25$，$\pi=0.50$，$\pi=0.75$ 的二项分布的均值和方差. 随着参数 π 的增加，均值 μ 是增大的，而方差并没有这个规律.

图 1.1 (a) 给出了参数为 $n=8$ 和 $\pi=0.50$ 的二项分布和正态分布的比较，正态分布的均值为 4 和方差为 2. 图 1.1 (b) 给出了 $n=30$ 和 $\pi=0.50$ 情况下的图像，正态分布的均值为 15，方差为 7.5，两条曲线几乎重合. 图 1.1 (a) 和 (b) 显示，两个分布的曲线是对称的，很接近. 随着参数 n 的增加，两个分布曲线将会更接近，以至于几乎重合.

① 单元格中的数值是保留小数点后六位数字四舍五入的结果，列概率和可能不等于 1.

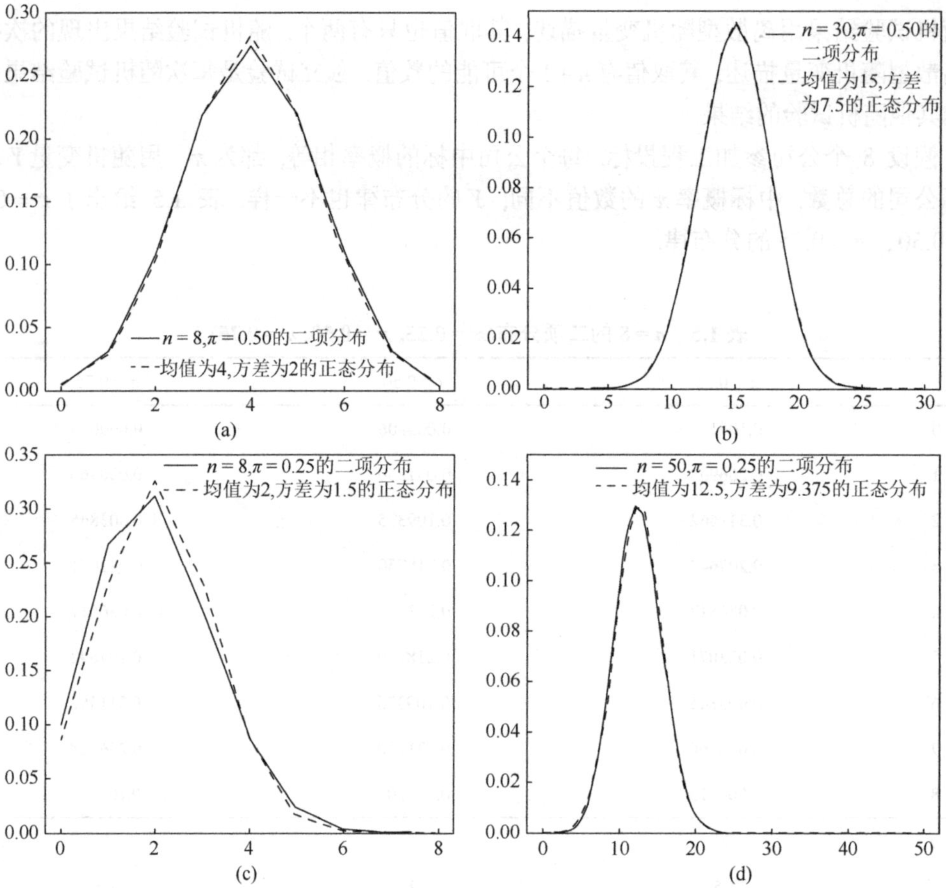

图 1.1 二项分布与正态分布的比较

对于非对称的二项分布, 则需要较大的样本量, 两个分布曲线才能够很接近. 图 1.1(c) 给出了 $n=8$ 和 $\pi=0.25$ 情况下的图像, 正态分布的均值为 2, 方差为 1.5. 从图中可以看出, 两条曲线存在明显的差异. 图 1.1 (d) 给出的是 $n=50$ 和 $\pi=0.25$ 情况下的图像, 正态分布的均值为 12.5, 方差为 9.375, 从图中可以看出, 两条曲线很接近, 几乎重合. 但不如 $n=30$ 和 $\pi=0.50$ 情况下的两条曲线重合程度. 由于二项分布和正态分布的这个性质, 在样本量大的情况下, 常常使用正态分布代替二项分布.

2. *泊松分布*

泊松分布也是重要的离散型随机变量的概率分布, 具有广泛应用. 这类分布是用其提出者法国数学家泊松的名字命名的. 例如, 等待队列的人数, 24 小时话务台接到的呼叫次数, 年度内某类保险的索赔次数, 放射性物质中放射出的粒子数目等, 都用泊松分布描述. 假设随机变量 Y 服从参数为 $m>0$ 的泊松分布, Y 等于 y 的概率为

$$P(Y=y)=\frac{m^y \mathrm{e}^{-m}}{y!}, \quad 其中\ y=0,1,\cdots \tag{1.2}$$

某公司拟招聘首席统计师一名. 假设每天来面试的应聘者数量服从泊松分布, 在 30

天招聘期内有60人来公司参加竞聘. 每天来面试的应聘者数量参数为$m=2$的泊松分布的分布律见表 1.6.

表 1.6　$m=2$ 的泊松分布的分布律

y	0	1	2	3	4	5	≥6
$P(Y=y)$	0.1353	0.2707	0.2707	0.1804	0.0902	0.0361	0.0166

图 1.2 给出了参数为$n=8$ 和 $\pi=0.25$的二项分布和参数为 2 的泊松分布的比较. 图 1.2 显示, 两个分布的曲线基本重合. 在实际应用中, 二项分布的随机变量有时选用泊松分布来计算其概率, 得到的结论差异并不大, 计算量显著减小.

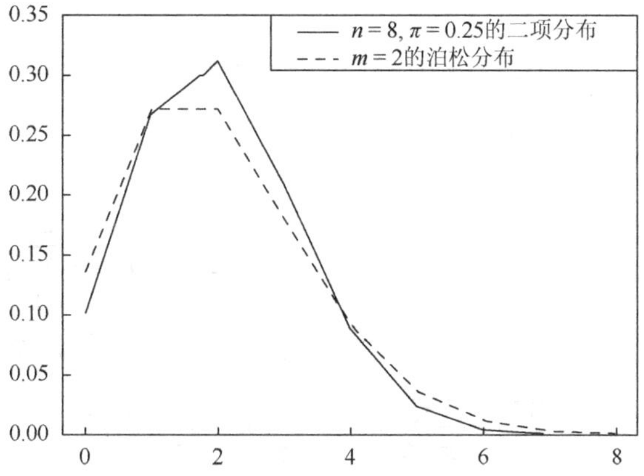

图 1.2　二项分布与泊松分布的比较

3. 多项分布

多项分布可以看作二项分布的推广, 适用于随机试验的结果不是两个而是多个的情况. 例如, 袋子中球的颜色有红色、蓝色、黑色和白色, 从袋子中进行有放回地随机抽取, 每次抽中球的颜色可能是红色、蓝色、黑色和白色. 独立重复进行 n 次随机抽取, 各种颜色的球数量服从多项分布. 假设每次随机试验结果的数量记为 C, 试验结果分别记为 $e_1,e_2,\cdots,e_C$； $\pi_1,\pi_2,\cdots,\pi_C$ 分别为试验结果 $e_1,e_2,\cdots,e_C$ 出现的概率, $\sum_c \pi_c=1$, 独立重复进行 n 次随机试验, 试验结果 $e_c(c=1,\cdots,C)$ 的出现次数记为 $Y_c(c=1,\cdots,C)$, 则

$$P(Y_1=n_1,Y_2=n_2,\cdots,Y_C=n_C)=\frac{n!}{n_1!n_2!\cdots n_C!}\pi_1^{n_1}\pi_2^{n_2}\cdots\pi_C^{n_C} \tag{1.3}$$

其中, $\sum_c n_c=n$. 当$C=2$, 相应的分布为二项分布. 多项分布的一个重要性质是其边缘分布是二项分布. 例如, Y_c 的边缘分布律

$$P(Y_c=n_c)=\frac{n!}{n_c!(n-n_c)!}\pi_c^{n_c}(1-\pi_c)^{n-n_c}, \quad 其中 c=1,\cdots,C \tag{1.4}$$

1.6.2 离散型分布的统计推断

最大似然估计是最主要的参数估计方法, 有很多的优良统计性质, 常用于估计离散型随机变量的分布参数.

1. 二项分布参数 π 的最大似然估计

最大似然估计需要已知随机变量的分布函数. 根据观测数据, 能够计算相应的概率, 求解其概率最大值对应的分布参数取值, 作为未知分布参数的最大似然估计. 最大似然估计基于最大似然估计原理, 即“发生概率最大的事件最有可能出现”.

假设随机变量 Y 服从参数为 π 的二项分布, 参数 π 未知. 在独立重复的 n 次随机试验中, 样本为$(Y_1,Y_2,\cdots,Y_n)$, 样本的观测值为$(y_1,y_2,\cdots,y_n)$, 其中, $y_i=1$ 代表随机试验的结果为“成功”, $y_i=0$ 代表随机试验的结果为“失败”$(i=1,2,\cdots,n)$. 于是, 未知参数 π 的似然函数为

$$L(\pi)=\prod_{i=1}^{n}\pi^{y_i}(1-\pi)^{(1-y_i)}=\pi^{\sum_{i=1}^{n}y_i}(1-\pi)^{\left(n-\sum_{i=1}^{n}y_i\right)}$$

对数似然函数为

$$l(\pi)=\log[L(\pi)]=\log(\pi)\sum_{i=1}^{n}y_i+\log(1-\pi)\left(n-\sum_{i=1}^{n}y_i\right)$$

为求关于 π 的对数似然函数最大值, 将对数似然函数对 π 求导数, 得到似然方程

$$\frac{\partial l(\pi)}{\partial\pi}=\frac{1}{\pi}\sum_{i=1}^{n}y_i-\frac{1}{1-\pi}\left(n-\sum_{i=1}^{n}y_i\right)=0$$

得到方程的解为

$$\hat{\pi}=\frac{1}{n}\sum_{i=1}^{n}y_i$$

并且可以验证, $\hat{\pi}=\frac{1}{n}\sum_{i=1}^{n}y_i$ 使得似然函数值达到最大. $\hat{\pi}=\frac{1}{n}\sum_{i=1}^{n}y_i$ 称为未知参数 π 的最大似然估计量. 如果收集样本的观测数据, 计算相应的函数值被称为未知参数 π 的估计值.

假设独立重复的 $n=30$ 次随机试验中, 观测到成功的次数为 24 次, 则未知参数 π 的最大似然估计为

$$\hat{\pi}=\frac{1}{n}\sum_{i=1}^{n}y_i=\frac{24}{30}=0.8$$

从而, 未知参数 π 的最大似然估计为 0.8. 图 1.3 给出了在 $n=30$ 次试验中成功 24 次的对数似然函数图像, 即函数 $l(\pi)=24\log(\pi)+6\log(1-\pi)$ 的曲线. 图 1.3 的横坐标为 π 的取值, 纵坐标为对数似然函数值. 图 1.3 显示, 对数似然函数曲线随着 π 增加是逐渐上升的, 到达 $\pi=0.8$ 后随着 π 增加是逐渐下降的. $\pi=0.8$ 对应的对数似然函数取值是对数似然函数的最大值, 0.8 也就是位置参数 π 的最大似然估计.

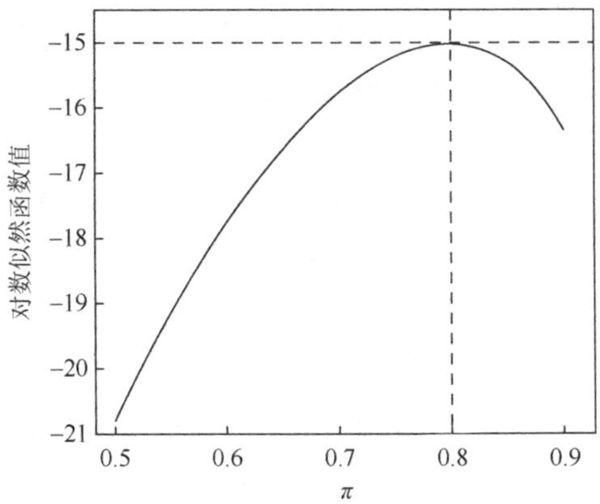

图 1.3　对数似然函数曲线

在后面章节中，未知参数 π 的估计包括参数 π 的估计量和估计值. 最大似然估计量具有很好的统计性质，随着样本量增加，其抽样分布趋近于正态分布. 对于较小的样本量，最大似然估计量往往优于其他估计量.

2. 二项分布参数 π 的置信区间

利用二项分布参数 π 的最大参数估计量 $\hat{\pi}$ 和 $\hat{\pi}$ 的抽样分布，可以构造参数 π 的置信区间. $\hat{\pi}$ 的标准误估计值记为 S，$S=\sqrt{\hat{\pi}(1-\hat{\pi})/n}$. $\hat{\pi}$ 的大样本分布为正态分布，标准正态分布的上侧概率 $\alpha/2$ 的分位数记为 $Z_{\alpha/2}$. 当 $\alpha=0.05$ 时，分位数 $Z_{\alpha/2}=Z_{0.025}=1.96$. 参数 π 在置信概率 $1-\alpha$ 下的置信区间为

$$(\hat{\pi}-Z_{\alpha/2}S, \hat{\pi}+Z_{\alpha/2}S) \tag{1.5}$$

当 π 接近 0.50 或者样本量 n 足够大时，上述置信区间的置信概率接近 $1-\alpha$. 当 π 接近 1 或者 0 时，置信区间的置信概率可能很低. 在上述例子中，独立重复 $n=30$ 次随机试验，观测到成功的次数为 24 次，参数 π 的最大似然估计 $\hat{\pi}=0.8$，估计量的标准误估计为 $S=\sqrt{0.8(1-0.8)/30}=0.07$. 参数 π 在置信概率 0.95 下的置信区间上限为

$$\hat{\pi}+Z_{\alpha/2}S=0.8+1.96\times0.07=0.937$$

在置信概率 0.95 下的置信区间下限为

$$\hat{\pi}-Z_{\alpha/2}S=0.8-1.96\times0.07=0.663$$

从而，参数 π 在置信概率 0.95 下的置信区间为(0.663, 0.937).

3. 二项分布参数 π 的显著性检验

利用二项分布参数 π 的最大似然估计量 $\hat{\pi}$ 和 $\hat{\pi}$ 的抽样分布，可以对参数 π 进行显著性检验. $E(\hat{\pi})=\pi$，$\hat{\pi}$ 的大样本分布为正态分布，标准正态分布上侧概率 $\alpha/2$ 的分位数记为 $Z_{\alpha/2}$.

得分检验　要检验参数 π 是否等于某确定值 π_0，原假设 H_0：$\pi=\pi_0$；备择假设 H_1：$\pi\neq\pi_0$. $\hat{\pi}$ 是未知参数 π 的最大似然估计，相应的检验统计量为

$$z=\frac{\hat{\pi}-\pi_0}{\sqrt{\pi_0(1-\pi_0)/n}} \tag{1.6}$$

如果样本量足够大，在原假设成立的情况下，检验统计量 z 服从标准正态分布. 在 π 接近 0.50 且样本量适当大的情况下，上述假设检验的显著性水平接近 α .

在上述例子中，独立重复的 $n = 30$ 次随机试验，观测到成功的次数为 24 次，参数 π 的最大似然估计 $\hat{\pi} = 0.8$. 在显著性水平 0.05 下，检验参数 π 是否等于确定值 0.5，原假设 H_0： $\pi = 0.5$ ；备择假设 H_1： $\pi \neq 0.5$. 检验统计量为

$$z = \frac{\hat{\pi} - \pi_0}{\sqrt{\pi_0(1-\pi_0)/n}} = \frac{0.8-0.5}{\sqrt{0.5(1-0.5)/30}} = 3.286$$

标准正态分布上侧概率 0.025 的分位数为 $Z_{0.025} = 1.96$. 检验统计量的观测值大于相应的分位数 1.96，拒绝原假设. 即本例中有充分证据表明，二项分布参数 π 不等于 0.5.

可以验证，z^2 近似服从自由度为 1 的 χ^2 分布. z^2 也可以作为检验统计量. 基于最大似然估计量及原假设成立时标准误的统计量称为得分统计量，相应的检验称为得分检验. 在上述例子中，检验统计量 z^2 的观测值为 10.80，大于自由度为 1 的 χ^2 分布上侧概率 0.05 的分位数 3.84，也要拒绝原假设. 图 1.4 给出自由度为 1 的 χ^2 分布上侧概率 0.05 的分位数. 图 1.4 中的曲线就是自由度为 1 的 χ^2 分布的密度函数曲线. 3.86 数值右侧的阴影面积为 0.05.

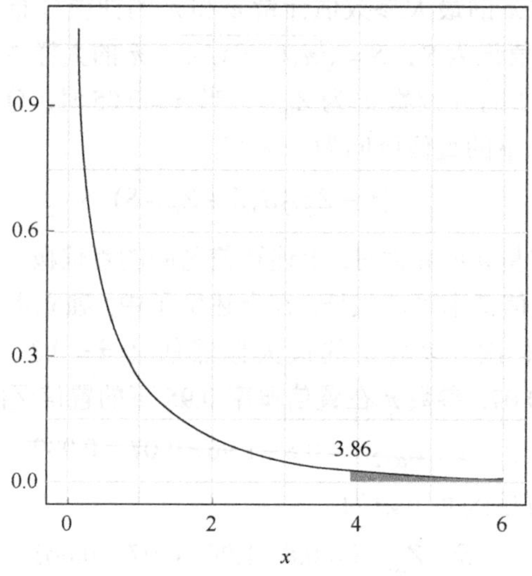

图 1.4　自由度为 1 的 χ^2 分布上侧概率 0.05 的分位数

Wald 检验　二项分布参数估计 $\hat{\pi}$ 的标准误估计为 $\sqrt{\hat{\pi}(1-\hat{\pi})/n}$. 原假设成立时，二项分布参数的 z 检验就是 Wald 检验. z^2 也可以作为检验统计量，服从自由度为 1 的 χ^2 分布. 在上述例子中，检验统计量为

$$z = \frac{\hat{\pi} - \pi_0}{\sqrt{\hat{\pi}(1-\hat{\pi})/n}} = \frac{0.8-0.5}{\sqrt{0.8(1-0.8)/30}} = 4.108$$

相应的 χ^2 检验统计量的观测值为 $4.108^2 = 16.87$ ，大于自由度为 1 的 χ^2 分布上侧概率 0.05 的分位数 3.84，拒绝原假设.

似然比检验 原假设参数空间的似然函数最大值记为l_0，整个参数空间的似然函数的最大值记为l_1，则似然比检验统计量为$-2\log(l_0/l_1)$. 其中$\log(\cdot)$表示自然对数. 似然比检验统计量$-2\log(l_0/l_1)$的观测值是非负的，数值越大，越倾向于拒绝原假设；数值越小，越倾向于接受原假设. 在原假设成立的情况下，似然比统计量渐近服从自由度为 1 的χ^2分布.

在上述例子中，独立重复$n=30$次随机试验，观测到成功的次数为 24 次，参数π的最大似然估计$\hat{\pi}=0.8$. 在原假设成立的情况下，似然函数的最大值为

$$l_0=\frac{30!}{24!6!}0.5^{24}(1-0.5)^{30-24}=0.0005530$$

在π的整个参数空间内，似然函数的最大值为

$$l_1=\frac{30!}{24!6!}0.8^{24}(1-0.8)^{30-24}=0.1795$$

似然比检验统计量$-2\log(l_0/l_1)$的观测值为

$$-2\log(l_0/l_1)=-2\log(0.0005530/0.1795)=11.565$$

似然比检验统计量的观测值 11.565，大于自由度为 1 的χ^2分布上侧概率 0.05 的分位数 3.84，拒绝原假设.

Wald 检验、似然比检验和得分检验常用于显著性检验，原假设H_0：$\pi=\pi_0$；备择假设H_1：$\pi\neq\pi_0$. 对于大样本数据，三种检验方法给出相同的检验结果.

1.6.3 离散型数据建模软件

在实际应用中，离散型数据建模的计算很复杂，需要借助于计算机软件完成有关的计算工作. 适用于离散型数据分析的软件有很多. 常用的软件往往有功能全面的库函数，操作简便. 也有一些专门的软件，主要用于处理某些特殊的离散型数据分析问题. 这里，简单介绍几种常用软件，便于以后教学.

SPSS 软件是受初学者欢迎的数据软件，操作简便，功能齐全. SPSS 软件具有交互式的操作方式，容易学习和使用. SAS 软件是功能非常齐全的统计分析软件. SAS 软件具有较强的数据分析软件包，被许多大型公司、金融机构和政府部门所采用. 数据分析的程序编写需要进行训练.

R 软件是免费开源的数据分析软件，编程语言为 S-plus 所基于的 S 语言. 该软件有功能丰富的库函数，可以实时更新和增加有关的软件包和程序. R 软件受到数据分析者欢迎，但对初学者来说需要学习过程. 本书推荐的是 R 软件.

习 题 1

1. 请指出下列变量的变量类型.

(1) 下面的变量属于离散型变量还是连续型变量：河流的宽度、一个车站的客流量、养殖场生猪的存

栏数、工厂生产的产品数、一个地区某日的最高温度、一个人跑 100 米需要的时间、一部手机的上网流量、网页的点击量.

(2) 下面的变量属于定类变量还是有序变量: 对食物的偏好(面条、米饭、馒头、花卷)、对一家餐厅整体评价的态度打分(1～5 分)、空气质量等级(优、良、轻度污染、中度污染、重度污染、严重污染).

2. 打靶训练是新兵的一门必修课. 考核要求一共打 10 发子弹, 根据打中靶子的次数计算该名新兵的成绩. 假设士兵打中靶子的概率不变. 新兵实际的打中次数为 9 次, 试计算这个结果出现概率的似然函数, 并求出最大似然估计值.

3. 掷骰子是一种常见的游戏, 被广泛运用于各种比赛活动之中. 随着各种事件的复杂化和多元化, 普通骰子已经无法满足人们的需要, 出现了特殊骰子. 在一次投掷不规则 6 面骰子的试验中, 一共进行 10 次投掷, 期望的结果是: 出现点数 1 的次数为 1, 出现点数 2 的次数为 2, 出现点数 3 的次数为 3, 出现点数 4 的次数为 2, 出现点数 5 的次数为 1, 出现点数 6 的次数为 1. 假设出现点数 1, 2, 3, 4, 5, 6 的概率分别为: $1/6+\theta, 1/6-\theta, 1/6+\theta, 1/6+\theta, 1/6-\theta, 1/6-\theta$. 试求出符合此种结果概率的似然函数, 并求出未知参数的最大似然估计.

4. 疾病预防与控制一直是国家卫生工作的重要部分, 各地也把疾病的发病率和发病数作为重要的疾病防控指标来评价卫生工作的成效. 现在需要对某种疾病的发病数进行控制检测. 某地区下属的 6 个行政区某月的该种疾病发病数, 分别为 1, 2, 2, 1, 3, 1, 假设该疾病的发病数服从参数为 λ 的泊松分布, 试求出该分布参数 λ 的极大似然估计值, 并解释该参数的意义.

5. 在一次猜谜语的游戏中, 一共出了 10 道谜语. 某同学完成 10 道题, 有 8 道题猜出了答案. 已知他猜出每道谜语概率的最大似然估计值为 0.8. 通过调查可知, 学校所有同学猜出谜语的平均概率的最大似然估计为 0.6. 请分别使用 Wald 检验、似然比检验和得分检验判断这位同学的猜中概率能否反映该学校的平均猜谜水平($\alpha=0.05$).

6. 转盘抽奖活动是一项常见的游戏, 在各大商场、超市、饭店等较为普遍. 现在有一个商场正在进行转盘抽奖活动, 用于抽奖的转盘被分成了 5 等份, 每等份的区域代表一种奖品, 一共有 5 种奖品, 分别是: 电子秤、节能台灯、洗衣粉、购物代金券和电风扇. 某天商场一共有 10 位顾客进行了抽奖, 结果如下: 抽到电子秤 1 次、抽到节能台灯 1 次、抽到洗衣粉 2 次、抽到购物代金券 4 次、抽到电风扇 2 次. 有顾客怀疑这个转盘没有满足每种奖品被抽中机会的均等这一要求. 请分别用 Wald 检验、似然比检验和得分检验判断这个转盘是否有失公平.

7. 产品质量一直是企业关注的重要指标, 各家企业都把提高产品合格率作为一项重要的工作目标. 某企业为了提高自己品牌的知名度, 对自己生产的产品质量严格要求, 每一批产品出现的不合格品不得高于 2 件. 现在检查该企业生产产品的质量, 检查了该企业某月生产的 6 批次产品, 得到的 6 批次产品的平均不合格品为 4 件. 请分别用 Wald 检验、似然比检验和得分检验判断该企业的产品是否达到质量要求.

第 2 章

列联表分析

列联表是描述离散型数据的一种方法. 列联表分析常用于分析多个离散型变量之间的相关性. 例如, 近年来, 随着电子产品的快速发展, 手机已经成为人们日常生活的一部分. 国内手机品牌种类很多. 某手机制造公司为了推出新手机产品, 需要了解国内手机品牌的市场情况, 市场调研部承担了国内手机市场销售和使用情况的调查任务. 这项调查收集的数据很多. 本章只是选择其中的一组数据作为例子进行演示. 这组数据是关于“品牌1”和“品牌2”的两个手机品牌, 消费者使用手机品牌和消费者性别的数据汇总为表 2.1. 利用表 2.1 中的汇总数据, 如何判断不同性别消费者使用手机品牌的比例差异? 如何检验消费者性别和使用手机品牌之间的相关性? 这是本章列联表分析的主要内容.

表 2.1　手机品牌与性别的列联表

性别	手机品牌		合计
	品牌 1	品牌 2	
男	332	125	457
女	243	178	421
合计	575	303	878

假设两个分类变量分别记为 X 和 Y, 变量 X 共有 I 个水平, 变量 Y 共有 J 个水平, 可能出现的分类结果共有 $I\times J$ 个. 按所有可能出现的类别, 将数据进行交叉分组并计数, 得到的频数分布表被称为列联表. 由两个分类变量交叉分类的列联表被称为二维列联表. 当 $I=J=2$ 时, 每个分类变量都只有两个水平, 交叉形成的二维列联表为 2×2 列联表. 在表 2.1 中, 性别变量有两个水平, 分别是“男”和“女”; 手机品牌变量有两个水平, 分别是“品牌 1”和“品牌 2”. 两个变量交叉形成 4 个分组, 表 2.1 也是 2×2 列联表. 两个分类变量分别有 I 个水平和 J 个水平, 交叉形成的二维列联表记为 $I\times J$ 列联表. 依据列联表, 可以

分析比较变量在不同类之间的概率差异，比较变量在不同类之间的相关性，检验两个或多个变量的统计相关性.

2.1 列联表的基础知识

2.1.1 列联表的概率结构

列联表分析中需要用到三种概率，分别是联合概率、边缘概率和条件概率. 列联表的概率结构见表 2.2. 相应的概率用观测的比例来估计，即各个水平组合中的样本比例是相应类别概率的估计.

表 2.2 二维列联表的联合概率、边缘概率

类别	$Y=1$	$Y=2$	π_{i+}
$X=1$	π_{11}	π_{12}	π_{1+}
$X=2$	π_{21}	π_{22}	π_{2+}
π_{+j}	π_{+1}	π_{+2}	1

1. 联合概率

列联表的联合概率是指二维变量 (X,Y) 等于数组 (i,j) 的概率，即观测值出现在第 i 行第 j 列单元格中的概率，记为 $\pi_{ij}=P(X=i,Y=j)$. 变量 X 和 Y 的联合分布满足 $\sum_{i,j}\pi_{ij}=1$. 在表 2.2 中，$\pi_{11}=P(X=1,Y=1)$ 表示变量 X 为第 1 类且变量 Y 为第 1 类的概率；$\pi_{12}=P(X=1,Y=2)$ 表示变量 X 为第 1 类且变量 Y 为第 2 类的概率；$\pi_{21}=P(X=2,Y=1)$ 表示变量 X 为第 2 类且变量 Y 为第 1 类的概率；$\pi_{22}=P(X=2,Y=2)$ 表示变量 X 为第 2 类且变量 Y 为第 2 类的概率.

2. 边缘概率

边缘概率是将各个单元格的联合概率按行或按列加总得到的，即每个变量的分布律. 将行变量和列变量的边缘分布律分别记为 $\{\pi_{i+}\}$，$\{\pi_{+j}\}$，其中下标“+”表示对它所代替的行或列(指标)求和. 对于 2×2 列联表，行变量的边缘概率 $\pi_{1+}=\pi_{11}+\pi_{12}$ 表示变量 X 为第 1 类的概率；$\pi_{2+}=\pi_{21}+\pi_{22}$ 表示变量 X 为第 2 类的概率. 列变量的边缘概率 $\pi_{+1}=\pi_{11}+\pi_{21}$ 表示变量 Y 为第 1 类的概率；$\pi_{+2}=\pi_{12}+\pi_{22}$ 表示变量 Y 为第 2 类的概率.

3. 条件概率

对于列联表分析，有时把某一个变量视为响应变量(如列变量 Y)，其余变量视为解释变量(如行变量 X). 在解释变量的每个类别下计算响应变量的概率 $P(Y=j\mid X=i)$，$i=1,2;\ j=1,2$，得到给定 X 类别下 Y 的条件分布律.

4. 独立性

当两个变量联合概率等于它们各自边缘概率乘积时，称两个变量相互独立. 即

$$\pi_{ij}=P(X=i,Y=j)=P(X=i)P(Y=j)=\pi_{i+}\pi_{+j}, \quad 其中 i=1,2; j=1,2$$

通常，使用样本的单元比例 p_{ij} 来估计 π_{ij}，样本的单元比例与单元频数之间的关系是 $p_{ij}=n_{ij}/n$，其中 n_{ij} 表示列联表第 i 行第 j 列单元的观测频数，$n=\sum_i\sum_j n_{ij}$. 估计手机品牌与性别列联表的联合概率和边缘概率，结果见表 2.3. 针对联合概率的估计，男性使用“品牌 1”手机的联合概率估计为 0.3781，女性使用“品牌 1”手机的联合概率估计为 0.2768. 针对边缘概率的估计，估计性别变量的边缘概率分布律为(0.5205, 0.4795)，估计手机品牌变量的边缘概率分布律为(0.6549, 0.3451). 针对条件概率的估计，在消费者是男性的条件下，消费者使用“品牌 1”手机的概率估计为

$$p(Y=1|X=1)=\frac{p_{11}}{p_{1+}}=\frac{0.3781}{0.5205}=0.7264$$

在消费者是女性的条件下，消费者使用“品牌 1”手机的概率估计为

$$p(Y=1|X=0)=\frac{p_{21}}{p_{2+}}=\frac{0.2768}{0.4795}=0.5773$$

表 2.3 手机品牌与性别列联表的联合概率估计和边缘概率估计

性别	手机品牌		p_{i+}
	品牌 1 ($Y=1$)	品牌 2 ($Y=0$)	
男 ($X=1$)	$p_{11}=n_{11}/n=0.3781$	$p_{12}=n_{12}/n=0.1424$	$p_{1+}=0.5205$
女 ($X=0$)	$p_{21}=n_{21}/n=0.2768$	$p_{22}=n_{22}/n=0.2027$	$p_{2+}=0.4795$
p_{+j}	$p_{+1}=0.6549$	$p_{+2}=0.3451$	1

2.1.2 列联表的比例比较

当变量只有两个水平时也称为二分类变量. 例如，在手机品牌与性别例子中性别有两个水平，分别是“男”和“女”. 手机品牌有两个水平，分别是“品牌 1”和“品牌 2”. 两个变量均为二分类变量. 习惯上，行变量为解释变量，列变量为响应变量，不失一般性分别记为 X 和 Y. 列联表分析可以比较解释变量 X 为不同水平下响应变量 Y 的比例大小. 对于两个水平的响应变量 Y，将响应变量 Y 取第 1 个水平视为“成功”，取第 2 个水平视为“失败”. 为了简便，令 π_1 表示在解释变量 X 取第 1 个水平下成功的概率，$1-\pi_1$ 表示在解释变量 X 取第 1 个水平下失败的概率. π_2 表示在解释变量 X 取第 2 个水平下成功的概率，$1-\pi_2$ 表示在解释变量 X 取第 2 个水平下失败的概率.

1. 比例差

如果响应变量服从二项分布，比例差 $\pi_1-\pi_2$ 表示在解释变量 X 取不同水平时响应变量 Y 取第 1 个水平的概率差值，有 $-1<\pi_1-\pi_2<1$. 若 $\pi_1-\pi_2=0$，表示解释变量 X 取不同水平值时响应变量 Y 取第 1 个水平值的概率相等，即响应变量与解释变量独立.

令 p_1 表示在解释变量取第 1 个水平值时成功的样本比例，$p_1 = n_{11} / n_{1+}$；p_2 表示在解释变量取第 2 个水平值时成功的样本比例，$p_2 = n_{21} / n_{2+}$，并简记 $n_1 = n_{1+}$，$n_2 = n_{2+}$．可以利用样本比例差 $p_1 - p_2$ 估计总体比例差 $\pi_1 - \pi_2$．若两行样本都是独立的，且来自二项分布，样本比例差 $p_1 - p_2$ 的标准误估计为

$$S = \sqrt{\frac{p_1(1-p_1)}{n_1} + \frac{p_2(1-p_2)}{n_2}}$$

在置信概率 $1-\alpha$ 下总体比例差 $\pi_1 - \pi_2$ 的置信区间为

$$(p_1 - p_2 - Z_{\alpha/2}S, p_1 - p_2 + Z_{\alpha/2}S)$$

表 2.1 的男性样本和女性样本视为两个独立样本，响应变量的第 1 个取值为"品牌 1"，则样本比例 $p_1 = 332/457 = 0.73$，$p_2 = 243/421 = 0.58$．样本比例差 $p_1 - p_2 = 0.15$．比例差的标准误估计为

$$S = \sqrt{\frac{p_1(1-p_1)}{n_1} + \frac{p_2(1-p_2)}{n_2}}$$
$$= \sqrt{\frac{0.73(1-0.73)}{457} + \frac{0.58(1-0.58)}{421}} = 0.03$$

在置信概率 0.95 下总体比例差 $\pi_1 - \pi_2$ 的置信区间为(0.0912, 0.2088)．置信区间不包含 0，反映了男性使用“品牌 1”手机的概率高于女性．

2. 相对风险

相对于比例差，相对风险是利用两个概率的比值反映两个概率的大小关系．对于 2×2 列联表，相对风险定义为解释变量取不同水平时成功概率的比值为 π_1 / π_2．当 $\pi_1 = \pi_2$ 时，相对风险为 1，响应变量与解释变量相互独立．

对于 2×2 列联表，样本比例 p_1 和 p_2 分别是概率 π_1 和 π_2 的估计．样本相对风险 p_1 / p_2 是相对风险 π_1 / π_2 的估计．在表 2.3 的 2×2 列联表中，样本相对风险 $p_1 / p_2 = 0.73 / 0.58 = 1.26$．这表明，男性使用“品牌 1”手机的样本比例是女性使用“品牌 1”手机的样本比例的 1.26 倍，男性使用“品牌 1”手机的比例比女性使用“品牌 1”手机的比例高 26%.

2.1.3 列联表的优势比

优势比是描述两个变量之间相关性的一个方法．它更突出反映解释变量在哪一个水平下响应变量为“成功”的概率大．

1. 优势

基于响应变量成功的概率 π，定义成功的优势为

$$\text{odds} = \frac{\pi}{1-\pi}$$

优势的取值范围是 $\text{odds} > 0$．当 $\text{odds} > 1$ 时，表示成功的概率大于失败的概率；当 $\text{odds} < 1$ 时，表示成功的概率小于失败的概率．例如，当 $\pi = 0.73$，$1-\pi = 0.27$ 时，优势

odds = 2.7，表示成功的概率是失败概率的 2.7 倍. 换言之，在平均意义下，每出现 100 次失败会出现 270 次成功. 当 $\pi = 0.58$，$1-\pi = 0.42$ 时，优势 odds = 1.4，表示成功的概率是失败概率的 1.4 倍. 在平均意义下，每出现 100 次失败会出现 140 次成功.

2. 优势比

在 2×2 列联表中，解释变量取两个不同水平值的优势分别为 $\text{odds}_1 = \pi_1/(1-\pi_1)$ 和 $\text{odds}_2 = \pi_2/(1-\pi_2)$. 两个优势的比值称为优势比，记为

$$\theta = \frac{\text{odds}_1}{\text{odds}_2} = \frac{\pi_1/(1-\pi_1)}{\pi_2/(1-\pi_2)}$$

优势比的取值范围是 $\theta > 0$. 当响应变量与解释变量相互独立，$\pi_1 = \pi_2$ 且 $\theta = 1$. $\theta = 1$ 被视为优势比的基准值. 当优势比 $\theta > 1$ 时，在解释变量取第 1 个水平下成功的优势大于在解释变量取第 2 个水平下成功的优势，有 $\pi_1 > \pi_2$. 当优势比 $\theta < 1$ 时，在解释变量取第 1 个水平下成功的优势小于在解释变量取第 2 个水平下成功的优势，有 $\pi_1 < \pi_2$. 优势比 θ 离 1 越远，列联表的相关性越强. 例如，优势比 $\theta = 5$ 比优势比 $\theta = 3$ 具有更强的相关性. 优势比 $\theta = 0.15$ 比优势比 $\theta = 0.5$ 具有更强的相关性. 优势比的估计为

$$\hat{\theta} = \frac{p_1/(1-p_1)}{p_2/(1-p_2)} = \frac{n_{11}n_{22}}{n_{12}n_{21}}$$

优势比 θ 的对数 $\log(\theta)$ 称为对数优势比. 相对来说，对数优势比估计量 $\log(\hat{\theta})$ 的统计性质要优于优势比 $\hat{\theta}$. 对数优势比估计量 $\log(\hat{\theta})$ 近似服从正态分布，均值为 $\log(\theta)$，标准误估计为

$$S = \sqrt{\frac{1}{n_{11}} + \frac{1}{n_{12}} + \frac{1}{n_{21}} + \frac{1}{n_{22}}}$$

在置信概率 $1-\alpha$ 下对数优势比 $\log(\theta)$ 的置信区间为

$$(\log(\hat{\theta}) - z_{\alpha/2}S, \log(\hat{\theta}) + z_{\alpha/2}S)$$

在置信概率 $1-\alpha$ 下优势比 θ 的置信区间为

$$\left(\mathrm{e}^{\log(\hat{\theta}) - z_{\alpha/2}S}, \mathrm{e}^{\log(\hat{\theta}) + z_{\alpha/2}S}\right)$$

优势比估计和样本相对风险之间存在以下关系:

$$\hat{\theta} = \frac{p_1/(1-p_1)}{p_2/(1-p_2)} = \frac{p_1}{p_2} \times \frac{1-p_2}{1-p_1}$$

当 p_1 和 p_2 接近 0 时，$1-p_1$ 和 $1-p_2$ 都接近 1. 此时，优势比估计 $\hat{\theta}$ 和样本相对风险 p_1/p_2 的数值接近，可以直接用优势比估计 $\hat{\theta}$ 代替样本相对风险 p_1/p_2.

对于表 2.3 中手机品牌和性别的二维列联表，男性使用“品牌 1”手机的优势估计为 $0.73/0.27 = 2.7$，女性使用“品牌 1”手机的优势估计为 $0.58/0.42 = 1.4$. 优势比估计为 $2.7/1.4 = 1.9$，男性使用“品牌 1”手机的优势估计是女性使用“品牌 1”手机的优势估计的 1.9 倍.

2.1.4 列联表的独立性检验

在 2×2 列联表中，列联表的独立性是指响应变量和解释变量相互独立，联合概率等于边缘概率的乘积，即 $\pi_{ij}=\pi_{i+}\pi_{+j}$，其中 $i,j=1,2$.

1. 独立性检验的原假设和备择假设

独立性检验的原假设为响应变量与解释变量之间相互独立，备择假设为响应变量与解释变量之间不相互独立.

原假设 H_0：$\pi_{ij}=\pi_{i+}\pi_{+j}$，对于任意 $i,j=1,2$

备择假设 H_1：$\pi_{ij}\neq\pi_{i+}\pi_{+j}$，存在某个 i,j

若总样本量为 n，在原假设成立条件下，观测到的期望频数为 $n\pi_{i+}\pi_{+j}$，$i,j=1,2$．实际观测的频数 n_{ij} 和期望频数 $n\pi_{i+}\pi_{+j}$ 差异小，倾向于支持原假设，认为响应变量与解释变量之间相互独立. 实际观测的频数 n_{ij} 和期望频数 $n\pi_{i+}\pi_{+j}$ 差异大，倾向于支持备择假设，认为响应变量与解释变量之间存在相关性.

2. Pearson 检验统计量

利用实际观测的频数 n_{ij} 和期望频数 $n\pi_{i+}\pi_{+j}$ 差异构造独立性检验的 Pearson 统计量为

$$\chi^2=\sum_{i=1}^{I}\sum_{j=1}^{J}\frac{(n_{ij}-\hat{\mu}_{ij})^2}{\hat{\mu}_{ij}}$$

其中

$$\hat{\mu}_{ij}=np_{i+}p_{+j}=n\left(\frac{n_{i+}}{n}\right)\left(\frac{n_{+j}}{n}\right)=\frac{n_{i+}n_{+j}}{n}$$

在原假设成立时，Pearson 统计量近似服从自由度 $\mathrm{df}=(I-1)(J-1)$ 的 χ^2 分布. 在给定的显著性水平下，若 Pearson 统计量的观测值大于相应的临界值，则拒绝原假设，没有充分的理由说明响应变量和解释变量之间相互独立.

3. 似然比统计量

它是独立性检验的另一个常用统计量. 似然比统计量为

$$G^2=2\sum_{i=1}^{I}\sum_{j=1}^{J}n_{ij}\log(n_{ij}/\hat{\mu}_{ij})$$

在原假设成立时，似然比统计量近似服从自由度 $\mathrm{df}=(I-1)(J-1)$ 的 χ^2 分布. 当观测频数与期望频数差异大时，似然比统计量的观测值偏大，趋向于拒绝原假设. 在给定的显著性水平下，当似然比统计量的观测值大于相应的临界值，则拒绝原假设，有充分的理由说明响应变量和解释变量之间不相互独立.

利用表 2.1 的手机品牌与性别的数据，对性别和手机品牌进行独立性检验. 原假设为手机品牌与使用者性别相互独立，备择假设为手机品牌与使用者性别之间存在相关性. 采用 Pearson 统计量，统计量的计算结果为

$$\chi^2=\sum_{i=1}^{2}\sum_{j=1}^{2}\frac{(n_{ij}-n_{i+}n_{+j}/n\ )^2}{n_{i+}n_{+j}/n}$$
$$=\frac{(332-457\times575/878)^2}{457\times575/878}+\frac{(125-457\times303/878)^2}{457\times303/878}$$
$$+\frac{(243-421\times575/878)^2}{421\times575/878}+\frac{(178-421\times303/878)^2}{421\times303/878}=21.6065$$

在置信概率 95%下，自由度为 1 的 χ^2 分布临界值为 3.84. Pearson 统计量的观测值 21.6065 大于临界值 3.84，拒绝原假设，有充分证据说明手机品牌与使用者性别之间存在相关性.

采用似然比 χ^2 统计量，统计量的计算结果为

$$G^2=2\sum_{i=1}^{2}\sum_{j=1}^{2}n_{ij}\log(n_{ij}/\hat{\mu}_{ij})$$
$$=2\times332\times\log\left(\frac{332}{457\times575/878}\right)+2\times125\times\log\left(\frac{125}{457\times303/878}\right)$$
$$+2\times243\times\log\left(\frac{243}{421\times575/878}\right)+2\times178\times\log\left(\frac{178}{421\times303/878}\right)=21.6732$$

在置信概率 95%下，自由度为 1 的 χ^2 分布临界值为 3.84. 似然比统计量的观测值 21.6732 大于临界值 3.84，拒绝原假设，有充分证据说明手机品牌与使用者性别之间存在相关性.

2.2 出行方式满意度的列联表分析

互联网的快速发展对信息交流和社会经济活动都产生了很大影响. 电子商务促使人们的生活方式发生了显著改变. 智能手机成为人们日常生活的信息交流工具. 在这样的背景下，共享经济成为社会生活中的新事物，受到政府、企业和市民的高度关注. 人们切身感受最多的是出行方式的多样化. 其中，网约车提供了高效便捷的出行方式，成为商业运营的新模式.

2.2.1 问题阐述

某汽车公司计划在某大城市开展网约车的商业服务，需要了解该城市网约车服务的市场发展状况. 汽车公司关心的问题是网约车服务的市场未来前景，其中包括本城市居民使用网约车服务的满意度是否高于使用出租车的满意度、居民选择出行方式的影响因素. 本案例主要讨论这两个方面的调查. 汽车公司明确界定了出租车出行方式和网约车出行方式的区别. 本次调查委托商业调查公司来承担.

2.2.2 选择相关变量

针对本城市居民使用网约车和出租车的出行满意度的调查，满意度采用 100 分制计量，

其中100分为完全满意，0分为完全不满意. 调查问卷包含满意和不满意的原因选项，这对该汽车公司很重要. 这里，为了演示方法而不做过多讨论. 将所有满意度评分划分为两类，高于平均分的划分为满意，低于平均分的划分为不满意. 居民选择出行方式包括出租车出行、滴滴出行. 还有其他出行方式也是汽车公司关心的，这里不过多讨论. 通过调查，居民选择出行方式的影响因素有很多，包括性别、年龄、职业和出行费用等.

2.2.3 收集数据

调查方式采用问卷调查，调查居民最近一次的出行方式、满意度评分及其相关信息，回收调查问卷 3209 份. 这里，只选择滴滴出行和出租车出行两种出行方式的调查问卷进行分析，有效调查问卷数量为 $n = 1268$，表 2.4 给出了部分数据. 其中，性别("男""女")、出行方式("滴滴出行""出租车出行")、是否满意("是""否")均为二分类变量.

表 2.4 出行方式满意度的调查数据

出行者 ID	性别	出行方式	是否满意
1	女	滴滴出行	是
2	女	滴滴出行	是
3	男	滴滴出行	是
4	男	滴滴出行	是
5	男	出租车出行	是
6	男	滴滴出行	是
7	男	出租车出行	否
8	男	出租车出行	是
⋮	⋮	⋮	⋮
1268	女	出租车出行	否

2.2.4 出行方式的满意度分析

对于上述的调查数据和研究问题，需要考虑模型设定、模型参数估计方法以及模型评价和选择等问题. 本章主要介绍列联表数据的分析方法，故直接使用本章的模型进行数据分析演示，不再考虑模型设定、模型参数估计方法以及模型评价和选择等问题细节. 依据调查数据，汇总全部 1268 名被调查者的出行方式和满意度的数据，编制 2×2 列联表，见表 2.5.

表 2.5 出行方式与满意度的列联表

出行方式	是否满意		合计
	是	否	
滴滴出行	510	209	719
出租车出行	292	257	549
合计	802	466	1268

表 2.5 显示，选择滴滴出行者中满意人数为 510 人、不满意人数为 209 人，选择出租车出行者中满意人数为 292 人、不满意人数为 257 人. 下面分别采用列联表分析比例、比例差、相对风险和优势比，比较两种出行方式的满意度. 利用表 2.5 的数据，可以计算出行方式和满意度交叉分类的样本比例，结果见表 2.6. 表 2.6 显示，滴滴出行的样本比例为 56.70%，包括滴滴出行且满意的样本比例 40.22%，滴滴出行且不满意的样本比例 16.48%；出租车出行的样本比例为 43.30%，包括出租车出行且满意的样本比例 23.03%，出租车出行且不满意的样本比例 20.27%.

表 2.6 满意度样本比例的列联表

出行方式	是否满意		合计
	是	否	
滴滴出行	0.4022	0.1648	0.5670
出租车出行	0.2303	0.2027	0.4330
合计	0.6325	0.3675	1

1. 满意比例的比较分析

利用表 2.5 的数据，在选择滴滴出行的被调查者中满意的样本比例 $p_1 = 510/719 = 0.7093$，在选择出租车出行的被调查者中满意的样本比例 $p_2 = 292/549 = 0.5319$. 滴滴出行的被调查者中满意的样本比例高于出租车出行的被调查者中满意的样本比例.

2. 两种出行方式的满意比例差

选择滴滴出行的被调查者中满意的样本比例为 $p_1 = 0.7093$，选择出租车出行的被调查者中满意的样本比例为 $p_2 = 0.5319$，满意比例差的估计为

$$p_1 - p_2 = 0.7093 - 0.5319 = 0.1774$$

样本满意比例差的标准误估计为

$$S = \sqrt{\frac{(0.7093)\times(0.2907)}{719} + \frac{(0.5319)\times(0.4681)}{549}} = 0.0272$$

在置信概率 95%下两种出行方式满意比例差的置信区间为(0.1241, 0.2307). 满意比例差在置信概率 95%下置信区间只包含正实数，表明选择滴滴出行的满意比例高于选择出租车出行的满意比例.

3. 两种出行方式的相对风险

选择滴滴出行的被调查者中满意的样本比例为 $p_1 = 0.7093$，选择出租车出行的被调查者中满意的样本比例为 $p_2 = 0.5319$，相对风险的估计为

$$p_1 / p_2 = 0.7093 / 0.5319 = 1.334$$

相对风险的估计表明，选择滴滴出行的被调查者中满意的样本比例是选择出租车出行的被调查者中满意的样本比例的 1.334 倍. 选择滴滴出行的被调查者中满意的比例高.

4. 两种出行方式的满意优势比

选择滴滴出行的被调查者中满意的样本比例为 $p_1 = 0.7093$，不满意的样本比例为 $1-p_1 = 0.2907$，满意的优势估计为 $\text{odds}_1 = 0.7093/0.2907 = 2.4394$，选择滴滴出行的被调查者中满意比例是不满意比例的 2.4394 倍. 选择出租车出行的被调查者中满意的样本比例为 $p_2 = 0.5319$，不满意的样本比例为 $1-p_1 = 0.4681$，满意的优势估计为 $\text{odds}_2 = 0.5319/0.4681 = 1.1363$. 选择出租车出行的被调查者中满意比例是不满意比例的 1.1363 倍. 两种出行方式的满意优势比估计为 $\hat{\theta} = 2.4394/1.1363 = 2.1468$. 选择滴滴出行的满意优势是选择出租车出行的满意优势的 2.1468 倍. 样本对数优势比为 $\log(\hat{\theta}) = 0.7640$，其标准误估计为

$$S = \sqrt{\frac{1}{n_{11}} + \frac{1}{n_{12}} + \frac{1}{n_{21}} + \frac{1}{n_{22}}} = 0.1186$$

在置信概率 95%下对数优势比的置信区间为

$$(\log(\hat{\theta}) - z_{\alpha/2}S, \log(\hat{\theta}) + z_{\alpha/2}S) = (0.7640 - 1.96 \times 0.1186, 0.7640 + 1.96 \times 0.1186)$$

即(0.5315, 0.9965). 在置信概率 95%下，两种出行方式的满意优势比的置信区间为

$$\left(e^{0.5315}, e^{0.9965}\right) = (1.7015, 2.7088)$$

综合以上分析表明，选择滴滴出行者的满意比例高于选择出租车出行者的满意比例. 选择滴滴出行者的满意比例是选择出租车出行者的满意比例的 1.334 倍. 选择滴滴出行者的满意优势大于选择出租车出行者的满意优势，优势比的估计是 2.1468 倍，在置信概率 95%下，置信区间为(1.7015, 2.7088).

2.2.5 出行方式满意度与性别的相关性分析

为了研究出行方式满意度和性别之间的相关性，按照出行方式分别进行数据汇总，分别编制 2×2 列联表，见表 2.7. 选择滴滴出行的被调查人数为 719，其中男性和女性的人数分别为 394 和 325. 选择出租车出行的被调查人数为 549，其中男性和女性的人数分别为 301 和 248. 选择滴滴出行的被调查者中满意的人数为 510，其中男性和女性的人数分别为 283 和 227；选择出租车出行的被调查者中满意的人数为 389，其中男性和女性的人数分别为 216 和 173.

表 2.7 出行方式满意度与性别的列联表

出行方式	性别	是否满意		合计
		是	否	
滴滴出行	男	283	111	394
	女	227	98	325
	合计	510	209	719
出租车出行	男	216	85	301
	女	173	75	248
	合计	389	160	549

1. 不同性别的满意比例比较

出行方式与性别交叉分布的样本满意比例、样本满意比例差和样本满意优势见表 2.8. 由表 2.8 可知, 在选择滴滴出行的条件下, 男性的满意比例估计是 0.7183, 女性的满意比例估计是0.6954, 两个数值差异小. 男性的满意优势估计为0.7183/(1–0.7183) = 2.5499, 女性的满意优势估计为 0.6954/(1–0.6954) = 2.2830, 两个数值差异也小. 综合来看, 选择滴滴出行的条件下, 男性和女性的满意比例差异小. 在选择出租车出行的条件下, 男性的满意比例估计是 0.7176, 女性的满意比例估计是 0.6976, 两个数值差异小. 男性的满意优势估计为 0.7176/(1–0.7176) = 2.5411, 女性的满意优势估计为 0.6976/(1–0.6976) = 2.3069, 两个数值差异也小. 综合来看, 选择出租车出行的条件下, 男性和女性的满意比例差异小. 数据分析的结果显示, 满意度与性别之间的相关性小.

表 2.8 不同出行方式下满意度与性别交叉分组的样本比例

出行方式	性别	是否满意		满意比例	满意优势
		是	否		
滴滴出行	男	0.3936	0.1544	0.7183	2.5495
	女	0.3143	0.1363	0.6954	2.2828
	合计	0.7079	0.2907		
出租车出行	男	0.3934	0.1548	0.7176	2.5411
	女	0.3151	0.1366	0.6976	2.3069
	合计	0.7086	0.2914		

表 2.9 给出了不同出行方式下满意度与性别的相关性. 由表 2.9 可知, 在选择滴滴出行的条件下, 满意比例差估计为 0.0229, 相对风险估计为 1.0329, 优势比估计为 1.1168, 对数优势比估计为 0.1105, 这些数值说明, 男性的满意比例和女性的满意比例没有显著差异. 在选择出租车出行的条件下, 满意比例差估计为 0.0200, 相对风险估计为 1.0287, 优势比估计为 1.1015, 对数优势比估计为 0.0967, 这些数值说明, 男性的满意比例和女性的满意比例没有显著差异. 数据分析的结果显示, 满意度与性别之间不存在显著的相关性.

表 2.9 不同出行方式下满意度与性别的相关性

出行方式	比例差	相对风险	优势比	对数优势比
滴滴出行	0.0229	1.0329	1.1168	0.1105
出租车出行	0.0200	1.0287	1.1015	0.0967

2. 独立性检验

采用列联表独立性检验, 在每种出行方式下检验性别与满意度之间的独立性. 在选择滴滴出行的情况下原假设和备择假设分别为

$$H_0\text{: 满意度与性别之间相互独立}$$

H_1: 满意度与性别之间存在相关性

Pearson 检验统计量为

$$\chi^2=\sum_{i=1}^{I}\sum_{j=1}^{J}\frac{(n_{ij}-\hat{\mu}_{ij})^2}{\hat{\mu}_{ij}}=0.3726$$

在置信概率 95%下自由度为 1 的 χ^2 分布临界值为 3.84. Pearson 检验统计量观测值 0.3726 小于临界值 3.84, 没有充分理由拒绝原假设, 在选择滴滴出行的情况下满意度与性别之间相互独立. 似然比检验统计量为

$$G^2=2\sum_{i=1}^{2}\sum_{j=1}^{2}n_{ij}\log(n_{ij}/\hat{\mu}_{ij})=2.3689$$

似然比统计量的观测值 $G^2=2.3689$ 小于临界值 3.84, 没有充分理由拒绝原假设, 在选择滴滴出行的情况下满意度与性别之间相互独立.

在选择出租车出行的情况下原假设和备择假设分别为

H_0: 满意度与性别之间相互独立

H_1: 满意度与性别之间存在相关性

Pearson 检验统计量为

$$\chi^2=\sum_{i=1}^{I}\sum_{j=1}^{J}\frac{(n_{ij}-\hat{\mu}_{ij})^2}{\hat{\mu}_{ij}}=0.2641$$

Pearson 检验统计量观测值 0.2641 小于临界值 3.84, 没有充分理由拒绝原假设, 在选择出租车出行的情况下满意度与性别之间相互独立. 似然比检验统计量为

$$G^2=2\sum_{i=1}^{2}\sum_{j=1}^{2}n_{ij}\log(n_{ij}/\hat{\mu}_{ij})=0.2638$$

似然比统计量的观测值 $G^2=0.2638$ 小于临界值 3.84, 没有充分理由拒绝原假设, 在选择出租车出行的情况下满意度与性别之间相互独立.

2.2.6 结论

综合上述分析, 可以得到如下结论.

(1) 选择滴滴出行者的满意比例与选择出租车出行者的满意比例没有显著差异. 针对 1268 份调查问卷的分析, 选择滴滴出行者的满意比例是 0.5670, 选择出租车出行者的满意比例为 0.4330, 两者差异并不显著.

(2) 在不同出行方式的情况下, 满意度与性别是相互独立的. 在选择滴滴出行的情况下男性的满意比例为 0.7183, 女性的满意比例为 0.6954, 比例差估计为 0.0229、相对风险估计为 1.0329、优势比估计为 1.1168、对数优势比估计为 0.1105. 在选择出租车出行的情况下男性的满意比例为 0.7176, 女性的满意比例为 0.6976, 比例差估计为 0.0200、相对风险估计为 1.0287、优势比估计为 1.1015、对数优势比估计为 0.0967.

上述分析显示, 滴滴出行等已经成为居民出行方式的主要选择, 其满意度已经不低于出租车出行方式, 网约车服务发展迅速, 具有较好的商业前景. 性别不是影响选择出行方式的显著因素, 还需要考虑其他的因素. 网约车服务市场开发前景判断还需要考虑城市经济发展状况、城市发展规划和人口社会结构等其他经济因素.

2.3　其他类型列联表

鉴于列联表已经有广泛应用, 下面再介绍两类列联表, 分别是含有序变量的列联表和多维列联表, 这两类列联表在实际应用中经常遇到.

2.3.1　含有序变量的列联表

有序变量是指变量的不同取值代表不同的等级顺序. 例如, 学生成绩分为优、良、中、差; 疾病的治疗情况分为治愈、显效、好转、无效等. 有序变量的顺序对分析结果很重要, 列联表分析应该考虑变量的顺序. 表 2.10 给出了选择滴滴出行者的满意程度和年龄交叉分组数据. 其中, 年龄分为三类, 分别是20～30岁, 31～55岁, 56岁及以上, 满意程度由高到低分为三类: 满意、一般、不满意. 这两个变量都是有序变量.

表 2.10　出行方式满意程度和年龄的交叉分组数据

年龄/岁	满意程度			合计
	满意	一般	不满意	
20～30	207	80	87	374
31～55	87	119	96	302
56 及以上	16	12	15	43
合计	310	211	198	719

在列联表中, 有序变量的变化趋势很复杂. 为了简单, 这里只考虑变量的线性趋势. 对于有线性趋势的变量, 将变量的每个类别指定适当分值, 分值与变量类别的等级顺序一致, 并能够反映类别之间的差异, 得分差值越大的相应两个类别差异越大. 例如, 解释变量划分为 I 个类别, 令 $u_i(i=1,2,\cdots,I)$ 为每个类别的得分. 响应变量划分为 J 个类别, 令 $v_j(j=1,2,\cdots,J)$ 表示每个类别的得分. 记 $\bar{u}=\sum_i u_i p_{i+}$ 为解释变量的样本均值, $\bar{v}=\sum_j v_j p_{+j}$ 为响应变量的样本均值. 从而, $\sum_{ij}(u_i-\bar{u})(v_j-\bar{v})p_{ij}$ 为两个变量的样本协方差. 两个变量的样本相关系数 r 等于两个变量的样本协方差除以每个变量的样本标准差. 样本相关系数 r 是总体相关系数 ρ 的估计量.

对于带线性趋势的有序变量之间独立性检验, Pearson 独立性检验和似然比独立性检验不再适用. 这里, 建议采用 M^2 统计量检验带线性趋势的有序变量之间的独立性. 如果两个带线性趋势的有序变量相互独立, 它们之间的相关系数 $\rho=0$. 若两个带线性趋势的

有序变量之间的相关系数$\rho \neq 0$，它们是不相互独立的. 从而，假设检验的原假设和备择假设分别为

$$原假设H_0：\rho = 0；\quad 备择假设H_1：\rho \neq 0$$

检验统计量$M^2 = (n-1)r^2$，M^2数值越大，越倾向于拒绝原假设. 在原假设成立的条件下，当样本量n比较大时，M^2近似服从自由度为1的χ^2分布.

表2.10中年龄和满意程度都是有序变量，都有线性趋势. 使用年龄分组的各组中值作为本年龄组的得分，最后的年龄组得分指定为61，即$u_1 = 25, u_2 = 43, u_3 = 61$，满意程度的得分分别是$v_1 = 3, v_2 = 2, v_3 = 1$. 两个变量的联合概率估计和边缘概率估计见表2.11. 可以计算，两个变量的样本相关系数$r = -0.1872$，表明样本间存在负相关关系. 于是

$$M^2 = (n-1)r^2 = 718 \times (-0.1872)^2 = 25.1615$$

表 2.11 满意程度和年龄的联合概率估计和边缘概率估计

年龄/岁	满意程度			p_{i+}
	满意	一般	不满意	
20～30	0.2879	0.1113	0.1210	0.5202
31～55	0.1210	0.1655	0.1335	0.4200
56及以上	0.0223	0.0167	0.0209	0.0598
p_{+j}	0.4312	0.2935	0.2754	1

在显著性水平95%下自由度为1的χ^2分布临界值为3.84. M^2为25.1615大于临界值3.84，拒绝原假设，认为有充分证据说明这两个变量之间不相互独立.

2.3.2 多维列联表

列联表分析包含三个或三个以上变量之间的统计相关性问题. 例如，解释变量和响应变量的相关性取决于第三个变量的影响. 当第三个变量取值不同时，解释变量和响应变量的相关性并不一样. 此时，研究解释变量对响应变量的影响，必须考虑第三个变量. 例如，在2.2节中满意度与性别的相关性与被调查者年龄有关，分析结果也会受到被调查者的年龄因素影响. 中青年出行者更喜欢选用方便快捷的出行方式，其他年龄组更倾向于选择传统的出行方式等. 研究满意度与性别的相关性，要选定被调查者的年龄范围，数据分析结果才会更有针对性，更好地应用于实际问题.

对于多个分类变量的统计相关性分析，需要多维列联表. 本节简要介绍包含三个分类变量的三维列联表. 以2.2节出行方式调查数据为例，将出行者按照年龄划分为中青年群体和其他年龄群体，将其视为第三个变量，命名为“年龄组”，构建的三维列联表见表2.12.

表 2.12 包含满意度、性别和年龄组的三维列联表

年龄组	性别	是否满意		合计
		是	否	
中青年(部分表 1)	男	101	39	140
	女	93	40	133
其他(部分表 2)	男	78	31	109
	女	50	22	72
合计(边缘表)	男	179	70	249
	女	143	62	205

将列变量“是否满意”视为响应变量，行变量“性别”视为解释变量. 三维列联表相当于在二维列联表的基础上增加了一组行变量. 当年龄组分别取“中青年”和“其他”时，三维列联表也可拆分为两个部分表. 每个部分表等同于二维列联表. 当年龄组为“中青年”时，得到中青年群体中满意度与性别的二维列联表，即部分表 1. 当年龄组为“其他”时，得到其他群体中满意度与性别的二维列联表，即部分表 2. 部分表 1 和部分表 2 可以采用前面介绍的列联表方法进行分析.

在三维列联表中，部分表中相关性被称为条件相关性. 基于部分表的优势比被称为条件优势比，即给定第 3 个变量取值的情况下响应变量为“成功”的优势比. 条件优势比的估计为

$$\hat{\theta}_{XY(k)}=\frac{n_{11k}n_{22k}}{n_{12k}n_{21k}}$$

其中，n_{ijk} 为第 3 个变量取 k 水平时第 i 行第 j 列单元格的观测数. X,Y 分别为解释变量和响应变量. 对于表 2.12，当年龄组为“中青年”时，条件优势比的估计为

$$\hat{\theta}_{XY(\text{中青年})}=\frac{101\times 40}{39\times 93}=1.1139$$

对于中青年群体而言，男性满意优势是女性满意优势的 1.1139 倍. 当年龄组为“其他”时，条件优势比的估计为

$$\hat{\theta}_{XY(\text{其他})}=\frac{78\times 22}{31\times 50}=1.1071$$

对于其他群体而言，男性满意优势是女性满意优势的 1.1071 倍. 如果在每个部分表中解释变量 X 和响应变量 Y 是相互独立的，即当控制变量 Z 固定，X 和 Y 的条件优势比等于 1，称 X 和 Y 为条件独立. 在这个例子中，对于不同的年龄组，满意度和性别的条件优势比都不等于 1，不是条件独立的.

基于边缘表的相关性被称为边缘相关性. 基于边缘表的边缘优势比估计为

$$\hat{\theta}_{XY+}=\frac{n_{11+}n_{22+}}{n_{12+}n_{21+}}$$

对于表 2.12，边缘优势比的估计为

$$\hat{\theta}_{XY+}=\frac{179\times 62}{70\times 143}=1.1087$$

即男性满意优势是女性满意优势的 1.1087 倍. 如果在边缘表中解释变量 X 和响应变量 Y 是相互独立的, X 和 Y 的边缘优势比等于 1, 称 X 和 Y 为边缘独立. 对于前面例子, 满意度和性别的边缘优势比不等于 1, 不是边缘独立的.

表 2.12 的分析结果表明, 男性满意的优势略高于女性满意的优势, 条件优势比与边缘优势比的差异不大. 但在很多情况下, 条件优势比与边缘优势比的差异较大, 甚至有时会得到相悖的结论, 实践中需要谨慎应用.

2.3.3 小样本精确检验

本章介绍的几个检验统计量, 包括 Pearson 统计量、似然比统计量和 M^2 统计量, 主要适用于大样本的情况. 当样本量很小时, 这些检验统计量的分布与自由度为 $\mathrm{df}=(I-1)\times(J-1)$ 的 χ^2 分布之间会有比较大的偏差, 这些检验方法也不再适用. Fisher 精确检验是针对小样本的精确检验, 主要用于检验二维列联表行变量和列变量的独立性. 假设检验的原假设和备择假设分别为

原假设 H_0: 行变量和列变量相互独立, 或优势比 $\theta=1$

备择假设 H_1: 行变量和列变量之间存在正相关, 或优势比 $\theta>1$

对于 2×2 列联表, 行变量和列变量相互独立, 等价于优势比 $\theta=1$. 列联表的单元频数服从超几何分布. 在原假设 $\theta=1$ 成立的情况下, 与 n_{11} 值对应的概率为

$$P(n_{11})=\frac{\mathrm{C}_{n_{1+}}^{n_{11}}\mathrm{C}_{n_{2+}}^{n_{+1}-n_{11}}}{\mathrm{C}_{n}^{n_{+1}}}$$

其中 $\mathrm{C}_n^m=n!/m!/(n-m)!$. 给定 2×2 列联表的边缘频数, 借助于 n_{11} 值, 可以计算出其他单元格的频数. p 值等于观测值至少不比 n_{11} 小的右尾概率. 较大 n_{11} 和较小 p 值都倾向于支持备择假设.

例如, 一赌徒声称他具有特异功能, 在两个封闭的罩内各置一个骰子, 他能准确猜测出罩下两个骰子的相对大小. 为了验证他是否有这种特异功能, 某统计学家设计了一个小样本试验. 统计学家将 20 个罩分为 10 组, 每组 2 个罩, 请该赌徒判断每组左边罩内骰子点数的相对大小. 统计学家预先告知赌徒左边骰子有 5 组数大和 5 组数小. 赌徒猜测的结果见表 2.13.

表 2.13 猜测骰子大小的试验数据

放置	猜测		合计
	大	小	
大	4	1	5
小	1	4	5
合计	5	5	10

假设检验的原假设和备择假设分别为

原假设 H_0: 猜测结果与实际大小相互独立, 赌徒是猜测而不具有特异功能

备择假设 H_1: 猜测结果与实际大小之间存在正相关, 赌徒具有特异功能

在原假设成立的条件下, p 值等于 n_{11} 至少不比观测值 3 小的右尾概率, 即 $p = P(3)+P(4)+P(5)$ 的概率. 赌徒猜中 3 次的概率等于

$$P(3) = \frac{C_5^3 C_5^2}{C_{10}^5} = 0.397$$

赌徒猜中 4 次的概率等于

$$P(4) = \frac{C_5^4 C_5^1}{C_{10}^5} = 0.099$$

赌徒猜中 5 次的概率等于

$$P(5) = \frac{C_5^5 C_5^0}{C_{10}^5} = 0.004$$

计算过程见表 2.14. 赌徒猜中至少 3 次的概率 $p = P(3)+P(4)+P(5) = 0.5$. 从而, 没有足够的证据拒绝原假设 H_0, 认为猜测和实际情况是相互独立的, 赌徒声称自己有特异功能的说法不可信.

表 2.14　与 n_{11} 对应的试验

n_{11}	概率	累积概率
0	0.004	1.000
1	0.099	0.996
2	0.397	0.897
3	0.397	0.500
4	0.099	0.103
5	0.004	0.004

习　题　2

1. 为了研究饮酒与患高血脂之间的关系, 对 350 名 50 岁以上的人群做了调查, 饮酒与患高血脂的列联表见表 2.15.

表 2.15　饮酒和患高血脂的列联表

是否饮酒	是否患高血脂		合计
	是	否	
是	54	162	216
否	13	121	134
合计	67	283	350

(1) 识别响应变量和解释变量.

(2) 给出是否饮酒和是否患高血脂的联合概率估计与边缘概率估计.

(3) 计算给定是否饮酒条件下患高血脂的条件概率估计.

2. 为了研究某种新药物对心肌梗死的治疗效果. 某医院对 500 名患者按照对照组与非对照组进行了临床试验, 试验结果见表 2.16.

表 2.16 新药物和心肌梗死的分类表

采用的药物	是否有疗效		合计
	是	否	
安慰剂	120		248
新药物	178		
合计			500

(1) 请将上表补充完整.

(2) 给出采用两种不同药物的比例差估计及其 95%置信区间.

3. 为了研究治疗风湿性关节炎的一种新药物的疗效, 对 900 名实验者进行实验. 实验结果表明, 采用传统药治疗的实验者中疗效显著的实验者有 184 人, 不显著的有 260 人. 采用新药治疗的实验者中疗效显著的实验者有 322 人.

(1) 根据以上数据编制二维列联表.

(2) 请判断新药疗效和传统药疗效的差别.

4. 20 世纪初泰坦尼克号遇难被认为是 20 世纪十大灾难之一. 现搜集到泰坦尼克号海难的原始数据. 经过统计分组, 得到表 2.17.

表 2.17 泰坦尼克号海难数据

性别	是否幸存		合计
	是	否	
男	367	1364	1731
女	344	126	470
合计	711	1490	2201

(1) 给出不同性别的优势估计值, 并对结果进行解释.

(2) 给出样本优势比, 并对结果进行解释.

5. 为了研究新药物对治疗心脏病的疗效, 某医学研究小组对 400 名患者按照对照组与非对照组进行了临床医学实验. 实验结果表明安慰剂组有疗效的人有 98 人, 无疗效的人有 102 人. 新药物组有疗效的人有 160 人, 无疗效的人有 40 人.

(1) 根据以上描述建立二维列联表.

(2) 给出两种不同治疗方案下的样本优势比, 并对计算结果进行解释.

6. 为了了解某班同学对足球的喜爱是否与性别有关, 对该班55名同学进行了问卷调查, 得到表2.18的数据.

表 2.18 性别与喜欢踢足球的交叉分类数据

性别	是否喜欢踢足球		合计
	是	否	
男	28	7	35
女	5	15	20
合计	33	22	55

(1) 在独立性约束下, 给出每个单元期望频数的估计值.

(2) 检验性别与是否喜欢踢足球有关联, 说明理由.

7. 为了研究吸烟是否对支气管炎有影响, 某医院随机地调查了 500 人, 调查结果见表 2.19.

表 2.19 吸烟与支气管炎交叉分类数据

是否吸烟	是否患支气管炎		合计
	是	否	
吸烟	50	150	200
不吸烟	20	280	300
合计	70	430	500

(1) 写出独立性检验的原假设与备择假设.

(2) 分别用 Pearson 检验和似然比检验判断吸烟与支气管炎之间的相关性.

8. 为了研究受教育程度是否与性别有关, 教育局调查小组随机调查了 1000 人, 调查结果如表 2.20 所示.

表 2.20 性别与学历交叉分类数据

性别	学历			合计
	高中及以下	大专/本科	硕士研究生及以上	
男		200	10	600
女		260	5	
合计				1000

(1) 请将上述列联表补充完整.

(2) 判断性别与受教育程度之间是否有关联.

9. 为了了解某新药物对高血糖的治疗疗效, 新药物研发室对 700 名患者进行了临床实验观察. 该实验将患者分为两组, 实验组和对照组, 实验组服用新药物, 对照组服用安慰剂. 观察结果如表 2.21 所示.

表 2.21 性别、治疗方案与治疗效果

性别	治疗方案	治疗效果	
		是	否
男	新药物	90	83
	安慰剂	116	107
女	新药物	83	90
	安慰剂	129	102
合计	新药物		
	安慰剂		

(1) 识别响应变量、解释变量和控制变量.

(2) 请将上述列联表补充完整.

(3) 给出样本条件优势比和样本边缘优势比, 并对结果进行简单解释分析.

10. 某医院研发出两种新药物 A 和 B, 为了比较两种药物的治疗效果, 在某市的两家医院同时进行临床实验, 实验结果如表 2.22 所示.

表 2.22 治疗地点、治疗药物与治疗效果

医院	药物	治疗效果	
		是	否
1	A	100	50
	B	80	70
2	A	90	60
	B	70	75
合计	A		
	B		

(1) 请将上述列联表补充完整.

(2) 请判断给定治疗地点条件下药物与治理效果的条件独立性和边缘独立性.

第3章

广义线性模型

广义线性模型(generalized linear model, GLM)是一类重要的统计模型，应用非常广泛. 广义线性模型涵盖了普通回归模型、离散响应变量模型等. 本章主要介绍广义线性模型的基础概念和统计性质等知识.

3.1 广义线性模型基础

3.1.1 广义线性模型的结构

广义线性模型的结构分为三个部分，分别是随机部分、系统部分和联系函数. 随机部分是响应变量及其概率分布，系统部分是指解释变量，联系函数是指响应变量期望的函数.

1. 随机部分

响应变量Y的n个观测值记为$Y_1,\cdots,Y_n$. 多数情况下，$Y_1,\cdots,Y_n$之间是相互独立的. 构造广义线性模型要识别响应变量Y并确定其概率分布. 在实际应用中，Y的分布依赖于所研究的具体问题. 通常，连续型响应变量Y对应假设采用正态分布. 二分类响应变量Y对应假设采用二项分布. 响应变量Y为计数的，对应假设采用泊松分布或负二项分布. 这些对应假设是基于经验的结果. 在很多情况下，都能得到较好的拟合模型.

2. 系统部分

广义线性模型的系统部分是指解释变量及其进入到模型中的函数形式. 解释变量的线性组合$\alpha+\beta_1x_1+\cdots+\beta_kx_k$称为线性预测量，是指解释变量的主效应作为可加效应引入到模型中，也可以将两变量交互效应或二次效应引入到模型中.

3. 联系函数

广义线性模型的联系函数是指响应变量Y的期望与解释变量的效应组合联系起来的函数. 记$\mu=E(Y)$，解释变量线性组合为线性预测量，即$\alpha+\beta_1x_1+\cdots+\beta_kx_k$，则联系函数

$$g(\mu)=\alpha+\beta_1x_1+\cdots+\beta_kx_k$$

联系函数可以是线性函数，也可以是非线性函数. 常用的联系函数有恒等联系、对数联系、对数优势联系. 针对响应变量的类型，需要选择适当的联系函数，构建广义线性模型.

例 3.1 联系函数 $g(\mu)=\mu$ 为恒等联系，广义线性模型的形式为

$$\mu=\alpha+\beta_1x_1+\cdots+\beta_kx_k$$

这是连续型响应的普通回归模型，响应变量 Y 服从正态分布. 相对于普通回归模型，广义线性模型的响应变量 Y 不再局限于正态分布，并可以选用 μ 的非线性函数.

例 3.2 联系函数 $g(\mu)=\log[\mu/(1-\mu)]$ 为对数优势联系(也记为 Logit)，广义线性模型为

$$\log[\mu/(1-\mu)]=\alpha+\beta_1x_1+\cdots+\beta_kx_k$$

该模型使用对数优势联系，故称为 Logistic 模型. Logistic 模型适用于响应变量期望 μ 等于"成功"概率的情形.

记二分类响应变量 Y 的两个可能结果为 1 和 0，分别代表"成功"和"失败"，成功概率是 π，失败概率是 $1-\pi$，则 Y 的期望 $E(Y)=\pi$，为"成功"的概率. 对于线性概率模型

$$\pi=\alpha+\beta x$$

"成功"的概率 π 是解释变量 x 的线性函数. π 取值范围是 0 到 1，线性函数 $\alpha+\beta x$ 可以取任意实数. 因而，线性概率模型只在 x 的某些取值范围内适用. 在实际应用中，概率 π 和解释变量 x 之间不是线性函数关系. 图 3.1 给出了 π 和 x 之间的一种非线性函数关系.

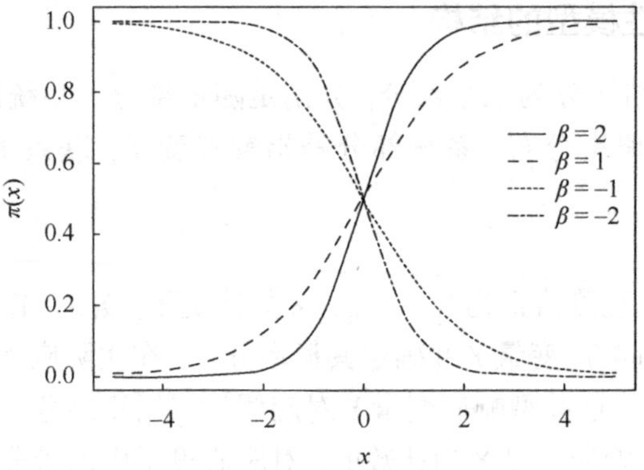

图 3.1 Logistic 回归曲线

Logistic 回归模型形式为

$$\pi=\frac{\exp(\alpha+\beta x)}{1+\exp(\alpha+\beta x)}=\frac{e^{\alpha+\beta x}}{1+e^{\alpha+\beta x}}$$

$$\log\left(\frac{\pi}{1-\pi}\right)=\alpha+\beta x \tag{3.1}$$

图 3.1 显示，对于 $\beta>0$，概率 π 随着解释变量 x 增加，先缓慢增大，然后快速增大，之后

再缓慢增大. 对于 $\beta<0$，概率 π 随着解释变量 x 增加, 先缓慢减小, 然后快速减小, 之后再缓慢减小.

另外一类概率 π 和解释变量 x 之间的非线性关系是 Probit 函数. Probit 回归函数形式为

$$\text{probit}(\pi)=\alpha+\beta x$$

其中, 函数 $\text{probit}(\pi)=\phi^{-1}(\pi)$ 为标准正态分布函数的逆函数, 函数见图 3.2.

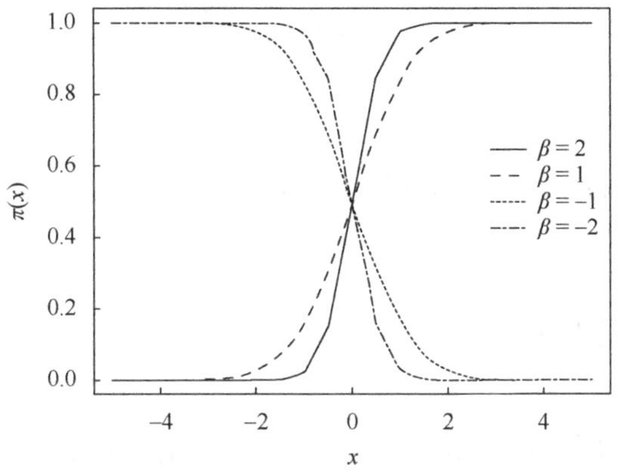

图 3.2 Probit 回归曲线

图 3.2 显示, Probit 函数和 Logistic 函数具有相似形状, 区别只在于 Probit 函数变化速度更快. 在实际应用中, 采用两类模型往往会得到相似的结论.

例 3.3 联系函数 $g(\mu)=\log(\mu)$ 为对数联系, 广义线性模型为

$$\log(\mu)=\alpha+\beta_1x_1+\cdots+\beta_kx_k$$

该模型使用对数联系, 故称为对数线性模型(loglinear model). 对数线性模型适用于计数数据.

对于计数响应变量 Y, 常假设 Y 服从泊松分布. 泊松对数线性模型的形式为

$$\log(\mu)=\alpha+\beta x$$

对于 $\beta>0$，随着 x 增加, μ 呈现指数增长. 对于 $\beta<0$，随着 x 增加, μ 呈现指数下降. 函数形状见图 3.3.

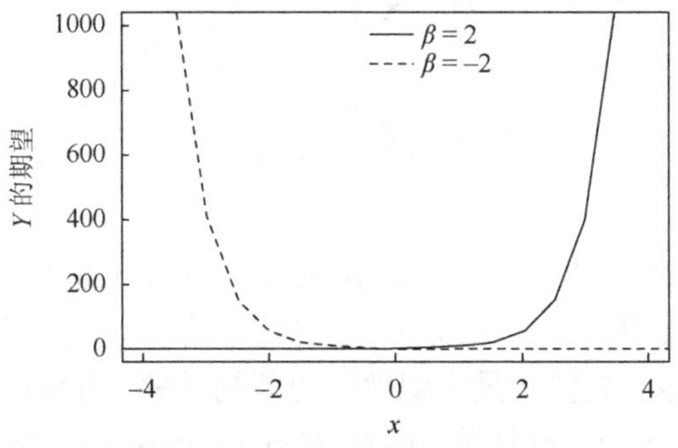

图 3.3 泊松对数线性回归曲线

3.1.2 广义线性模型参数估计

通常，广义线性模型参数估计采用最大似然估计方法. 模型参数的最大似然估计过程的学习并不会影响后文的理解，不感兴趣的读者可以略过该小节. 这里，以 Logistic 回归模型(3.1)的参数估计为例，介绍其最大似然估计过程. 假设容量为 n 的样本观测值记为 (x_i, y_i)，$i=1,\cdots,n$. $y_i=1$ 代表“成功”，其对应的概率可以表示为

$$P(Y_i=1\mid x_i)=\frac{\mathrm{e}^{\alpha+\beta x_i}}{1+\mathrm{e}^{\alpha+\beta x_i}}$$

令 exp( ) 为指数函数，有

$$P(Y_i=y_i\mid x_i)=\exp[y_i\log(P(Y_i=1\mid x_i))+(1-y_i)\log(1-P(Y_i=1\mid x_i))]$$

似然函数为

$$\begin{aligned}L(\alpha,\beta)&=\prod_{i=1}^{n}P(Y_i=y_i\mid x_i)\\&=\prod_{i=1}^{n}\exp\left[y_i\log\left(\frac{\mathrm{e}^{\alpha+\beta x_i}}{1+\mathrm{e}^{\alpha+\beta x_i}}\right)+(1-y_i)\log\left(1-\frac{\mathrm{e}^{\alpha+\beta x_i}}{1+\mathrm{e}^{\alpha+\beta x_i}}\right)\right]\end{aligned}$$

对数似然函数为

$$\begin{aligned}\ln[L(\alpha,\beta)]&=\sum_{i=1}^{n}\left[y_i\log\left(\frac{\mathrm{e}^{\alpha+\beta x_i}}{1+\mathrm{e}^{\alpha+\beta x_i}}\right)+(1-y_i)\log\left(1-\frac{\mathrm{e}^{\alpha+\beta x_i}}{1+\mathrm{e}^{\alpha+\beta x_i}}\right)\right]\\&=\sum_{i=1}^{n}\left[y_i\log\left(\frac{\mathrm{e}^{\alpha+\beta x_i}}{1+\mathrm{e}^{\alpha+\beta x_i}}\right)-y_i\log\left(1-\frac{\mathrm{e}^{\alpha+\beta x_i}}{1+\mathrm{e}^{\alpha+\beta x_i}}\right)+\log\left(1-\frac{\mathrm{e}^{\alpha+\beta x_i}}{1+\mathrm{e}^{\alpha+\beta x_i}}\right)\right]\\&=\sum_{i=1}^{n}\left[y_i(\alpha+\beta x_i)-\log\left(1+\mathrm{e}^{\alpha+\beta x_i}\right)\right]\end{aligned}$$

为了求解使对数似然函数达到最大值的 α,β，对数似然函数分别关于 α,β 求导，令导数为 0，得到的似然方程

$$\begin{cases}\dfrac{\partial\ln[L(\alpha,\beta)]}{\partial\alpha}=\displaystyle\sum_{i=1}^{n}\left[y_i-\frac{\mathrm{e}^{\alpha+\beta x_i}}{1+\mathrm{e}^{\alpha+\beta x_i}}\right]=0,\\[2ex]\dfrac{\partial\ln[L(\alpha,\beta)]}{\partial\beta}=\displaystyle\sum_{i=1}^{n}\left[y_ix_i-\frac{x_i\mathrm{e}^{\alpha+\beta x_i}}{1+\mathrm{e}^{\alpha+\beta x_i}}\right]=0\end{cases}$$

似然方程不是关于 α,β 的线性方程，对 Logistic 回归模型的似然方程求解很困难，很难给出方程解的显示表达式. 因而，广义线性模型参数的最大似然估计常用 Newton-Raphson 算法. 该算法是迭代算法，先猜测最大似然的可能初始解，再依据该点的曲率和斜率寻找“更好”解，逐步逼近最大似然估计值. 通常，Newton-Raphson 算法仅需较小次数迭代，就能够收敛到最大似然估计值.

3.1.3　广义线性模型的统计推断和模型检验

广义线性模型参数的假设检验主要有 Wald 检验、似然比检验和得分检验. 下面结合简单例子, 介绍三个检验方法. 表 3.1 是某高校 2016 级本科生选修第二外语的统计数据, 该校规定学生英语入学考试成绩在 70 分以上者均有资格选修第二外语. 第一列是学生英语入学考试成绩分组, 第二列是该区组学生总人数, 第三列是选修了第二外语学生的人数. 假设学生选修第二外语的概率 $\pi(x)$ 与其英语入学考试成绩 x 有关. 各组英语入学考试成绩 x 依次记为 70, 75, 80, 85, 90, 95. 表 3.1 中每行看作服从二项分布的独立样本, 二项分布的参数为 $\pi(x)$.

表 3.1　某高校 2016 级本科生选修第二外语的统计数据

分组	人数	响应次数	响应比例
1	933	10	0.011
2	585	75	0.129
3	918	275	0.300
4	792	531	0.671
5	714	613	0.859
6	584	526	0.900

假设学生选修第二外语概率 $\pi(x)$ 的 Logit 函数值与其英语入学考试成绩 x 呈线性关系, 即

$$\log\left(\frac{\pi}{1-\pi}\right)=\alpha+\beta x$$

模型拟合得到

$$\pi=\frac{\exp(-21.1143+0.2539x)}{1+\exp(-21.1143+0.2539x)}$$

其中英语考试成绩效应 $\hat{\beta}=0.2539$, 其标准差 $S=0.0071$. 下面考虑学生英语入学成绩是否影响其选修第二外语.

1. 基于 Wald 统计量的假设检验

本科生英语入学考试成绩对选修第二外语没有影响, 意味着 $\beta=0$ 成立. 原假设和备择假设分别为 $H_0:\beta=0$; $H_1:\beta\neq 0$.

采用 Wald 统计量 $z=\hat{\beta}/S$, S 是 $\hat{\beta}$ 的标准差. 当原假设为真时, z 近似服从标准正态分布, z^2 近似服从自由度 df $=1$ 的卡方分布. 拒绝域是 $\{z^2>\chi_\alpha^2(1)\}$. β 在置信概率 0.95 下的 Wald 置信区间等于 $(\hat{\beta}-1.96\times S,\hat{\beta}+1.96\times S)$.

在上面的选修第二外语例子中, 针对学生是否选修第二外语与英语成绩无关的原假设, 即 $H_0:\beta=0$, 有

$$z=\hat{\beta}/S=0.2539/0.0071=35.76$$

$$z^2 = 35.76^2 > \chi^2_{0.05}(1) = 3.84$$

检验统计量的观测值落在拒绝域里，说明英语成绩对选修第二外语有显著影响($P<0.001$). β在置信概率 95%下的 Wald 置信区间为$(0.25394 - 1.96\times 0.0071, 0.25394 + 1.96\times 0.0071)$，即(0.2400, 0.2678).

2. 基于似然比统计量的假设检验

原假设和备择假设分别为$H_0:\beta=0$；$H_1:\beta\neq 0$. 似然比检验统计量等于

$$-2\log(\ell_0/\ell_1) = -2[\log(\ell_0) - \log(\ell_1)] = -2(L_0 - L_1)$$

其中ℓ_0代表$H_0:\beta=0$成立时似然函数的极大值，ℓ_1代表不存在约束$\beta=0$时似然函数的极大值，L_0和L_1代表极大化的对数似然函数. 在大样本的情形下，当原假设$H_0:\beta=0$成立时，似然比检验统计量服从 $\mathrm{df}=1$ 的卡方分布. 拒绝域是

$$\left\{-2(L_0 - L_1) > \chi^2_\alpha(1)\right\}$$

大多数 GLM 软件都能给出极大化的对数似然函数值和似然比统计量. 通过似然比方法也可以确定β的 95% 置信区间，它包含了所有使得似然比检验$H_0:\beta=\beta_0$的 P 值大于 0.05 的β_0值.

在上面的选修第二外语的例子中，原假设$H_0:\beta=0$和备择假设$H_1:\beta\neq 0$的似然比检验结果是

$$-2(L_0 - L_1) = 93.45 > \chi^2_{0.05}(1) = 3.84$$

因此，有充分证据拒绝原假设，说明英语成绩对选修第二外语有显著影响($P<0.001$). β在置信概率 95%下的似然比置信区间为(–0.7356, –0.4852).

3. 基于偏差的模型比较

为了比较多个模型拟合结果的优劣，引入偏差(deviance)概念. 令L_0代表感兴趣模型M_0的极大对数似然值. L_S代表复杂模型M_S的极大对数似然值. 复杂模型有更多个独立参数，对数据进行了完美拟合，称此模型为饱和模型. 因为饱和模型具有附加的参数，M_0只是M_S的特例，M_S的极大对数似然L_S不小于简单模型M_0的极大对数似然L_0. 定义偏差为

$$-2(L_0 - L_S)$$

检验问题: 假设复杂模型M_S成立，检验较简单模型M_0是否成立，即假设检验为$H_0:\beta=0; H_1:\beta\neq 0$. 似然比统计量为

$$-2(L_0 - L_1) = -2(L_0 - L_S) - [-2(L_1 - L_S)]$$

对于大样本，该统计量近似服从卡方分布，自由度等于在M_S中而不在M_0中的参数个数，即模型M_0与其自由度的差值. 拒绝域是

$$\left\{-2(L_0 - L_1) > \chi^2_{\alpha/2}(\mathrm{d}f_0 - \mathrm{d}f_1)\right\}$$

当M_0相对于M_S拟合得很差时，此检验统计量会很大. 大的检验统计量和小的P值说明模型M_0比M_S拟合得更差.

在上面的选修第二外语例子中，设 M_S 为有成绩效应的Logistic模型，M_0 为没有成绩效应的简单模型(即 $\beta=0$)．根据表 3.1 数据，计算 M_S 的偏差为 61.23，服从自由度为 4 的卡方分布．M_0 的偏差为 2582.75，服从自由度为 5 的卡方分布．这两个模型的偏差

$$-2(L_0-L_1)=2582.75-61.23=2521.52$$

且服从自由度为 1 的卡方分布，统计量观测值很大，认为 $\beta=0$ 的模型 M_0 拟合得很差，即数据更支持模型 M_S，认为英语成绩对选修第二外语有显著影响.

4. *残差分析*

令 y_i 表示观测值，$\hat{y}_i$ 表示模型拟合值，观测值和拟合值之间的残差等于 $y_i-\hat{y}_i$．Pearson 残差为

$$e_i=\frac{y_i-\hat{y}_i}{\sqrt{\mathrm{Var}(y_i)}}$$

Pearson 残差在 0 附近波动，当 $\hat{y}_i$ 很大时近似服从正态分布．将 $y_i-\hat{y}_i$ 除以它的标准差得到标准化残差:

$$\frac{y_i-\hat{y}_i}{S}$$

当模型成立时，标准化残差近似服从标准正态分布．标准化残差绝对值大致大于 2 或 3，则说明模型可能拟合不佳．图 3.4 是上文的选修第二外语拟合模型的残差图．图 3.4 显示，模型较好地拟合数据.

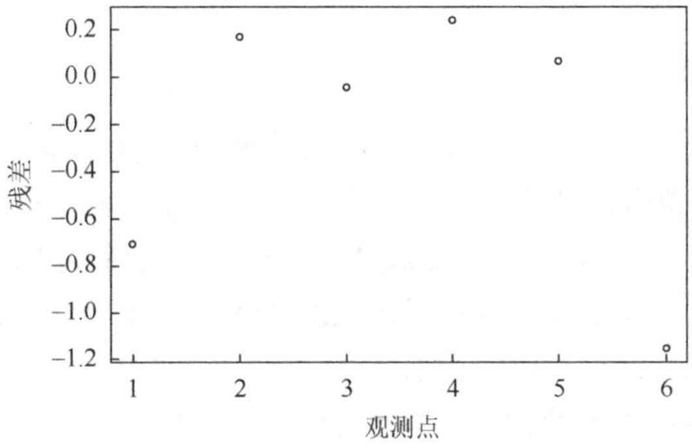

图 3.4　选修第二外语拟合模型的残差图

3.2 车险保单索赔次数分析

3.2.1 问题提出

随着国民经济的不断发展，保险作为金融行业的龙头产业得到迅速发展．而在非寿险领域之中，汽车保险是其中一个重要组成部分．通过对车险保单索赔数据的研究，可以帮助保险公司设定更加合理的保费和制订更加完善的保险合同．此外，保单索赔次数的分布还为设计车险险种、精确计算保费和准备金等提供了理论依据，对车险定价具有举足轻重的作用．研究车险保单索赔次数变化规律有着十分重要的意义.

保险公司车险索赔数据集不仅包括了雇主的个人信息，还包括索赔次数、索赔额、潜在风险等相关信息. 为了分析索赔数据，往往需要考虑数据中的相依性. 如在汽车保险中索赔次数与车龄之间的相关性；又如索赔次数同投保人所在地区、汽车型号、性别等变量之间的关系. 使用广义线性模型可以刻画出不同因素对违约次数或保险索赔次数发生概率的影响，对汽车保险公司运营十分有益.

某保险公司欲研究如下问题：①确定车险保单索赔次数的影响因素；②分析上述因素对车险保单索赔次数发生概率有怎样的影响？

3.2.2 选择变量与模型

根据保险公司的车险业务经验，不同地区、汽车的型号、车龄、司机个体特征对车险保单索赔次数均可能产生影响.

不同地区的交通状况不同，因而可能影响交通事故率. 比如经济发达的地区车流量大，发生交通事故更频繁. 不同车型的安全系数也不同，比如小型车在事故中往往受损更严重. 车龄在很大程度上会影响车况，比如新车在性能方面出现失灵等情况的可能性更小. 而司机在驾驶中的行为直接影响汽车的驾驶安全，比如女性司机可能不如男性司机反应迅速. 以上这些方面都有可能影响车险保单索赔次数. 选取地区、汽车型号、车龄、司机性别四个变量作为解释变量.

车险保单索赔次数服从泊松分布，地区、汽车型号、车龄及司机性别均为非连续变量. 选择广义线性模型中的泊松回归模型拟合数据.

3.2.3 收集数据

收集保险公司过去一个月的车险保单索赔次数数据，包括 258 个观测值. 删除 3 个含有缺失值的观测值. 用于拟合模型的数据共有 255 个观测值. 响应变量为车险保单索赔次数，解释变量分别为地区(五个类别：A, B, C, D, E)，汽车型号(三个类别：大、中、小)，车龄(月)以及司机性别(两个类别：男、女)，数据见表 3.2. 令 Y 表示车险保单索赔次数，$\{A, B, C, D\}$ 表示五个地区中的前四个地区对应的指示变量(“1”代表“是”，“0”代表“否”)，{大，中} 表示汽车型号三个类别中的前两种汽车型号对应的指示变量(“1”代表“是”，“0”代表“否”)，T 表示车龄(按月计算)，gender 表示性别是否为男性(“1”代表“是”，“0”代表“否”).

表 3.2 车险保单索赔数据

ID	地区				汽车型号		车龄 T	司机性别	索赔次数 Y
	A	B	C	D	大	中		(gender)	
1	1	0	0	0	1	0	46	1	3
2	1	0	0	0	1	0	195	1	3
3	1	0	0	0	1	0	71	0	4
4	1	0	0	0	1	0	216	0	5
⋮	⋮	⋮	⋮	⋮	⋮	⋮	⋮	⋮	⋮
255	0	0	0	0	0	0	31	1	5

对表 3.2 车险保单索赔次数数据的初步分析显示, 地区 B 的索赔次数明显较其他地区更多, 小型车索赔次数比大型车索赔次数更多, 车龄越长索赔次数越多, 女性司机比男性司机索赔次数略多. 下面将通过建立泊松回归模型验证上面的判断.

3.2.4　车险保单索赔次数的广义线性模型

1. 建立模型

先利用所有预测变量拟合泊松回归模型,

$$\log Y = \alpha + \beta_1 \times A + \beta_2 \times B + \beta_3 \times C + \beta_4 \times D \\ + \beta_5 \times \text{type大} + \beta_6 \times \text{type中} + \beta_7 \times T + \beta_8 \times \text{gender} \tag{3.2}$$

回归参数估计结果见表 3.3.

表 3.3　车险保单索赔次数初步估计

变量	系数	标准误	Z 值	P 值
常数项	2.1034268	0.0796592	26.405	< 2e −16***
A	0.0312757	0.0827954	0.378	0.706
B	1.3093949	0.0679834	19.261	< 2e −16***
C	−0.9681443	0.1140304	−8.490	< 2e −16***
D	−0.8357542	0.1100865	−7.592	3.16e −14***
type 大	−0.7565897	0.0624310	−12.119	< 2e −16***
type 中	−0.0638843	0.0531141	−1.203	0.229
T	0.0009211	0.0001766	5.215	1.83e −07***
gender	−0.5415706	0.0488235	−11.092	< 2e −16***
AIC: 896.04	显著性水平代码: 0‘***’0.001‘**’0.01‘*’0.05‘.’0.1‘’1			

由表 3.3 可知, 在显著性水平 0.05 下预测变量并非全部显著. 用 R 软件中 Step 函数进行逐步剔除, 逐步剔除部分变量的结果如表 3.4 所示.

表 3.4　逐步剔除部分变量的结果

模型	解释变量	AIC
1	$A + B + C + D +$ type 大 + type 中 $+ T +$ gender	896.04
2	$B + C + D +$ type 大 + type 中 $+ T +$ gender	894.19
3	$B + C + D +$ type 大 $+ T +$ gender	893.66

2. 模型检验

对于广义线性回归模型, 可以进行拟合结果与最终模型的偏差比较. 由 3.1 节我们知道,

当 M_0 相对于 M_1 拟合得很好时，似然函数的偏差会很小. 小的检验统计量和大的 P 值说明，模型 M_0 比 M_1 拟合得更好. 基于偏差的模型比较结果见表 3.5.

表 3.5 基于偏差的模型比较结果

模型	偏差	自由度	P 值
(1): $A+B+C+D+$type 大 + type 中 $+T+$ gender	4.9206	246	0.000
(2): (1)–A	5.0634	247	0.000
(3): (2)–type 中	6.5324	248	0.000
模型比较	似然比统计量	自由度	P 值
(2)–(1)	0.1428	1	0.7055
(3) –(1)	1.6118	2	0.4467
(3) –(2)	1.4690	1	0.2255

从检验结果可以看出来，基于偏差的模型比较结果不显著，$P>0.05$，表明含 6 个预测变量的最终模型(3)和含 8 个完整预测变量的模型(1)对数据拟合效果是等价的. 这意味着，添加地区 A 与中型车两个变量不会显著提高方程的预测精度，可以选择更简单的模型解释数据.

结合 AIC 统计信息、模型比较的检验结果，选定最终模型. 从逐步剔除掉部分预测变量的模型 AIC 值可以看出，模型(3)为最终拟合结果，泊松回归模型最终拟合结果如表 3.6 所示.

表 3.6 泊松回归模型最终拟合结果

变量	系数	标准误	Z 值	P 值
常数项	2.0921017	0.0644495	32.461	<2e –16***
B	1.2925353	0.0520790	24.819	<2e –16***
C	–0.9851985	0.1056503	–9.325	<2e –16***
D	–0.8519038	0.1012138	–8.417	<2e –16***
type 大	–0.7261465	0.0569454	–12.752	<2e –16***
T	0.0009243	0.0001760	5.251	1.52e –07***
gender	–0.5479472	0.0485589	–11.284	<2e –16***
AIC: 893.66	显著性水平代码: 0‘***’0.001‘**’0.01‘*’0.05‘.’0.1‘’1			

在最终模型的参数估计结果中，每一个解释变量都非常显著，$P<0.001$，而且 AIC 值由 896.04 下降到 893.66，减少那些不必要变量是有效的. 画出拟合模型的残差图，见图 3.5. 残差围绕 0 均值上下波动，且主要分布在[–0.2, 0.2]内，认为拟合模型较好地拟合数据.

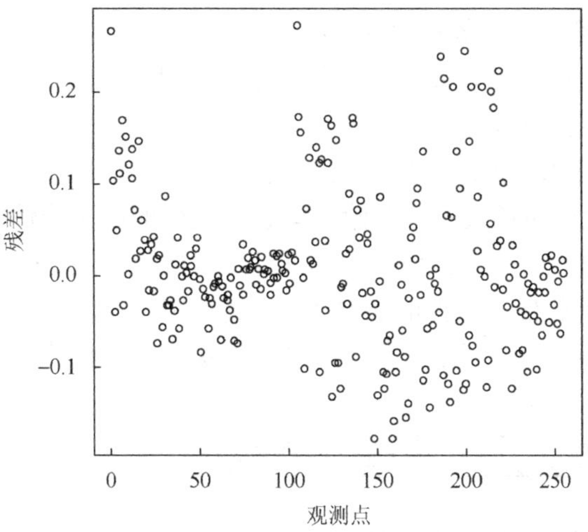

图 3.5 最终拟合模型的残差图

最终拟合泊松回归模型为

$$\ln Y = 2.092 + 1.293\times B - 0.985\times C - 0.852\times D \\ - 0.726\times \text{type大} + 0.001\times T - 0.548\times \text{gender} \tag{3.3}$$

3. *参数解释*

在泊松回归中，因变量以条件均值的对数形式 $\ln(\lambda)$ 来建模. 由最终的泊松回归模型(3.3)可知，地区 B 的回归系数估计为 1.293，表明保持其他解释变量不变的情况下，地区 B 比地区 E 的车险保单索赔次数期望的对数均值增加 1.293；地区 C 比地区 E 减少 0.985；地区 D 比地区 E 相应减少 0.852. 同样，车龄 T 的回归系数估计为 0.001，表明保持其他预测变量不变，车龄每增加一个月，车险保单索赔次数期望的对数均值将相应增加 0.001.

上述解释尽管简单直接，但是系数含义并不直观. 因此，将参数指数化以更加易于分析. 在控制了其他解释变量后，自变量一个单位的变化将导致车险保单索赔次数增加 e^{β} 个单位. 在汽车型号、车龄及司机性别保持不变的情况下，在地区 B 驾驶汽车的车险索赔次数期望是地区 E 的 3.644 倍($=e^{1.293}$)，地区 C 是地区 E 的 0.373 倍($=e^{-0.985}$)，在地区 D 是在地区 E 的 0.427 倍($=e^{-0.852}$). 也就是说，保持其他预测变量不变，地区 C 比地区 D 的车险保单索赔次数期望降低了 5.4%. 在地区、汽车型号、司机性别保持不变的情况下，车龄每增加 1 个月，车险索赔次数期望将增加为 1.001 倍($=e^{0.001}$). 在地区、车龄、司机性别保持不变的情况下，大型汽车的车险索赔次数期望是小型汽车的 0.484 倍($=e^{-0.726}$)；在地区、车龄、汽车型号保持不变的情况下，司机为男性时的车险索赔次数期望是女性司机的 0.578 倍($=e^{-0.548}$).

3.2.5 结论分析

依据拟合模型和模型检验结果可知，地区、汽车型号、车龄以及司机性别会影响车险索赔次数，地区 B 及车龄的增加与较高的车险索赔次数相关联，而地区 C 和 D、大型车以及男性司机与较低的车险索赔次数相关联，并且地区 C 比地区 D 的车险保单索赔次数更低. 从而，保险公司可以对地区 B 以及车龄久的汽车收相对较高的保费，对地区 C 和 D、大型车以及男性司机可以收取相对较低的保费.

综上，保险公司可以根据这些数据资料及其分析结果设计不同保费金额的保险业务产品. 具体来说，保险公司通过构建车险保单索赔次数的广义线性模型，只需将投保人的各变量水平值代入模型评估其风险水平，据此计算风险纯保费. 相比于经典的线性回归模型，广义线性模型由于放松了模型的假设条件，更适用于保险公司的实际数据，也更贴近于数据和预测变量之间实际关系，对保险实务分析更有参考价值.

3.3 随机效应：广义线性混合模型

3.3.1 常用的广义线性混合模型

常用的广义线性模型包括：固定效应模型(fixed effects model)，随机效应模型(random effects model)，混合效应模型(mixed effects model).

1. 广义线性混合模型(GLMM)

许多研究需要多次观测(例如纵向研究)或者需要在不同条件下对个体的响应变量进行重复观测. 在与健康有关的研究中经常要用到重复观测. 个体的重复观测明显是相关的. 例如，将怀孕的老鼠暴露在不同剂量的毒素下，来自同一只怀孕老鼠的幼鼠组成了一个匹配集，这些幼鼠的响应(存活、未存活)是关联的. 与来自不同窝的幼鼠相比，来自同一窝幼鼠的响应变量要更相似. 将观测的匹配集称为簇. 每个簇在模型中都有一簇项，特定簇项对一个簇中的每个观测取相同的值. 随机效应是指不同簇间项值随机变化. 固定效应则是指在普通线性模型中描述一个因子效应的参数. 广义线性混合模型是将随机效应加入广义线性模型中，使得线性预测模型中既有固定效应又有随机效应.

考虑随机效应作为模型中的截距项加入，只有一个解释变量的简单情况. 令 y_{it} 表示簇 i 中的第 t 个观测，x_{it} 表示该观测的解释变量值. 令 $\mu_{it}=E(Y_{it}|u_{it})$，即在随机效应给定的情况下响应变量的均值. 设联系函数为 $g(\cdot)$，则广义线性混合模型的形式为

$$g(\mu_{it})=u_{it}+\beta x_{it},\quad i=1,\cdots,n,\quad t=1,\cdots,T$$

把 u_{it} 看成随机变量，假定它服从正态分布 $N(\alpha,\sigma^2)$，参数 α 和 σ^2 未知.

以二分类配对的 Logistic 广义线性混合模型来说明广义线性混合模型的表达式. 簇 i 由配对 i 的观测 (y_{i1},y_{i2}) 组成. 对于簇 i 中的第 t 个观测，$y_{it}=1$ 或 0，$t=1,2$. 允许簇之间存在异质性的 Logistic 模型为

$$\text{Logit}[P(Y_{i1}=1)]=u_i+\alpha+\beta,\quad \text{Logit}[P(Y_{i2}=1)]=u_i+\alpha$$

模型把 $\{\mu_i\}$ 看作来自正态分布 $N(\alpha,\sigma^2)$ 的独立变量，其中 σ^2 未知. 包含服从正态分布的随机效应的 Logistic 回归模型是针对二分类数据的一类重要模型，称为 Logistic-正态模型.

该模型意味着一个簇内的观测之间存在非负相关性. 来自相同簇的观测值通常比来自不同簇的观测值趋向于更相似. 有相对大的正 u_i 的簇对各个 t 都有相对大的 $P(Y_{it}=1)$，

而相对大的负 u_i 的簇对各个 t 都有相对小的 $P(Y_{it}=1)$. 当样本中有很高的比例出现这些结果时, 重复响应间的关联就是正的. 异质性越强, 关联也就越强.

广义线性混合模型可以直接从二项响应推广到多项响应的情况. 此外, 广义线性混合模型中也可以有多个随机效应项, 以及多水平模型的情况.

2. 多个随机效应项模型

广义线性混合模型中也可以有多个随机效应项, 例如, 既包含随机截距又包含随机斜率. 下面结合一个例子具体说明如何在模型中加入多个随机效应项. 表 3.7 的数据反映了在三个商场开展促销活动, 比较奖品促销手段与折扣促销手段的销售效果差异. 响应变量 Y 为指示变量, 代表是否能使销量至少增加 10% (1 = 是, 0 = 否).

表 3.7　商场 × 促销手段 × 促销效果的交叉分类

商场	促销手段	增加销量	
		是	否
1	奖品	13	2
	折扣	5	10
2	奖品	8	4
	折扣	3	6
3	奖品	4	3
	折扣	4	0

通常, 对于用第三个变量来分层的数据(这里根据商场不同分为三层), 为比较两个组的二分类响应, 可以分析该 2×2 表中的关联强度并研究关联怎样在层间变化. 当层本身是一个样本时, 可以采用随机效应方法, 对每个层而不是每个个体分别运用一个随机效应项.

令 y_{it} 表示个体在第 i 个层(即第 i 个商场)中采用促销手段 t ($t=1$ 表示奖品, $t=0$ 表示折扣)的响应. 一种可能的模型形式如下

$$\text{Logit}[P(Y_{it}=1)] = u_i + \alpha + \beta t$$

即

$$\text{Logit}[P(Y_{i1}=1)] = u_i + \alpha + \beta$$
$$\text{Logit}[P(Y_{i0}=1)] = u_i + \alpha$$

其中, $\{u_i\}$ 服从正态分布 $N(\alpha,\sigma^2)$, 参数 σ^2 概括了不同层间中 Logit 概率的一致性, 该模型是一个 Logistic-正态随机截距模型. 该模型假设促销手段和响应间的对数优势比 β 在每个处理中都是相同的, 即 β 是一个常数. 模型中把每个层 i 都看作一个簇并当作随机效应.

3. 多水平模型

多水平模型用于描述具有嵌套特性的数据, 一个水平的单位包含在另一个水平的单位中. 这类数据在某些应用领域是很常见的, 如教育研究领域. 在对某市学生高考成绩的影响因素研究中, 考察影响学生高考成绩是否高于一本分数线的可能因素. 学生是嵌

套在学校中的，模型的设定形式要既能研究学生间的变异性，也能研究学校间的变异性. 同一个学校的学生可能在各种社会经济指标上更加相似，来自相同学校的两个学生可能会趋向于比来自不同学校的两个学生有更相近的观测值. 多水平模型包含针对单元的不同水平项. 在本例中，就是要同时包含针对学生的项和针对学校的项. 水平 1 是指学生水平的测量，水平 2 是指学校水平的测量. 含有这种类型的层次结构的广义线性混合模型称为多水平模型，也叫层次模型.

多水平模型通常有大量的项. 为了限制参数的个数，模型把针对单元的项看作随机效应而不是固定效应. 这种随机效应项可以涉及模型的不同水平. 在本例中，针对学生的水平 1 随机效应可以说明不能由解释变量测量的学生间在特定学生特征上的变异性，比如学生素质、家庭经济水平等. 针对学校的水平 2 随机效应可以说明不能由解释变量测量的学校间由特定学校特征引起的变异性，比如任教老师的能力、教师的平均薪资、学校招收学生的地区特征等.

下面给出这个例子的模型表示. 对于学校 i 中的学生 t，响应变量 Y_{it} 测量学生高考成绩高于一本线 $(Y_{it}=1)$ 或是低于一本线 $(Y_{it}=0)$. 水平 1 的模型形式为

$$\text{Logit}[P(Y_{i1}=1)]=\alpha_i+\beta_1 x_{it1}+\beta_2 x_{it2}+\cdots+\beta_k x_{itk}$$

其中，$\{x_{it1},x_{it2},\cdots,x_{itk}\}$ 表示学生水平变化的 k 个解释变量，如 x_{it1} 测量了学校 i 学生 t 在高考前全市组织的三次模拟考试平均成绩，x_{it2} 为性别，x_{it3} 为户籍身份，x_{it4} 为该生是否为复读生等. 水平 2 的模型形式为

$$\alpha_i=u_i+\alpha+\gamma_1\omega_{i1}+\cdots+\gamma_t\omega_{il}$$

其中，u_i 是学校 i 的随机效应，$\{\omega_{i1},\cdots,\omega_{il}\}$ 表示学校水平变化的 l 个解释变量，ω_{i1} 可以是学校 i 教育经费支出，其他解释变量类似，这里不一一说明. 水平 2 是水平 1 模型中的截距项 α_i，把水平 2 模型代入水平 1 模型有

$$\text{Logit}[P(Y_{i1}=1)]=u_i+\alpha+\gamma_1\omega_{i1}+\cdots+\gamma_t\omega_{il}+\beta_1 x_{it1}+\beta_2 x_{it2}+\cdots+\beta_k x_{itk}$$

该模型是一个带有随机截距的 Logistic-正态模型. 这里，只在水平 2 中加入了学校的随机效应. 更一般地，可以在模型中加入更多水平的随机效应. 例如，当每个学生有多个观测时，模型既可以包含针对学校的随机效应，又可以包含针对学生的随机效应. 可以让水平 1 模型中的参数 β 依赖于学校，且可以把它们建模为水平 2 的一部分，在模型中加入随机斜率项. 例如，可以允许不同学校的复读效应不同.

3.3.2 聚簇属性数据的随机效应建模

1. 聚簇二分类响应的边缘模型

对于个体的重复观测，给定个体的观测集构成了一个簇，同一簇中的观测通常有正相关性. 针对聚簇观测的统计分析需要考虑到这一关联性，否则标准误的估计将是严重有偏的.

与针对独立观测的二分类响应模型相同，针对聚簇观测的二分类响应模型也关注特定结果的概率(例如，“成功”的概率)是如何依赖解释变量的. 令 T 代表每个簇中的观测

数，将 T 个观测记为 $(Y_1,Y_2,\cdots,Y_T)$. 认为每个簇观测数相等与现实是不符的. 在实际中，观测数目常常随簇变化. 这里，忽略这种变化，以使表述符号更加简洁.

边缘模型 对于二分类响应，T 次成功的概率 $\{P(Y_1=1),P(Y_2=1),\cdots,P(Y_T=1)\}$ 是 T 维列联表的边缘概率. 边缘模型描述了边缘概率的 Logit 变换 $\{\text{Logit}[P(Y_t=1)]\}$ 是如何依赖解释变量的.

表 3.8 是一项关于某驾校两基地考试通过率的纵向研究数据，该研究将驾校中两个基地进行了对比. 每个进入驾校训练的学员按年龄划分为青年和中年两组. 在每组中，每个个体被随机地指定进入两个基地之一进行学习. 学习后的第 1 个季度，2 个季度，4 个季度，按考试通过率，每个个体被划分为通过与未通过. 表 3.8 给出了 12 个边缘分布的响应为通过的样本比例.

表 3.8 关于某驾校两基地考试通过率的样本边缘比例

年龄	培训基地	样本比例		
		1 个季度	2 个季度	4 个季度
青年	A	0.52	0.58	0.67
	B	0.56	0.79	0.95
中年	A	0.25	0.31	0.42
	B	0.19	0.50	0.79

令 $P(Y_t=1)$ 代表随机选择的个体在 t 时刻响应为通过的概率. 假设不同时刻组具有相同的线性时间效应(用系数 β_3 表示)，Y_t 与年龄 a，培训基地类型 d，以及时刻 t 之间的关系可以用如下边缘模型来表示

$$\text{Logit}[P(Y_t=1)]=\alpha+\beta_1 a+\beta_2 d+\beta_3 t$$

2. 条件模型与边缘模型的不同效应

条件模型 边缘模型描述的是整个总体的平均而不是某个个体，效应是属于平均总体的. 与之相对，重复响应的条件模型描述了在个体水平下的概率. 在固定解释变量水平下，该模型甚至允许个体之间存在异质性. 效应是定义在个体的条件下，该模型被称为条件模型.

广义线性混合模型与边缘模型的参数解释是不同的. 广义线性混合模型中的参数是在给定随机效应下的解释. 而边缘模型中的效应是在所有簇间作平均，这些效应不能用于随机效应取某一固定值的比较.

另外，当联系函数非线性(如 Logit 联系)时，边缘模型的平均总体效应在量值上通常比广义线性混合模型的特定簇效应更小. 图 3.6 解释了这一问题. 对于一个单独的定量解释变量 x，图形显示了几个簇的 $P(Y_{it}=1|u_i)$ 的特定簇 Logistic 回归曲线. 此时这几个簇间的异质性相当强. 这对应于随机效应的 σ 相对大的情况. 在 x 的任意固定值处，条件均值 $E(Y_{it}=1|u_i)$ 是变化的. 这些条件均值的平均值为边缘均值 $E(Y_{it})$. 这些 x 值处的平均值构成了虚曲线. 这些曲线的效应比每条单独曲线的效应更弱. 这两个效应间的不同随着特定簇曲线散布程度变大，也就是随机效应分布的 σ^2 变大.

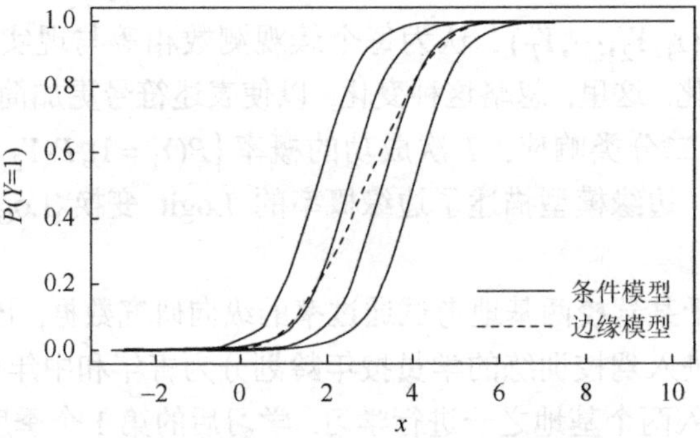

图 3.6 条件模型与边缘模型的不同效应

条件模型更完整地描述了数据的结构, 相对于边缘模型, 一些统计学家更喜欢条件模型(通常有随机效应). 最终选取哪一种模型还要依赖于实际应用.

边缘模型估计只聚焦于边缘分布. 如果要对联合分布进行完整的建模, 估计特定簇效应或它们的变异性, 或者指定产生簇观测间的正关联机制, 则条件建模方法是更好的.

相反地, 如果主要关心的是簇效应的比较, 即要研究"簇间"的效应, 并且这些簇是独立样本, 那么用边缘模型来估计效应可能就已经足够了. 在许多调查或流行病学研究中, 目的是比较某总体中某一结果的相对发生频率. 主要感兴趣的量为比较边缘概率的簇间优势比, 可以使用边缘模型. 例如, 关于某驾校两基地考试通过率的分析, 比较基地 A 和基地 B 的学员通过考试比率.

习 题 3

1. 为了研究新生儿先天缺陷与母亲吸烟量的关系, 对 33056 个家庭进行了调查, 被调查的家庭按母亲平均每日吸烟根数来分类, 调查结果如表 3.9 所示. 吸烟量的得分为(0, 2.5, 6.5, 10.5, 14).

表 3.9 新生儿先天缺陷与母亲吸烟量的调查数据

母亲吸烟量	新生儿先天缺陷	
	是	否
0	38	18035
1～4	34	14056
5～8	6	698
9～12	1	148
>12	1	39

(1) 给出拟合的线性概率模型, 并解释截距和斜率项的含义.

(2) 给出母亲吸烟量为 0 和 8 时新生儿有先天缺陷的概率估计, 并给出这两个水平间的相对风险估计.

2. 表 3.10 给出了某高校延迟毕业人数与沉迷网络游戏情况的数据. 沉迷网络游戏程度的得分为 (2, 1, 0), 请给出拟合的 Logistic 回归模型, 并解释斜率项的含义.

表 3.10 延迟毕业与沉迷网络游戏人数

沉迷网络游戏程度	延迟毕业	
	是	否
严重	155	128
一般	119	964
毫不	8	1103

3. 为了研究吸烟程度与肺病的关系, 对 2047 名个体进行了调查, 被调查的个体按吸烟程度分类, 调查结果如表 3.11 所示.

表 3.11 吸烟程度与肺病的调查数据

吸烟程度	肺病	
	是	否
从不	18	997
偶尔	29	576
几乎每天	18	188
每天经常	27	194

(1) 分别给出得分为(1, 2, 3, 4), (0, 1, 2, 3), (0, 2, 4, 6)时拟合的线性概率模型.

(2) 比较三种得分下拟合模型的参数估计及拟合值, 给出结论.

4. 为了研究逃课次数与挂科的关系, 对某高校的 399 名学生进行了调查, 被调查的学生按逃课次数分类, 调查结果如表 3.12 所示.

表 3.12 逃课次数与挂科的调查数据

逃课次数	挂科人数	
	是	否
<1	1	214
1～4	12	99
5～8	3	30
$\geqslant 9$	17	23

(1) 给出得分为(0, 2.5, 6.5, 10.5)时拟合的线性概率模型.

(2) 请用 Wald 检验对模型参数进行显著性检验并给出其 95% 置信区间.

5. 为研究癫痫药物对癫痫发病数的影响, 对 59 名病人进行了调查, 调查数据由表 3.13 给出. 其中, 响应变量为治疗初期的八周内癫痫发病次数, 预测变量为前八周内的基础发病次数、年龄(岁)和治疗条件(0 表示服用安慰剂, 1 表示服用药物). 请给出拟合的泊松回归模型, 并判断截距项是否有意义.

表 3.13 癫痫数据

序号	基础发病次数	年龄	治疗条件	癫痫发病次数	序号	基础发病次数	年龄	治疗条件	癫痫发病次数
1	11	31	0	14	31	19	20	1	7
2	11	30	0	14	32	10	30	1	13
3	6	25	0	11	33	19	18	1	19
4	8	36	0	13	34	24	24	1	11
5	66	22	0	55	35	31	30	1	74
6	27	29	0	22	36	14	35	1	20
7	12	31	0	12	37	11	27	1	10
8	52	42	0	95	38	67	20	1	24
9	23	37	0	22	39	41	22	1	29
10	10	28	0	33	40	7	28	1	4
11	52	36	0	66	41	22	23	1	6
12	33	24	0	30	42	13	40	1	12
13	18	23	0	16	43	46	33	1	65
14	42	36	0	42	44	36	21	1	26
15	87	26	0	59	45	38	35	1	39
16	50	26	0	16	46	7	25	1	7
17	18	28	0	6	47	36	26	1	32
18	111	31	0	123	48	11	25	1	3
19	18	32	0	15	49	151	22	1	302
20	20	21	0	16	50	22	32	1	13
21	12	29	0	14	51	41	25	1	26
22	9	21	0	14	52	32	35	1	10
23	17	32	0	13	53	56	21	1	70
24	28	25	0	30	54	24	41	1	13
25	55	30	0	143	55	16	32	1	15
26	9	40	0	6	56	22	26	1	51
27	10	19	0	10	57	25	21	1	6
28	47	22	0	53	58	13	36	1	0
29	76	18	1	42	59	12	37	1	10
30	38	32	1	28					

6. 为研究乳腺癌患者年龄、其肿瘤恶性与否以及三年内死亡患者人数对三年内存活患者人数的影响, 对 290 名患者进行了调查, 调查数据由表 3.14 给出. 其中, 响应变量为三年内存活乳腺癌患者数量, 预测变量为年龄(岁)、肿瘤恶性与否(0 表示否, 1 表示是)及三年内死亡患者数.

表 3.14　乳腺癌数据

年龄	恶性肿瘤	三年内存活	
		是	否
＜50	0	77	10
	1	51	13
50～69	0	51	11
	1	38	20
≥70	0	7	3
	1	6	3

(1) 给出拟合的泊松对数线性模型.

(2) 判断拟合模型(记为 M_0)的参数是否均显著, 若有不显著的参数, 用逐步回归法拟合新模型(记为 M_1), 使新模型的所有参数在置信概率 95% 水平显著, 并对新模型(M_1)进行模型检验.

7. 为研究福彩中心与彩票种类对中奖人数影响, 对某地 2016 年 6 月三个福彩中心及两类彩票中奖与未中奖人数进行了调查, 调查数据如表 3.15 所示. 其中, 响应变量为中奖人数, 预测变量为福彩中心、彩票种类(0 表示双色球, 1 表示刮刮乐)及未中奖人数.

表 3.15　某地福彩中心中奖数据

福彩中心	双色球		刮刮乐	
	中奖	未中奖	中奖	未中奖
1	1	897	7	628
2	4	734	12	776
3	5	357	14	537

(1) 给出用逐步回归法建立的泊松对数线性模型.

(2) 解释拟合模型参数的含义.

(3) 对拟合模型的参数指数化并给出解释.

8. 表 3.16 是对某高校大三学生考研意向的调查结果.

表 3.16　大三学生考研意向的调查数据

是否曾获奖学金	父母至少一方有研究生学历	是否有考研的打算	
		是	否
是	是	425	798
	否	93	126
否	是	141	156
	否	10	5

(1) 给出每种情况学生考研意向的边缘分布及其样本比例.

(2) 给出边缘模型的形式, 以本题为例解释模型参数的含义.

9. 为研究收入、学历对是否购买理财产品的影响, 对某地 30 名市民的收入、学历与近一年是否购买理财产品进行了调查, 调查结果如表 3.17 所示. 其中, 响应变量为近一年是否购买理财产品(0 表示否, 1 表示是), 预测变量为收入(单位: 元/月)和学历(0 表示高中及以下, 1 表示大专/本科, 2 表示硕士).

表 3.17 收入、学历与近一年是否购买理财产品数据

序号	收入	学历	理财	序号	收入	学历	理财	序号	收入	学历	理财
1	3000	0	0	11	6000	1	1	21	9000	2	1
2	3300	0	0	12	6300	2	1	22	9300	1	1
3	3600	1	0	13	6600	0	0	23	9600	2	1
4	3900	0	0	14	6900	1	1	24	9900	2	1
5	4200	1	0	15	7200	2	1	25	1020	1	1
6	4500	0	0	16	7500	1	0	26	1050	2	1
7	4800	0	0	17	7800	2	1	27	1080	2	1
8	5100	1	0	18	8100	2	1	28	1110	1	1
9	5400	2	0	19	8400	1	1	29	1140	2	1
10	5700	0	0	20	8700	2	1	30	1170	2	1

(1) 给出 Logistic 的估计.

(2) 根据拟合 Logistic (不考虑参数显著性), 预测当月收入为 5000 元, 学历为本科时, 近一年购买理财产品的拟合概率约为多少.

10. 为研究接线板插座内部温度对是否发生安全故障的影响, 厂家从一批产品中随机抽取 30 个接线板进行调查, 调查结果如表 3.18 所示. 其中, 响应变量为是否发生安全故障(1 表示发生故障, 0 表示未发生故障), 预测变量为接线板插座内部温度(℃).

表 3.18 接线板插座内部温度与是否发生安全故障数据

序号	故障	温度	序号	故障	温度	序号	故障	温度
1	1	53	11	1	88	21	1	40
2	0	10	12	0	68	22	0	34
3	1	92	13	1	35	23	1	27
4	0	50	14	0	46	24	0	33
5	1	60	15	1	28	25	1	80
6	0	19	16	0	12	26	0	46
7	1	95	17	1	24	27	1	78
8	0	65	18	0	42	28	0	16
9	1	92	19	1	50	29	1	48
10	0	77	20	0	14	30	0	18

(1) 给出拟合 Logistic 回归模型, 并解释模型参数含义.

(2) 当内部温度为多少时, 接线板插座发生故障的概率为 0.5?

第 4 章

Logistic 模型

二分类数据是最常见的属性数据. Logistic 模型是分析二分类数据的重要模型. 本章主要介绍 Logistic 模型.

4.1 Logistic 模型基础

4.1.1 Logistic 模型形式

Logistic 模型利用一组自变量来预测个体的属性类别, 并给出属于某类别的对数优势. Logistic 模型是广义线性模型中的一种.

1. 一元 Logistic 模型

为了便于说明, 先考虑只有一个解释变量 X 和二分类响应变量 Y 的情形. 记 $\pi(x)$ 为解释变量 $X = x$ 的条件下, 响应变量 $Y = 1$ 为“成功”的概率. 响应变量 Y 服从二项分布, $\pi(x)$ 是二项分布的参数. Logistic 模型是概率 $\pi(x)$ 的 Logit 变换值的线性函数.

$$\text{Logit}[\pi(x)] = \log\left(\frac{\pi(x)}{1-\pi(x)}\right) = \alpha + \beta x \tag{4.1}$$

从而, $\pi(x)$ 的计算公式为

$$\pi(x) = \frac{\exp(\alpha + \beta x)}{1 + \exp(\alpha + \beta x)} \tag{4.2}$$

(4.1)式说明, 若 $\beta > 0$, x 每增加 1 个单位, 响应变量 $Y = 1$ 的对数优势比 Logit 增加 β. 但是, 这个解释在实际应用中并不直观. 实际上, 系数 β 的符号表示了 S 形 Logistic 函数曲线 $\pi(x)$ 是上升还是下降. $\beta > 0$ 表示 Logistic 函数曲线是上升的, $\beta < 0$ 表示 Logistic 函数曲线是下降的. β 的数值决定 Logistic 函数曲线上升或下降的速率, Logistic 函数曲线上升或下降的速率随着 $|\beta|$ 增大而增加. 当 $\beta = 0$ 时, (4.2)式右端简化为常数, 即 $\pi(x)$ 是一个常数, Logistic 函数曲线退化为水平直线, 表示响应变量 Y 与解释变量 X 相互独立.

对于 Logistic 模型，响应变量$Y=1$(“成功”)的优势等于

$$\frac{\pi(x)}{1-\pi(x)}=\exp(\alpha+\beta x)=\mathrm{e}^{\alpha}(\mathrm{e}^{\beta})^{x} \tag{4.3}$$

上式表明，解释变量x每增加 1 个单位，与$X=x+1$对应的响应变量$Y=1$的优势变为$X = x$的优势的e^{β}倍，即$X = x+1$的响应变量$Y=1$的优势等于$X = x$的优势乘以e^{β}. 回归系数β越大，响应变量$Y=1$的优势增加越大. 当$\beta=0$时，$\mathrm{e}^{\beta}=1$，响应变量$Y=1$的优势不随解释变量x数值发生改变.

2. 有属性解释变量的 Logistic 模型

Logistic 模型的解释变量可以是定量变量，也可以是属性变量. 假设响应变量Y是二分类变量，解释变量X和Z也是二分类变量，观测数据可以汇总为$2\times2\times2$列联表. 解释变量X和Z的两个类别分别记为 0 和 1，描述变量的类别，称为指示变量，也称为哑变量. 若属性变量包括两个类别，则需要用 1 个指示变量表示，取值 1 和 0 分别表示属性变量为类别 1 还是类别 2. 若属性变量包括I个类别，则需要用$I-1$个指示变量来表示. 这是因为假如指示变量个数和类别数量相等，会导致其中的 1 个系数是冗余的. 为了解决系数的冗余性，大多数软件设定最后 1 个类别的系数等于 0. Logistic 模型为

$$\mathrm{Logit}[P(Y=1)]=\alpha+\beta_1 X+\beta_2 Z \tag{4.4}$$

根据解释变量取值组合，模型(4.4)包括 4 个简单模型，见表 4.1.

表 4.1　X和Z取值组合下的 Logit 值

X	Z	Logit
0	0	α
1	0	$\alpha+\beta_1$
0	1	$\alpha+\beta_2$
1	1	$\alpha+\beta_1+\beta_2$

表 4.1 给出两个解释变量X和Z可能取四种组合值以及 Logit 数值. 当解释变量$X=0$和$Z=0$时，$\mathrm{Logit}[P(Y=1)]$是常数，等于α. 当$X=1$和$Z=0$时，$\mathrm{Logit}[P(Y=1)]$是常数，等于$\alpha+\beta_1$. 当$X=0$和$Z=1$时，$\mathrm{Logit}[P(Y=1)]$是常数，等于$\alpha+\beta_2$. 当$X=1$和$Z=1$时，$\mathrm{Logit}[P(Y=1)]$是个常数，等于$\alpha+\beta_1+\beta_2$.

类似于 ANOVA(analysis of variance)模型，Logistic 模型可以表示为

$$\mathrm{Logit}[P(Y=1)]=\alpha+\beta_i^X+\beta_k^Z \tag{4.5}$$

系数β_i^X为变量X的效应，表示X取值为第i类别与取值为基准类别对$Y=1$的对数优势影响程度差异. 系数β_k^Z为变量Z的效应，表示Z取值为第k类别与取值为基准类别对$Y=1$的对数优势影响程度差异.

模型(4.4)可以推广到属性变量X和Z为多类别的情形. 利用多个指示变量代表多类别变量. Logistic 模型的β_i^X项表示为多个指示变量

$$\beta_1^X x_1 + \beta_2^X x_2 + \cdots + \beta_{I-1}^X x_{I-1} \tag{4.6}$$

其中，指示变量$\{x_1, x_2, \cdots, x_{I-1}\}$代表属性变量$X$的前$I-1$个类别. 当观测值属于$X$的第 1 个类别时，$x_1 = 1$；否则，$x_1 = 0$，以此类推. 当$x_1 = x_2 = \cdots = x_{I-1} = 0$时，观测值属于$X$的第$I$类. 给定属性变量$Z$，属性变量$X$和响应变量$Y$条件独立性相当于$\beta_1^X = \beta_2^X = \cdots = \beta_I^X$.

4.1.2 Logistic 模型的统计检验

Logistic 模型的统计检验主要包括检验模型系数的显著性和模型拟合的显著性.

1. 基于 Wald 统计量的假设检验

原假设和备择假设分别为$H_0 : \beta = 0; H_1 : \beta \neq 0$. 原假设成立，即$H_0 : \beta = 0$表明$Y = 1$"成功"的概率和$X$独立. Wald 检验统计量为

$$z = \frac{\hat{\beta}}{S} \tag{4.7}$$

其中，S是$\hat{\beta}$的标准误估计. 当原假设为真时，检验统计量z渐近服从标准正态分布，z^2渐近服从自由度$\mathrm{df} = 1$的卡方分布. 在大样本的情形下，给定假设检验的显著性水平α，假设检验的拒绝域是

$$\{z^2 > \chi_\alpha^2(1)\}$$

其中，$\chi_\alpha^2(1)$表示 1 个自由度卡方分布上概率α的分位数. Logistic 模型系数β在置信水平$1-\alpha$下的 Wald 置信区间为

$$\hat{\beta} \pm z_{\alpha/2} \times S$$

其中，$z_{\alpha/2}$表示标准正态分布上侧概率$\alpha/2$的分位数. 利用区间的指数变换，得到X每增加 1 个单位的优势乘积效应e^β的置信区间.

例如，表 4.2 是某驾校统计的学员科目二考试成绩数据. 变量Y表示学员是否通过考试. 若通过考试，Y取值为 1，否则取值为 0. 练车次数记为X_1，学员年龄记为X_2(岁). 假设学员是否通过科目二考试与其在驾校练车次数有关.

表 4.2 某驾校学员科目二考试成绩数据

Y	X_1	X_2	Y	X_1	X_2
0	10	35	0	7	23
1	21	28	0	4	23
0	5	27	0	11	22
0	10	26	1	26	22
0	21	40	1	25	21
0	21	45	0	7	21
0	15	25	1	4	21
0	11	33	1	14	21
1	22	25	1	19	20
0	15	24	1	21	20

续表

Y	X_1	X_2	Y	X_1	X_2
0	9	24	1	19	19
0	8	24	1	25	19
1	27	23	1	20	19
1	14	23			

建立练习次数与考试通过与否的 Logistic 模型

$$\text{Logit}[P(Y=1)] = \text{Logit}[\pi(x)] = \alpha + \beta X_1$$

其中，Y 代表学员是否通过科目二的考试，即通过考试则 $Y=1$，没有通过考试则 $Y=0$. 利用学员科目二考试成绩数据, Logistic 模型的估计结果为

$$\text{Logit}[\pi(x)] = -3.705 + 0.235X_1$$

其中，学员练车次数的回归系数估计 $\hat{\beta}=0.235$，标准误估计 $S=0.085$. 假设检验的原假设为 $H_0:\beta=0$ 和备择假设为 $H_1:\beta\neq 0$.

$$z = \frac{\hat{\beta}}{S} = \frac{0.235}{0.085} = 2.76$$

$\chi^2_{0.05}(1) = 3.84$. Wald 检验统计量

$$z^2 = 7.62 > \chi^2_{0.05}(1)$$

检验统计量 z^2 落到拒绝域中. 有充分证据说明原假设 $H_0:\beta=0$ 不成立，科目二成绩与其在驾校练车次数有显著关系($P<0.0001$). 回归系数 β 在置信水平 95%下的 Wald 置信区间为(0.068, 0.402)，置信区间不包括 0，科目二成绩与其在驾校练车次数不是独立的. 优势比的置信区间为($e^{0.068}$, $e^{0.402}$)，即(1.070, 1.495)，置信区间不包括 1，意味着科目二成绩与练车次数不相互独立.

2. 基于似然比统计量的假设检验

原假设和备择假设分别为 $H_0:\beta=0; H_1:\beta\neq 0$. 似然比检验的统计量为

$$G = -2\log\left(\frac{\ell_0}{\ell_1}\right) = -2(L_0 - L_1) \tag{4.8}$$

其中，ℓ_0 表示在原假设 $H_0:\beta=0$ 成立时的对数似然函数极大值，ℓ_1 表示在全模型下对数似然函数极大值. 当原假设 $H_0:\beta=0$ 成立时，似然比检验统计量 G 渐近服从自由度 $\text{df}=1$ 的卡方分布. 在大样本的情形下，给定假设检验的显著性水平 α，假设检验的拒绝域是

$$\{-2(L_0 - L_1) > \chi^2_{\alpha/2}(1)\}$$

多数统计软件能给出 Logistic 模型的对数似然函数值和似然比统计量.

在大样本情形下，Wald 检验比较好. 在实际应用中，样本量并不足够大，似然比检验的功效相对更高. 利用似然比检验方法，可以构造 Logistic 模型系数 β 在置信水平 95%下

的置信区间. 当样本量 n 小或者 Logistic 模型拟合概率趋近 0 或 1 时, 倾向于推荐基于似然比检验统计量的置信区间.

接下来分析学员科目二考试成绩数据, 检验 Logistic 模型系数的显著性. 在原假设 $H_0:\beta=0$ 成立的情形下, 对数似然函数最大值 $L_0=-18.696$. 在全模型成立的情形下, 对数似然函数最大值为 $L_1=-12.768$. 对于假设检验 $H_0:\beta=0; H_1:\beta\neq 0$, 似然比检验统计量为

$$G=-2(L_0-L_1)=11.86>\chi^2_{0.05}(1)$$

似然比检验统计量 G 落在拒绝域中, 有充分证据说明原假设 $H_0:\beta=0$ 不成立, 科目二成绩与其在驾校练车次数有显著关系($P=0.0006$).

4.1.3 Logistic 模型选择

对于任意感兴趣的 Logistic 模型, 很难保证模型对数据拟合得足够好. 通常, 需要检验模型拟合程度, 从几个备选模型中选择最佳的.

1. 模型选择的假设检验

1) 似然比检验

似然比检验是检验 Logistic 模型拟合程度的常用方法. 利用似然比检验, 比较感兴趣模型与更复杂模型的拟合程度差异. 如果更复杂模型拟合并不好, 在一定程度上反映了感兴趣模型是拟合充分的.

令 L_M 代表感兴趣模型 M 的极大对数似然值, L_S 代表复杂模型 S 的极大对数似然值. 复杂模型具有更多的回归变量, 最大对数似然值 L_S 不小于感兴趣模型 M 的最大对数似然值 L_M. 似然比检验统计量是两个模型的最大对数似然值的差值

$$\mathrm{LR}=-2(L_M-L_S) \tag{4.9}$$

在大样本情形下, 检验统计量 LR 近似服从卡方分布, 自由度 df 等于两个模型自由度的差值, 也等于复杂模型 S 的系数个数和感兴趣模型 M 的系数个数差值. 若感兴趣模型 M 相对于复杂模型 S 拟合不好, 检验统计值 LR 会很大, 检验统计量的 P 值很小.

给定感兴趣模型 M 和复杂模型 S, 检验统计值 LR 在 0 和 $+\infty$ 之间. 当感兴趣模型 M 的新增变量统计不显著, 似然比检验统计值增加, 但增加较小. 当感兴趣模型 M 的新增变量统计显著, 似然比检验统计值增加较大.

例如, 在是否通过科目二考试的案例中, 增加年龄 X_2 作为解释变量, 预测考生是否通过科目二考试的 Logistic 模型

$$\mathrm{Logit}[\pi(x)]=\alpha+\beta_1X_1+\beta_2X_2$$

模型估计结果为 $\mathrm{Logit}[\pi(x)]=10.501+0.405X_1-0.681X_2$, 对数似然函数值为 −6.402. 将该模型视为模型 S, 而包含练车次数模型视为模型 M, 两个模型的似然比统计量为

$$\mathrm{LR}=-2(L_M-L_S)=-2\times(-12.768+6.402)=12.732>\chi^2_{0.05}(1)$$

说明模型 M 拟合效果不如复杂模型 S, 意味着模型 M 可能遗漏了某些重要变量. 但是在第二个模型中, $\hat{\beta}_2=-0.681$, $\mathrm{SE}=0.436$, Wald 统计量为 −1.56 ($P=0.119$), 年龄变量统计不显著, 并没有很好的证据支持加入该项, 请读者自己思考原因.

2) 拟合优度与偏差

评价 Logistic 模型拟合观测数据的充分程度，检验 Logistic 模型的预测值与实际值之间的差别，称为拟合优度检验. 如果 Logistic 模型的预测值与实际观测值有较高的一致性，认为Logistic 模型较好拟合数据. 否则，认为Logistic 模型没有充分拟合数据，进而需要改进模型. 当解释变量只包含属性变量，数据是列联表的频数. 对于感兴趣模型 M，偏差统计量 G^2 为

$$G^2(M) = 2\sum 观测值\left[\log(观测值 / 拟合值)\right] \tag{4.10}$$

Pearson 统计量为

$$X^2(M) = \sum (观测值 - 拟合值)^2 \big/ 拟合值 \tag{4.11}$$

其中，求和范围是列联表的所有单元. 当感兴趣模型 M 较好拟合数据时，$G^2(M)$ 和 $X^2(M)$ 近似服从卡方分布，自由度 df 等于解释变量的个数减去感兴趣模型 M 的系数个数. $G^2(M)$ 或 $X^2(M)$ 较大，说明感兴趣模型 M 拟合不佳.

3) 模型残差

当解释变量为属性变量时，数据是列联表的频数. 列联表单元的残差为观测频数和拟合频数的差值. 观测频数 y_i 表示在解释变量的第 i 组中的 n_i 次试验中“成功”的次数，$\hat{\pi}_i$ 表示拟合模型给出的成功概率估计. 二项分布均值的估计量 $n_i\hat{\pi}_i$ 就是成功次数的拟合频数. Logistic 模型的随机部分服从二项分布，拟合频数与观测频数 y_i 之间的 Pearson 残差为

$$e_i = \frac{y_i - n_i\hat{\pi}_i}{\sqrt{n_i\hat{\pi}_i(1-\hat{\pi}_i)}} \tag{4.12}$$

当样本量 n_i 较大时，Pearson 残差 e_i 渐近服从正态分布. 在模型充分拟合数据的情形下，Pearson 残差 e_i 的期望近似为 0，方差小于标准正态分布的方差.

相对比 Pearson 残差，标准化残差定义为

$$e_i' = \frac{y_i - n_i\hat{\pi}_i}{\sqrt{n_i\hat{\pi}_i(1-\hat{\pi}_i)(1-h_i)}} \tag{4.13}$$

其中，h_i 是帽子矩阵的第 i 个对角线元素，是第 i 个观测值的杠杆值. h_i 越大，第 i 个观测值对模型拟合的影响越大. 标准化残差 e_i' 等于 $e_i\big/\sqrt{(1-h_i)}$. 在模型充分拟合数据的情形下，标准化残差 e_i' 渐近服从标准正态分布. 通常，标准化残差 e_i' 的绝对值大于 2 或大于 3，说明拟合模型对第 i 个观测值拟合不佳.

2. 模型选择

随着Logistic模型的解释变量个数增加，可能的主效应和交互效应的数量也迅速增加，可供选择的模型大量增加会显著增加模型选择过程困难. 在实际应用中，通常遵循的原则是，给定二分类响应数据集，选择的Logistic模型既要拟合得好，又要可解释性强. 要保证模型拟合好，则模型应该包含更多变量，模型就变得更复杂，模型的可解释性弱. 要保证模型可解释性强，则模型尽可能的简约，模型应该包含相对较少的变量，模型拟合程度变差. 既要拟合得好，又要可解释性强，是两个相互矛盾的目标. 在实际应用中，为了得到Logistic 模型既拟合好又可解释性强的折中，常采用如下的变量选择策略和AIC信息准则.

变量选择策略包括向前选择法、向后剔除法、逐步选择法. 向前选择法是从最简单模型开始, 依次将重要的解释变量加入模型, 直到增加解释变量不会改变模型拟合效果为止. 向后剔除法是从包含全部变量的复杂模型开始, 依次剔除不重要的解释变量, 直到剔除解释变量会显著改变模型拟合效果为止. 逐步选择法是逐步选择进入 Logistic 模型的重要解释变量或逐步地从模型中删除不重要的解释变量, 直到增加解释变量不会改变模型拟合效果并且剔除解释变量会显著改变模型拟合效果为止. 在变量剔除过程中, 要遵循效应排序原则和效应遗传原则, 首先考虑剔除变量的高阶项, 避免得到的模型包含了高阶交互项, 但不包含有关的主效应项.

AIC 信息准则是评价模型的常用准则. Logistic 模型的 AIC 值为

$$\text{AIC} = -2(\text{对数最大似然函数值} - \text{模型参数个数}) \tag{4.14}$$

其中, 对数最大似然函数值越大, AIC 值越小, 模型拟合越好. 此时, Logistic 模型往往包含更多变量. 模型参数个数越少, AIC 值越小, 模型往往拟合越差. Logistic 模型的 AIC 值是模型拟合程度和模型参数个数的折中. 最小化 AIC 值, 保证了 Logistic 模型拟合程度, 又考虑到模型参数个数, 相应的 Logistic 模型被认为既拟合好又可解释性强.

4.2 创业公司存活状况分析

4.2.1 创业公司存活状况的影响因素

创业是创业者组织、运用服务、技术、器物作业的思考、推理、判断等生产活动. 在创业过程中, 适当的创业过程分析, 会有利于创业活动的顺利进行. 创业公司发展面临的风险很多, 创业公司未来生存具有很大的不确定性. 为了预测创业公司五年后的存活状况, 研究对创业公司存活状况的可能影响因素, 收集相关数据进行建模.

数据来源于某基金公司的创业公司汇总数据. 该基金公司关注的变量主要有公司规模、营业额、信誉等级. 其中, 信誉等级划分为好、一般、差三个等级. 这三个变量都可能影响创业公司五年后的存活概率. 对于创业公司来说, 公司业务刚刚起步, 其公司规模和资金规模相对较小. 随着公司业务发展, 公司营业额会快速增加, 资金规模也增加. 不断增加的资金转化为更多的公司运营资本, 公司规模会增大. 当公司规模超过一定界限, 公司营业额也会明显大于公司成立伊始的营业额规模. 公司规模扩大、公司营业额提高会增强公司偿债和盈利能力, 提高公司存活概率. 此外, 在创业公司迅速扩大公司规模和营业额的过程中, 公司信誉非常重要, 一家创业公司的信誉等级往往决定着公司规模发展速度, 若公司信誉不良, 往往意味着其未来很难存活.

4.2.2 数据描述

用 Y 表示创业公司五年后能否存活, 其中, 存活的公司 $Y=1$, 未存活的公司 $Y=0$. 三个解释变量: 公司规模(X_1)是连续型变量, 营业额(X_2)是连续型变量, 信誉等级(X_3)是离散型变量, 分为好、一般、差三个等级, 对应的取值为 1, 2, 3. 将信誉等级用两个哑

变量 X_{32} 和 X_{33} 代替，若信誉等级为一般，则 $X_{32}=1$，否则 $X_{32}=0$；若信誉等级为差，则 $X_{33}=1$，否则 $X_{33}=0$. 数据来源于 216 家创业公司的年度财务报表，相关数据的整理结果如表 4.3 所示(其中 X_1, X_2 的单位为千万元).

表 4.3　216 家创业公司的数据

公司序号	X_1	X_2	X_3	Y	公司序号	X_1	X_2	X_3	Y
1	5.23	7.76	1	1	38	5.49	12.63	2	1
2	1.87	0.12	3	0	39	6.23	7.93	2	1
3	4.36	6.15	2	1	40	3.66	0.23	2	0
4	5.56	4.00	3	0	41	7.79	3.41	1	1
5	5.40	1.69	2	1	42	9.64	8.96	3	1
6	3.13	12.72	3	0	43	6.26	4.04	2	1
7	4.23	0.29	2	0	44	10.32	4.13	3	1
8	5.89	13.73	2	1	45	5.84	6.94	1	1
9	7.90	5.11	1	1	46	7.25	12.03	1	1
10	9.26	6.92	2	1	47	3.10	6.71	3	0
11	2.41	2.81	3	0	48	2.17	3.21	3	0
12	0.50	2.56	3	0	49	3.88	0.06	2	0
13	7.74	10.07	1	1	50	2.73	12.31	3	0
14	1.31	6.04	3	0	51	2.99	5.74	3	0
15	9.04	5.87	1	1	52	1.05	6.28	3	0
16	1.80	14.73	3	0	53	7.24	0.59	1	1
17	3.35	12.33	3	0	54	6.86	4.19	2	1
18	10.49	5.53	1	1	55	3.88	20.02	2	1
19	8.83	12.01	1	1	56	9.57	10.77	1	1
20	0.70	1.24	3	0	57	3.81	1.22	2	0
21	3.94	6.50	2	0	58	5.58	7.43	3	0
22	3.02	8.01	3	0	59	2.46	10.75	3	0
23	11.74	6.52	1	1	60	5.67	8.67	3	0
24	0.84	3.92	3	0	61	4.87	7.37	1	1
25	6.00	4.19	2	1	62	6.31	8.39	2	1
26	6.71	6.21	2	1	63	2.80	1.69	3	0
27	6.35	4.18	2	1	64	3.21	1.78	3	0
28	4.59	11.28	2	1	65	10.71	2.47	1	1
29	3.10	9.86	3	0	66	6.98	3.36	2	1
30	3.42	17.58	3	0	67	6.75	4.37	2	1
31	5.64	4.84	3	0	68	3.33	4.87	3	0
32	7.12	2.27	2	1	69	2.40	9.22	3	0
33	0.68	10.76	3	0	70	7.33	1.88	1	1
34	5.34	11.30	2	1	71	5.48	1.50	2	0
35	5.46	2.91	3	0	72	7.32	8.90	1	0
36	0.19	11.67	3	0	73	7.01	5.49	2	1
37	5.73	0.23	2	0	74	5.89	9.95	1	1

续表

公司序号	X_1	X_2	X_3	Y	公司序号	X_1	X_2	X_3	Y
75	2.10	7.66	3	0	117	3.03	11.29	3	0
76	3.27	10.76	3	0	118	0.54	4.28	3	0
77	9.87	2.03	1	1	119	2.50	3.26	3	0
78	5.69	0.59	2	0	120	8.09	3.62	1	1
79	4.83	3.84	2	0	121	4.47	6.16	2	0
80	2.81	0.99	3	0	122	2.39	8.13	3	0
81	4.57	1.47	2	0	123	0.87	5.38	3	0
82	6.21	1.07	2	0	124	0.51	3.99	3	0
83	7.44	9.55	1	1	125	2.41	11.71	3	0
84	5.83	1.00	2	0	126	0.93	6.12	3	0
85	3.80	14.27	2	1	127	6.60	2.52	2	1
86	7.11	2.80	2	1	128	4.83	9.31	2	0
87	3.31	15.42	3	0	129	0.91	3.26	3	0
88	5.90	3.00	1	1	130	0.97	5.34	3	0
89	8.91	2.44	1	1	131	2.67	3.11	3	0
90	2.51	12.26	3	0	132	5.62	1.48	3	0
91	9.91	10.78	2	1	133	5.88	1.01	2	0
92	4.51	10.86	2	0	134	3.82	13.94	2	0
93	5.73	8.45	2	1	135	4.97	19.60	1	1
94	3.67	0.87	2	0	136	2.12	13.45	3	0
95	4.70	0.24	2	0	137	7.15	8.71	2	1
96	5.75	9.25	2	1	138	8.96	0.27	1	1
97	6.39	5.86	2	1	139	1.33	13.12	3	0
98	9.10	10.53	1	1	140	3.76	9.29	2	0
99	7.07	0.69	2	1	141	14.25	2.18	1	1
100	9.22	4.79	1	1	142	0.74	0.89	3	0
101	2.42	0.28	3	0	143	4.93	1.75	1	1
102	0.53	14.36	3	0	144	8.74	4.93	1	1
103	5.45	10.23	2	1	145	3.64	3.34	3	0
104	1.16	1.00	3	0	146	2.90	7.47	3	0
105	8.14	2.71	1	1	147	2.21	1.13	3	0
106	5.18	5.36	2	0	148	5.43	9.21	2	1
107	5.89	10.54	2	1	149	1.81	9.37	3	0
108	11.27	3.98	1	1	150	12.53	12.45	1	1
109	7.52	12.68	1	1	151	1.80	9.20	3	0
110	6.61	6.34	2	1	152	3.21	2.00	3	0
111	0.13	2.93	3	0	153	6.82	11.60	2	1
112	3.70	2.36	2	0	154	3.39	4.51	3	0
113	2.27	9.19	3	0	155	2.23	1.91	3	0
114	4.37	10.3	2	0	156	11.88	1.43	1	1
115	3.39	4.56	3	0	157	12.35	8.62	1	1
116	9.59	4.54	1	1	158	4.00	11.77	2	1

续表

公司序号	X_1	X_2	X_3	Y	公司序号	X_1	X_2	X_3	Y
159	6.78	17.76	2	1	188	8.10	5.67	1	0
160	6.29	9.47	2	1	189	8.65	3.09	1	0
161	4.73	3.89	2	0	190	4.15	11.12	2	0
162	4.41	5.06	2	0	191	5.32	4.91	2	0
163	5.24	5.57	2	1	192	0.97	2.47	3	0
164	3.77	13.66	2	1	193	0.96	13.01	3	0
165	3.45	2.63	3	0	194	3.79	5.19	2	0
166	7.97	4.11	1	1	195	0.27	9.24	3	0
167	4.28	9.4	2	1	196	8.05	4.62	1	0
168	7.07	6.63	2	1	197	7.21	8.09	1	0
169	4.77	4.3	1	1	198	4.97	2.24	2	0
170	3.41	8.7	3	0	199	1.27	1.86	3	0
171	7.15	0.26	1	1	200	5.49	3.71	3	0
172	4.59	1.45	2	1	201	1.70	3.88	3	0
173	6.93	4.71	2	1	202	6.76	12.24	2	0
174	6.61	11.01	2	1	203	3.64	11.15	2	0
175	10.31	10.97	1	1	204	3.33	6.44	3	0
176	4.03	6.55	2	1	205	7.37	5.10	1	0
177	0.61	6.25	3	0	206	9.14	16.36	1	0
178	7.85	5.11	1	1	207	1.26	5.21	3	0
179	10.24	2.08	1	1	208	9.72	1.08	1	0
180	4.12	5.58	3	1	209	5.65	1.52	3	0
181	0.94	9.13	3	1	210	5.46	10.91	2	0
182	8.71	1.39	1	1	211	9.06	0.20	1	0
183	0.13	8.07	3	1	212	6.76	1.43	2	0
184	6.77	6.23	2	1	213	8.02	0.47	1	0
185	3.84	0.95	2	0	214	6.23	3.97	2	0
186	9.22	2.44	2	1	215	4.62	5.13	2	0
187	4.90	11.98	2	0	216	5.99	4.42	2	0

4.2.3 模型建立

1. 创业公司是否存活的 Logistic 模型

建立 Logistic 模型，假设响应变量服从二项分布，包含所有预测变量的创业公司存活的 Logistic 模型为

$$\begin{aligned}\text{Logit}[\pi(x)] &= \log\left(\frac{\pi(x)}{1-\pi(x)}\right)\\ &= \alpha + \beta_1 X_1 + \beta_2 X_2 + \beta_3 X_{32} + \beta_4 X_{33}\end{aligned} \tag{4.15}$$

其中，模型系数的解释是，β_1 的含义是在控制其他变量不变的条件下，公司规模每增加一千万元，创业公司存活优势变为 e^{β_1} 倍．β_2 的含义是在控制其他变量不变的条件下，

公司营业额每增加一千万元，创业公司存活优势变为 e^{β_2} 倍. β_3 的含义是指在控制其他变量不变的条件下，信誉等级一般的公司存活优势是信誉等级好的公司存活优势的 e^{β_3} 倍. β_4 的含义是在控制其他变量不变的条件下，信誉等级差的公司存活优势是信誉等级好的公司存活优势的 e^{β_4} 倍. 该模型的系数估计结果见表 4.4.

表 4.4 创业公司是否存活的 Logistic 模型的拟合结果

变量	系数	标准误	Z 值	P 值
常数项	−3.7750	1.1039	−3.42	0.001
X_1	0.5595	0.1264	4.43	0.000
X_2	0.1475	0.0466	3.16	0.002
X_{32}	−0.0275	0.5211	−0.05	0.958
X_{33}	−1.9873	0.7684	−2.59	0.010

表 4.4 显示，解释变量 X_1，X_2 在显著性水平 0.002 下是统计显著的，解释变量 X_{33} 在显著性水平 0.01 下是统计显著的，而 X_{32} 没有通过显著性检验.

2. 模型选择

采用逐步剔除法，首先将变量 X_{32} 剔除，得到的拟合模型包括解释变量 X_1，X_2 和 X_{33}. 为了显示更多模型的信息，表 4.5 给出了创业公司五年后是否存活的 Logistic 模型的几种不同模型形式及其比较. 表 4.5 显示，包括更多解释变量的模型(4)和模型(5)的 AIC 和对数似然函数值都好于只包含一个解释变量的简单模型，说明模型(4)和模型(5)的拟合效果相对更好. 对于包含一个解释变量的模型比较结果表明，变量 X_1 对于公司五年后是否存活的可解释性最强，其次是变量 X_{32} 和 X_{33} 代表的公司信誉等级，X_2 变量的影响相对较小.

表 4.5 创业公司是否存活模型的拟合优度比较

序号	模型形式	AIC	log(L)
(1)	X_1	201.52	−98.7580
(2)	X_2	296.27	−146.136
(3)	$X_{32}+X_{33}$	210.01	−102.003
(4)	X_1+X_2	191.35	−92.673
(5)	$X_1+X_2+X_{32}+X_{33}$	182.84	−92.051

三组模型的对比结果如表 4.6 所示，似然比统计量大，检验统计量的 P 值小，说明简单模型 M 相对于复杂模型 S 拟合不充分. 因此，最终选择的 Logistic 模型形式为拟合模型(5)，估计结果在表 4.4 中已经给出(取三位小数)，模型表达式为

表 4.6 拟合模型比较

模型比较	似然比统计量	自由度	P 值
(4)-(1)	12.17	1	0.0005
(4)-(2)	106.93	1	0.0000
(5)-(4)	12.51	2	0.0019

$$\text{Logit}[\pi(X)] = -3.775 + 0.560X_1 + 0.148X_2 - 0.028X_{32} - 1.987X_{33} \tag{4.16}$$

Logistic 模型(4.16)表明, 在控制其他变量不变的条件下, X_1 每增加一个单位, 创业公司存活优势变为 1.75($e^{0.560}$)倍. 创业公司存活的对数优势与营业额成正相关. 营业额提高, 会增加公司收益, 提高公司偿债能力, 还可以进一步扩大公司规模. 在控制其他变量不变的条件下, X_2 每增加一个单位, 创业公司存活优势变为 1.16($e^{0.148}$)倍. X_{32} 变量的系数不显著意味着, 在公司规模和营业额取值相同的情况下, 与信誉等级为好的公司相比, 信誉等级一般的公司存活概率没有显著差异, 但是信誉等级差的公司存活优势只有信誉好的公司的 0.137($e^{-1.987}$)倍. 信誉不佳的创业公司存活的风险更大. 这可能是因为信誉等级下降, 创业公司的主营业务和公司营业额对公司经营将产生重要影响.

由(4.16)式, 可以进一步得到公司存活概率的预测表达式

$$\pi(X) = \frac{\exp(-3.775 + 0.560X_1 + 0.148X_2 - 0.028X_{32} - 1.987X_{33})}{1 + \exp(-3.775 + 0.560X_1 + 0.148X_2 - 0.028X_{32} - 1.987X_{33})} \tag{4.17}$$

这里只是为了演示, 没有进行更深入分析. 从模型剔除变量 X_{32}, 模型只将公司划分为信誉等级差和信誉等级不差两个类别, 需要重新拟合数据, 请读者自行完成相关的分析.

4.2.4 模型评价

本案例针对 216 家创业公司的观测数据, 构建了创业公司五年后是否存活的 Logistic 模型, 分析了公司规模、营业额、信誉等级对创业公司存活的影响. 数据分析结果显示, 公司规模、公司营业额和公司信誉等级与创业公司存活概率正相关. 尽管信誉等级一般的公司和信誉等级好的公司存活的优势没有显著差异, 但是信誉等级差的公司存活的优势显著低于信誉等级更高的两类公司.

对创业公司来说, 在公司规模一定的情况下, 要想提高存活概率, 必须注意扩大公司营业额, 提高公司信誉等级.

4.3 Logistic 模型的扩展知识

4.3.1 多元 Logistic 模型

考虑具有多个解释变量的 Logistic 模型. 记 Y 为二分类响应变量, $X_1, X_2, \cdots, X_k$ 为 k

个解释变量. 多元 Logistic 模型为

$$\text{Logit}[P(Y=1)] = \alpha + \beta_1 X_1 + \beta_2 X_2 + \cdots + \beta_k X_k \tag{4.18}$$

系数 β_i 的解释为在给定其他解释变量的情况下, 解释变量 x_i 每增加 1 个单位, 响应变量 $Y=1$ 的优势增加为 $\exp(\beta_i)$ 倍.

似然比检验是多元 Logistic 模型检验的常用方法, 利用似然比检验, 判断特定模型与更复杂模型的等价性, 是用于评价模型拟合效果的一种方法. 更复杂模型是指可能包含更多的解释变量, 也可能包含二阶交互效应或高阶交互效应等. Logistic 模型检验引入二次项, 能够提高模型拟合效果. 如果更复杂模型拟合效果并不显著好于特定模型拟合效果, 往往意味着特定模型更适合拟合数据.

拟合优度检验是检验 Logistic 模型拟合效果的方法. 拟合优度检验是把数据看作可能的最复杂模型或饱和模型. 饱和模型将所有自由度都用于估计模型参数.

记给定 Logistic 模型为 M. 检验 Logistic 模型 M 拟合效果, 等价于检验在饱和模型中但不在 Logistic 模型 M 中的所有参数是否都等于 0. 似然比检验统计量是模型 M 的偏差. 在满足某些假设条件下, 如果原假设成立, 样本量足够大, 统计量近似服从卡方分布.

若所有解释变量都是属性变量, 样本数据可以整理为分组形式或者列联表, 模型拟合效果的检验就变换为分组检验或列联表检验. 计算属于解释变量的第 i 组 $Y=1$ 的个体数 n_i, 计算本组 $Y=1$ 的个体期望频数, 相当于本组观测频数 n_i 的拟合值 $\hat{n}_i$. 观测值与拟合值之差的偏差统计量为

$$G^2(M) = 2\sum n_i \log(n_i / \hat{n}_i) \tag{4.19}$$

Pearson 统计量为

$$X^2(M) = \sum (n_i - \hat{n}_i)^2 \big/ \hat{n}_i \tag{4.20}$$

给定分组数据, 每组的观测频数和拟合频数均不小于 5, 样本量足够大, 在原假设条件成立下, $G^2(M)$ 和 $X^2(M)$ 近似服从卡方分布. 自由度 df 称为模型剩余, 等于饱和模型参数个数减去特定模型 M 的系数个数. 对于分组数据, 饱和模型参数个数等于组数. $G^2(M)$ 或 $X^2(M)$ 大, 说明 Logistic 模型 M 拟合效果不好.

对于响应变量是有序变量, 将有序变量作为名义属性变量, 选择多个虚拟变量代替有序变量, 建立 Logistic 模型. 有时, 根据研究问题的需要, 将有序变量进行定量化变换, 常指定有序变量类别的得分, 用 1 个定量变量代替该有序变量, 建立 Logistic 模型. 后者的好处是简化了 Logistic 模型, 模型参数含义更易于解释.

4.3.2 多类别 Logit 模型

多类别 Logit 模型是对多于两个类别的属性响应变量进行建模, 通常设定响应变量 Y, 各类别的频数往往服从多项分布. 多类别 Logit 模型可以看作 Logistic 模型的推广, 在社会学、生物统计学、临床医学、心理学、市场营销等领域用作“分类评定模型”.

1. 名义响应变量 Logit 模型

先讨论多类别响应变量为名义变量的情形，记 J 表示 Y 的类别数，$\{\pi_1,\cdots,\pi_J\}$ 表示响应属于各类别的概率，$\sum_j \pi_j = 1$. 进行 n 次独立观测，J 个类别观测频数 Y 的概率分布为多项分布. 多类别 Logit 模型描述了所有类别对的优势比.

基线-类别 Logit 模型：给定基线类别，名义响应变量 Logit 模型描述每个类别对基线类别的对数优势. 比如，最后类别，即类别 J 为基线类别，基线-类别 Logit 模型为

$$\log\left(\frac{\pi_j}{\pi_J}\right), \quad j=1,\cdots,J-1$$

给定响应落在类别 j 与落在类别 J 的概率之比，为响应落到类别 j 的优势. 例如，当 $J=2$ 时，基线-类别 Logit 模型简化为 $\log(\pi_1/\pi_2)=\text{Logit}(\pi_1)$，即二分类响应 Logistic 模型. 当类别数 $J=3$，$\log(\pi_1/\pi_3)$ 和 $\log(\pi_2/\pi_3)$ 分别为响应落到类别 1 的优势和响应落到类别 2 的优势.

类别 J 为基线类别，含解释变量 X 的基线-类别 Logit 模型为

$$\log\left(\frac{\pi_j}{\pi_J}\right)=\alpha_j+\beta_j X \tag{4.21}$$

其中，$j=1,\cdots,J-1$，有 $J-1$ 个方程. $J-1$ 个方程系数不同，系数取值与基线类别的选择有关. 方程(4.21)包含 $J-1$ 个类别对的优势. 对于任一对类别 i 和 j，

$$\log\left(\frac{\pi_i}{\pi_j}\right)=\log\left(\frac{\pi_i/\pi_J}{\pi_j/\pi_J}\right)=\log\left(\frac{\pi_i}{\pi_J}\right)-\log\left(\frac{\pi_j}{\pi_J}\right) \tag{4.22}$$

有

$$\log\left(\frac{\pi_i}{\pi_j}\right)=(\alpha_i-\alpha_j)+(\beta_i-\beta_j)X \tag{4.23}$$

$\log\left(\pi_i/\pi_j\right)$ 也是解释变量 X 的线性函数. 基线类别的选择是任意的. 基线类别选择不同，多类别 Logit 模型参数估计值往往不同. 但对于同一类别对，对数优势估计是相同的.

多类别 Logit 模型可以描述类别响应概率，即

$$\pi_j=\frac{\mathrm{e}^{(\alpha_j+\beta_j X)}}{\sum_k \mathrm{e}^{(\alpha_k+\beta_k X)}} \tag{4.24}$$

其中，$j=1,\cdots,J$. 对于基线类别，系数等于零. 可以验证，$\sum_j \pi_j = 1$.

在市场调查中，多类别 Logit 模型可以描述消费者的商品类别选择，对响应变量 Y 的不同类别允许解释变量取不同的值. 例如，对于手机用户，对国产品牌选择依赖手机价格，手机价格在国产品牌之间变化. 这类模型称为离散选择模型.

2. 定序响应变量的累积 Logit 模型

响应变量 Y 的类别有序，Logit 建模应利用类别顺序以更好拟合数据. 响应变量 Y 的累积概率是响应变量 Y 落在某类别或更低类别的概率. 类别 j 的累积概率为

$$P(Y \leqslant j) = \pi_1 + \cdots + \pi_j$$

其中，$j=1,\cdots,J$．可以验证，$P(Y \leqslant J)=1$，$P(Y \leqslant 1) \leqslant P(Y \leqslant 2) \leqslant \cdots \leqslant P(Y \leqslant J)=1$．类别 j 的累积对数优势称为类别 j 的累积 Logit，定义为

$$\text{Logit}\left[P(Y \leqslant j)\right] = \log\left(\frac{P(Y \leqslant j)}{1-P(Y \leqslant j)}\right) = \log\left(\frac{\pi_1 + \cdots + \pi_j}{\pi_{j+1} + \cdots + \pi_J}\right)$$

对于 $J=3$，类别 1 的累积 Logit 为 $\text{Logit}[P(Y \leqslant 1)] = \log[\pi_1/(\pi_2+\pi_3)]$，类别 2 的累积 Logit 为 $\text{Logit}[P(Y \leqslant 2)] = \log[(\pi_1+\pi_2)/\pi_3]$．

含有解释变量 X 的累积 Logit 模型为

$$\text{Logit}[P(Y \leqslant j)] = \alpha_j + \beta X \tag{4.25}$$

其中，$j=1,\cdots,J-1$；系数 β 相同，描述解释变量 X 对响应变量 Y 落在类别 j 或更低类别的对数优势效应．β 没有下标 j 是假设系数 β 适用于所有 $J-1$ 个累积 Logit 模型．这个性质称为模型(4.25)的比例优势假设．这是累积 Logit 模型应用最多的情形．

累积 Logit 模型可以计算解释变量取不同值时累积概率的优势比．假设 X_1 和 X_2 为解释变量 X 的两个值，对于类别 $j=1,\cdots,J-1$，累积概率的优势比为

$$\frac{P(Y \leqslant j|X=X_2)/P(Y>j|X=X_2)}{P(Y \leqslant j|X=X_1)/P(Y>j|X=X_1)}$$

可以验证，累积概率的对数优势比等于 $\beta(X_2-X_1)$．如果 $X_2-X_1=1$，累积概率的对数优势比等于 β，累积概率的优势比等于 e^{β}．

对于模型(4.25)系数的统计检验，检验问题为

$$H_0:\beta=0;\quad H_1:\beta \neq 0$$

Wald 检验统计量 $z=\hat{\beta}/S$，$\hat{\beta}$ 是系数 β 的最大似然估计，S 是 $\hat{\beta}$ 的标准误估计．若样本量充分大，当原假设为真时，统计量 z 近似服从标准正态分布，z^2 近似服从自由度 $\text{df}=1$ 的卡方分布．拒绝域为 $\{z^2 > \chi^2_{\alpha/2}(1)\}$．在置信概率 α 下，系数 β 的基于 Wald 统计量的置信区间为 $(\hat{\beta}-z_{\alpha/2}\times S,\ \hat{\beta}+z_{\alpha/2}\times S)$．

对于模型(4.25)拟合优度的检验，若有少数解释变量且所有解释变量都是属性变量，样本数据可以整理为分组形式，第 i 组的拟合频数记为 $\hat{n}_i$ 和观测频数记为 n_i．在所有单元频数不少于 5 的情形下，采用 Pearson χ^2 统计量和偏差 G^2 统计量．偏差统计量 $G^2=2\sum n_i\log(n_i/\hat{n}_i)$．Pearson 统计量为 $\chi^2=\sum(n_i-\hat{n}_i)^2/\hat{n}_i$．对于样本量充分大，当原假设为真时，$G^2$ 和 χ^2 近似服从卡方分布，自由度等于单元数减去模型系数个数．检验统计量 G^2 和 χ^2 大，说明模型拟合不好．

3. 定序响应变量的相邻类别 Logit 和相继比 Logit

对于定序响应变量 Y，相邻类别对的 Logit 模型，简称为相邻类别的对数优势 Logit，模型为

$$\log\left(\frac{\pi_{j+1}}{\pi_j}\right),\quad j=1,\cdots,J-1$$

例如，对于 $J=3$，相邻类别 Logit 有 $\log(\pi_2/\pi_1)$ 和 $\log(\pi_3/\pi_2)$. 含有解释变量 X 的相邻类别 Logit 模型为

$$\log\left(\frac{\pi_{j+1}}{\pi_j}\right)=\alpha_j+\beta_j X \tag{4.26}$$

$$\log\left(\frac{\pi_{j+1}}{\pi_j}\right)=\alpha_j+\beta X \tag{4.27}$$

其中，$j=1,\cdots,J-1$. 模型(4.27)比模型(4.26)更简化，每对相邻类别的系数 β 相等，X 对响应优势的效应相同. 模型(4.27)的相邻类别 Logit 模型决定了所有响应类别对的累积 Logit.

对于定序响应变量 Y，相继比 Logit 定义为

$$\log\left(\frac{\pi_1}{\pi_2}\right),\log\left(\frac{\pi_1+\pi_2}{\pi_3}\right),\cdots,\log\left(\frac{\pi_1+\cdots+\pi_{J-1}}{\pi_J}\right)$$

相继比 Logit 描述低类别对当前类别的优势. 相继比 Logit 的另一种定义为

$$\log\left(\frac{\pi_1}{\pi_2+\cdots+\pi_J}\right),\log\left(\frac{\pi_2}{\pi_3+\cdots+\pi_J}\right),\cdots,\log\left(\frac{\pi_{J-1}}{\pi_J}\right)$$

这种定义是描述每个类别对更高类别的优势.

4.3.3 配对数据的 Logistic 模型

一个样本的观测与另一个样本的观测一一对应，称为两个样本响应匹配. 下面是一项关于交通出行的调查数据. 为了减少道路的拥堵，被调查者在两种措施中选择，一是缴纳拥堵费，二是选择公共交通方式. 调查结果如表 4.7，表的两行是关于缴纳拥堵费意愿，两列是公共交通方式选择.

表 4.7 交通出行的调查数据

缴纳拥堵费	选择公共交通		合计
	是	否	
是	222	113	335
否	210	168	378
合计	432	281	713

表 4.7 显示，行边缘频数(335, 378)分别表示愿意缴纳拥堵费和不愿意缴纳拥堵费的人数. 列边缘频数(432, 281)分别表示选择公共交通和不选择公共交通的人数. 两个样本的观测一一对应是配对数据. 两个样本是关联的，称为关联样本. 两个关联样本不相互独立. 下面考虑配对的二分类数据.

1. *基于边缘比例的边缘模型*

令 (Y_1,Y_2) 为两个响应变量，取值为“1”表示第 1 类，“0”表示第 2 类. 设定的模型为

$$P(Y_1=1)=\alpha+\beta,\quad P(Y_2=1)=\alpha \tag{4.28}$$

其中，$\beta = P(Y_1 = 1) - P(Y_2 = 1)$，$\beta$ 的最大似然估计就是样本边缘比例的差. 如表 4.7, Y_1 对应缴纳拥堵费的意愿，Y_2 对应选择公共交通出行，则 $P(Y_1 = 1) = \alpha + \beta$，$P(Y_2 = 1) = \alpha$ 为边缘概率. 边缘概率的估计分别为 $\hat{\alpha} + \hat{\beta} = 432/713 = 0.61$，$\hat{\alpha} = 335/713 = 0.47$. 比例差的估计 $\hat{\beta} = 0.61 - 0.47 = 0.14$. 估计量的标准差估计为

$$\mathrm{SE} = \frac{1}{n}\sqrt{(n_{12} + n_{21}) - \frac{(n_{12} - n_{21})^2}{n}}$$

其中，n_{12}, n_{21} 分别为列联表单元(1,2)和单元(2,1)的观测频数. 在表 4.7 中，$n_{12} = 113$，$n_{21} = 210$. $S = \sqrt{(113 + 210) - (210 - 113)^2 / 713} / 713 = 0.025$，即估计量 $\hat{\beta}$ 的标准差估计为 0.025.

为了判断比例差的显著性，进行假设检验 $H_0 : \beta = 0$；$H_1 : \beta \neq 0$，McNemar 检验统计量为

$$z = \frac{n_{12} - n_{21}}{\sqrt{n_{12} + n_{21}}}$$

在原假设成立下，若样本量充分大，且 $n_{12} + n_{21} > 10$，检验统计量 z^2 近似服从自由度为 1 的卡方分布. 在表 4.7 中，检验统计量的观测值 $z = (n_{12} - n_{21}) / \sqrt{n_{12} + n_{21}} = 5.4$. 由于 $z^2 = 29.16 > \chi^2_{0.05}(1) = 3.84$，认为有充分证据说明比例差显著大于 0.

边缘比例的 Logit 模型为

$$\mathrm{Logit}[P(Y_t = 1)] = \alpha + \beta X_t \tag{4.29}$$

其中，X_t 为哑变量. 当 $t = 1$ 时，$X_t = 1$，$\mathrm{Logit}[P(Y_1 = 1)] = \alpha + \beta$；当 $t = 2$ 时，$X_t = 0$，$\mathrm{Logit}[P(Y_2 = 1)] = \alpha$. 系数 β 为边缘比例的对数优势比，边缘比例的优势比为 e^{β}. β 的最大似然估计为样本边缘分布优势比. 利用表 4.7 的数据，边缘比例的对数优势比的估计值为 $\log[(335/378)/(432/281)] = -0.55$，边缘比例的优势比估计为 $\mathrm{e}^{\hat{\beta}} = 0.58$. 愿意缴纳交通拥堵费的优势估计为愿意选择公共交通的优势估计的 58%.

2. 配对数据的条件 Logistic 模型

依据数据的配对关系，将 2×2 列联表，扩展为 $2 \times 2 \times n$ 三向表. n 个配对数据分别表示 n 张不同的 2×2 部分表. 在 2×2 部分表中，Y_1 的观测值显示在第 1 行，Y_2 的观测值显示在第 2 行. 第 k 个 2×2 部分表，描述第 k 个数据对，表示第 k 对响应(Y_1, Y_2). 例如，假设表 4.7 中第 i 个样本观测，Y_1 的观测值为 1，Y_2 的观测值为 1，则第 i 个 2×2 部分表为表 4.8.

表 4.8 第 i 个样本观测的 2×2 部分表

问题	回答	
	是	否
缴纳拥堵费	1	0
选择公共交通	1	0

令 Y_{it} 为个体 i 的第 t 个观测，$Y_{it} = 1$ 表示观测“成功”. 配对数据的条件 Logistic 模型为

$$\text{Logit}[P(Y_{it}=1)]=\alpha_i+\beta X_{it} \tag{4.30}$$

其中 $i=1,\cdots,n$，$t=1,2$，并且不同个体的系数 α_i 不同. 当 $t=1$ 时，$X_{i1}=1$，$\text{Logit}[P(Y_{i1}=1)]=\alpha_i+\beta$；当 $t=2$ 时，$X_{i2}=0$，$\text{Logit}[P(Y_{i2}=1)]=\alpha_i$. 可以计算，第 i 个观测成功的概率分别为

$$P(Y_{i1}=1)=\frac{\exp(\alpha_i+\beta)}{1+\exp(\alpha_i+\beta)},\quad P(Y_{i2}=1)=\frac{\exp(\alpha_i)}{1+\exp(\alpha_i)} \tag{4.31}$$

式(4.31)显示，系数 α_i 大的个体，成功概率高；系数 α_i 小的个体，成功概率低. 系数 α_i 描述了两个观测变量的关联，称为个体效应.

$$\beta=\text{Logit}[P(Y_{i1}=1)]-\text{Logit}[P(Y_{i2}=1)]$$

系数 β 为 $Y_{i1}=1$ 的优势与 $Y_{i2}=1$ 的优势之比的对数. 若 $\beta=0$，则每个个体两个观测成功的概率相同，称为边缘齐性.

为了估计系数 β 和个体系数 α_i，采用条件最大似然估计法，除去个体参数的条件分布，求出最大似然函数估计 $\hat{\beta}$. 优势比 $\exp(\beta)$ 的条件最大似然估计为 n_{12}/n_{21}. 利用表 4.7 数据，$\exp(\hat{\beta})=n_{12}/n_{21}=113/210=0.54$. 如果模型(4.30)成立，$Y_{i1}=1$ 的优势与 $Y_{i2}=1$ 的优势之比为 0.54. 这是条件优势比 0.54，不同于边缘优势比 0.58.

3. 对照案例的 Logistic 模型

案例对照是配对数据的重要应用. 例如，在某地区高血压研究中，按照年龄和性别为 144 个高血压患者样本匹配了 144 个血压正常人样本. 调查每个人是否曾得过肥胖症，设 $X=1$ 代表得过肥胖症，$X=0$ 代表没得过肥胖症. 数据见表 4.9.

表 4.9　高血压案例对照之前肥胖症情况

高血压患者	血压正常者		
	肥胖	没有肥胖	合计
肥胖	11	14	25
没有肥胖	35	84	119
合计	46	98	144

每个匹配案例对应 1 个部分表. 对于案例组的个体，$Y=1$ 表示患有高血压. 对于对照组的个体，$Y=0$ 表示血压正常. 表 4.10 中给出了匹配案例的 4 种可能情况. 有 11 个匹配案例为 a 部分表，案例组和对照组都有的配对有 11 对. 14 个类型为 b 部分表，35 个类型为 c 部分表，84 个类型为 d 部分表.

表 4.10　表 4.9 中四种可能的对照模式

肥胖	a		b		c		d	
	案例	对照	案例	对照	案例	对照	案例	对照
是	1	1	0	1	1	0	0	0
否	0	0	1	0	0	1	1	1

对于个体i，使用模型

$$\text{Logit}[P(Y_i = 1)] = \alpha_i + \beta X$$

其中，得过肥胖症的个体$X = 1$，没有得过肥胖症的个体$X = 0$．得过肥胖症的个体患高血压的优势等于没得过肥胖症的个体患高血压的优势的$\exp(\beta)$倍.

4.3.4 Logistic 模型的预测功效

在经济、医学、工业等领域的实际应用中, Logistic 模型常常被用于预测, 即利用已知解释变量观测值估计响应变量取值类别. Logistic 模型的预测功效用于评价模型预测优良性, 对于 Logistic 模型应用有重要意义. Logistic 模型的预测功效主要有如下几种评价方法.

1. 分类表的预测功效

按照响应变量Y的观测值和预测值进行交叉分类. 响应变量Y的预测值是响应变量Y的二分类取值预测. 设定适当的临界值π_0，响应变量Y为类别 1 的概率预测值记为$\hat{\pi}$，当$\hat{\pi} > \pi_0$时，Y的预测值$\hat{Y} = 1$；当$\hat{\pi} \leqslant \pi_0$时，$Y$的预测值$\hat{Y} = 0$．通常，$\pi_0 = 0.5$．有时，选择的$\pi_0$为响应变量$Y$为类别 1 的样本比例. 预测的敏感度和特异度也用于表示预测功效. 敏感度定义为$P(\hat{Y} = 1 | Y = 1)$，特异度定义为$P(\hat{Y} = 0 | Y = 0)$．敏感度和特异度越大，预测功效越大, 预测结果越准确.

以 4.2 节创业公司五年后是否存活的 Logistic 模型为例, 表 4.11 是对该模型预测结果和实际结果的分类汇总. 在 216 家创业公司中, 五年后存活下来的 93 家公司占样本总数的比例为 0.43. 表 4.11 给出了 $\pi_0 = 0.43$ 和 $\pi_0 = 0.5$ 两种情况下的分类结果. 当 $\pi_0 = 0.43$ 时, 灵敏度 $P(\hat{Y}=1|Y=1) = 75/93 = 0.81$, 特异度 $P(\hat{Y}=0|Y=0) = 108/123 = 0.88$. 当 $\pi_0 = 0.5$ 时, 灵敏度 $P(\hat{Y}=1|Y=1) = 81/93 = 0.87$, 特异度 $P(\hat{Y}=0|Y=0) = 102/123 = 0.83$. $\pi_0 = 0.43$ 时的 Logistic 模型预测的灵敏度为 0.81, 低于当 $\pi_0 = 0.5$ 时的灵敏度 0.87, 但是前者的特异度要高于后者. 也就是说, Logistic 模型预测的敏感度高, 并不代表其特异度也高.

表 4.11 创业公司存活情况预测的分类表

实际	$\pi_0 = 0.43$		合计	$\pi_0 = 0.5$		合计
	$\hat{Y} = 1$	$\hat{Y} = 0$		$\hat{Y} = 1$	$\hat{Y} = 0$	
$Y = 1$	75	18	93	81	12	93
$Y = 0$	15	108	123	21	102	123

对于预测功效的整体评价使用的正确分类比例，定义是$P(Y = 1, \hat{Y} = 1) + P(Y = 0, \hat{Y} = 0)$．显然,

$$P(Y = 1, \hat{Y} = 1) + P(Y = 0, \hat{Y} = 0) = P(\hat{Y} = 1 | Y = 1)P(Y = 1) + P(\hat{y} = 0 | y = 0)P(y = 0)$$

也就是说, 正确分类比例就等于敏感度和特异度的加权平均. 对 4.2 节案例来说, 当 $\pi_0 = 0.43$ 时, 正确分类比例 $P(Y = 1, \hat{Y} = 1) + P(Y = 0, \hat{Y} = 0) = 75/216 + 108/216 = 0.847$.

当 $\pi_0 = 0.5$ 时, 正确分类比例 $P(Y=1,\hat{Y}=1)+P(Y=0,\hat{Y}=0) = 81/216 + 102/216 = 0.847$. 在 $\pi_0 = 0.43$ 和 $\pi_0 = 0.5$ 两种临界值情况下, Logistic 模型预测的正确分类比例一样大, 预测功效相等.

2. ROC 曲线

ROC 曲线是对应临界值 π_0 的灵敏度与 1-特异度的函数曲线. ROC 曲线描述了 π_0 所有可能取值对应的预测功效. 当 π_0 取值为 0 时, Logistic 模型的所有预测值都为 1, 预测的灵敏度为 1, 特异度为 0, ROC 曲线上的对应点坐标为(1,1). 当 π_0 取值为 1 时, Logistic 模型的所有预测值都为 0, 预测的灵敏度为 0, 特异度为 1, ROC 曲线上的对应点坐标为(0,0). 通常, ROC 曲线是连接这两个点的凹形曲线. 一般来说, 当特异度给定时, Logistic 模型的预测功效越好, 意味着灵敏度越高, ROC 曲线越高. 当特异度给定时, ROC 曲线越高, 灵敏度也越高, 也代表 Logistic 模型的预测功效越好.

ROC 曲线与横轴围成的面积 AUC, 被称为一致指标. 一致指标描述 Logistic 模型的预测值与实际观测值一致的概率. 对应一致指标为 0.5 的 ROC 曲线是连接点(0, 0)和点(1, 1)的直线. 一致指标为 0.5, 表示 Logistic 模型的预测准确度并不比随机猜测好, 随机猜测对应于只含截距项的 Logistic 模型. 图 4.1 是 4.2 节案例的 ROC 曲线及 AUC 面积, 其中 AUC = 0.896.

除了分类表和 ROC 曲线, 响应变量观测值 Y_i 和预测值 $\hat{Y}_i$ 之间的相关性也被用于描述 Logistic 模型的预测功效. 如在最小二乘估计过程中响应变量观测值 Y_i 和预测值 $\hat{Y}_i$ 之间的复相关 R, R^2 表示在响应变量观测值 Y_i 的总变差中预测值 $\hat{Y}_i$ 解释的比例. 复相关 R 的优点是 R 值和系数估计值成比例.

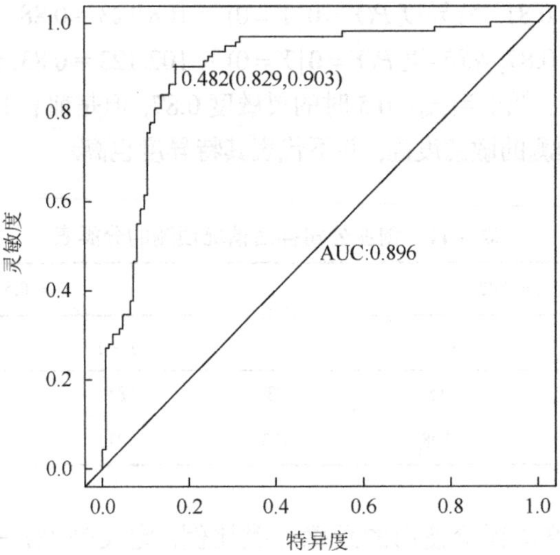

图 4.1 创业公司是否存活案例的 ROC 曲线

4.3.5 Logistic 模型的样本量

样本量大小对 Logistic 模型非常重要. 尽管有很多学者探讨过 Logistic 模型的样本量

问题，但目前还没有公认的解决办法. 依据实际应用的经验，Logistic 模型需要大样本的基础. Logistic 模型模拟研究显示，样本量至少是解释变量个数的 10 倍以上. 例如，对于 4.2 节创业公司五年后是否存活影响因素的 Logistic 模型来说，考虑了公司规模、营业额、信誉等级 3 个因素，模型中解释变量个数有 4 个，因此建模至少需要有 40 个创业公司样本. 另外一个更为公认的观点是，样本量至少是解释变量个数的 20～30 倍，以创业公司五年后是否存活的 Logistic 模型为例，样本数至少需要 80～120 个. 在实际应用中考虑上述经验的同时，还要结合统计应用现实需要确定样本量.

比例比较是在实际应用中经常遇到的一类问题，下面以此为例说明如何确定 Logistic 模型的样本量. 模型的形式

$$\text{Logit}(Y) = \beta_0 + \beta_1 X \tag{4.32}$$

其中，$X=1$ 代表观测值为第 1 组，$X=0$ 代表观测值为第 2 组. 假设两个组的比例分别为 π_1 和 π_2. 需要考虑的检验问题是原假设为 $H_0:\pi_1=\pi_2$，备择假设为 $H_1:\pi_1\neq\pi_2$. 该假设检验对应模型参数的显著性检验，系数显著性检验为 $H_0:\beta_1=0$；$H_1:\beta_1\neq 0$.

为了比较两个比例所需的样本量计算，需要给出犯第一类错误概率 α，犯第二类错误概率 β 或检验功效 $1-\beta$. 犯第一类错误概率 α 是原假设为真但拒绝原假设的犯错误概率. 犯第二类错误概率 β 是原假设为假，但接受原假设的犯错误概率. 两组样本量相等，需要的样本量至少为

$$n_1 = n_2 = \frac{(z_{\alpha/2}+z_{\beta})^2[\pi_1(1-\pi_1)+\pi_2(1-\pi_2)]}{(\pi_1-\pi_2)^2} \tag{4.33}$$

其中，n_1,n_2 为两组的样本量. 上式中样本量计算需要已知 π_1,π_2,α,β. 例如，给定 $\alpha=0.05$，$\beta=0.1$，π_1,π_2 的替代值为 0.2 和 0.3，分位数 $z_{0.025}=1.96$，$z_{0.1}=1.28$，则对于假设检验 $H_0:\pi_1=\pi_2$；$H_1:\pi_1\neq\pi_2$，所需样本量至少为

$$n_1 = n_2 = \frac{(1.96+1.28)^2[0.2(1-0.2)+0.3(1-0.3)]}{(0.2-0.3)^2} = 388.4$$

满足上述条件的样本量为 $n_1=n_2=389$.

习 题 4

1. 为研究心脏病的主要影响因素，对 38 名病人进行了调查，调查数据如表 4.12 所示. 响应变量为病人的生存时间(1 表示生存时间长，0 表示生存时间短)，考察的因素包括生活行为能力评分(1～100 分)、病人的年龄(岁)、由诊断到进入研究时间犯病的次数以及两种治疗方法(1 表示药物治疗，0 表示手术治疗).

表 4.12 关于 38 名心脏病病人的生存资料

序号	评分	年龄	犯病次数	治疗方法	生存时间	序号	评分	年龄	犯病次数	治疗方法	生存时间
1	70	64	5	1	1	3	70	65	11	1	0
2	60	63	9	1	0	4	40	69	10	1	0

续表

序号	评分	年龄	犯病次数	治疗方法	生存时间	序号	评分	年龄	犯病次数	治疗方法	生存时间
5	40	63	58	1	0	22	60	37	13	0	0
6	70	48	9	1	0	23	90	54	12	0	1
7	70	48	11	1	0	24	50	52	8	0	1
8	80	63	4	1	0	25	70	50	7	0	1
9	60	63	14	1	0	26	20	65	21	0	0
10	30	53	4	1	0	27	80	52	28	0	1
11	80	43	12	1	0	28	60	70	13	0	0
12	40	55	2	1	1	29	50	40	13	0	0
13	60	66	25	1	0	30	70	36	22	0	0
14	40	67	23	1	0	31	40	44	36	0	0
15	20	61	19	1	0	32	30	54	9	0	0
16	50	63	4	1	0	33	30	59	87	0	0
17	50	66	16	1	0	34	40	69	5	0	0
18	40	68	12	1	0	35	60	50	22	0	0
19	80	64	10	0	1	36	80	62	4	0	0
20	80	41	12	1	1	37	70	68	15	0	0
21	70	53	8	1	1	38	30	39	4	0	0

(1) 给出拟合的 Logistic 模型, 判断参数显著性.

(2) 给出用逐步回归法拟合的模型, 若得出的模型与(1)中的不一致, 判断哪个模型更合理.

2. 某研究者在探讨胃癌细胞转移的有关临床病理因素研究中, 收集了一批进行根治性胃切除术患者的胃癌标本资料, 数据如表 4.13 所示. 响应变量为胃癌细胞转移情况(1 表示有转移, 0 表示无转移), 考察的因素包括确诊时患者的年龄(岁)、胃癌细胞生长因子(1～3 级)以及胃癌细胞核组织学分级(1～4 级).

表 4.13 根治性胃切除术患者的胃癌标本资料

序号	年龄	生长因子	组织学分级	转移情况
1	59	2	2	0
2	36	1	1	0
3	61	2	2	0
4	58	3	4	1
5	55	3	3	1
6	61	1	2	0
7	38	1	1	0
8	42	1	3	0
9	50	1	1	0
10	58	3	2	0
11	68	3	4	0

续表

序号	年龄	生长因子	组织学分级	转移情况
12	25	2	4	1
13	52	1	1	0
14	31	1	2	0
15	36	3	3	1
16	42	1	2	0
17	14	3	3	1
18	32	1	2	0
19	35	1	2	0
20	70	3	4	1
21	65	2	4	1
22	45	2	2	0
23	68	3	3	1
24	31	2	2	0
25	58	1	4	0
26	60	3	4	1

(1) 给出用逐步回归法拟合的最优 Logistic 模型, 并进行似然比检验.

(2) 给出当胃癌细胞核组织学分级为 1 且胃癌细胞生长因子为 1 时的胃癌发生细胞转移的概率估计.

3. 为了研究一个人会成为烟民的影响因素, 某研究者搜集了 1196 个个体数据, 拟合出的 Logistic 模型的结果如表 4.14 所示. 响应变量为是否为烟民(1 表示是, 0 表示否), 考虑的影响因素包括性别 X_1、年龄 X_2、受教育水平 X_3 以及收入状况 X_4.

表 4.14 烟民全部预测变量 Logistic 回归的拟合结果

变量	系数	标准误	Z 值	P 值
常数项	1.302	0.564	2.307	0.021*
X_1	0.231	0.200	1.515	0.249
X_2	0.007	0.011	0.624	0.532
X_3	−0.278	0.087	−3.190	0.001**
X_4	−0.502	0.087	−5.735	0.000***
AIC: 636.23	显著性水平代码: 0 ‘***’ 0.001 ‘**’ 0.01 ‘*’ 0.05			

(1) 根据拟合结果给出模型, 给出其概率表达式, 并解释各项系数.

(2) 给出用逐步回归法拟合的最优模型, 并与(1)中模型进行比较.

4. 培训机构为研究面试结果的影响因素, 从某公司搜集到 32 名面试者的数据信息, 如表 4.15 所示. 响应变量为面试者是否被录取(1 表示被录取, 0 表示没被录取), 考虑的因素包括面试者的笔试成绩(三十分制) X_1、面试者的面试成绩(五分制) X_2 及公司是否采取新面试形式(1 表示采取, 0 表示不采取) X_3.

表 4.15 32 名面试者的数据信息

序号	X_1	X_2	X_3	Y	序号	X_1	X_2	X_3	Y
1	20	2.66	0	0	17	29	3.92	0	1
2	22	2.89	0	0	18	20	2.63	0	0
3	24	3.28	0	0	19	23	3.32	0	0
4	12	2.92	0	0	20	23	3.57	0	0
5	21	4.00	0	1	21	25	3.26	0	1
6	17	2.86	0	0	22	26	3.53	0	0
7	17	2.76	0	0	23	19	2.74	0	0
8	21	2.87	0	0	24	25	2.75	0	0
9	25	3.03	0	0	25	19	2.83	0	0
10	23	3.12	0	0	26	28	3.62	1	1
11	25	3.16	1	1	27	14	2.89	1	0
12	22	2.06	1	0	28	26	3.51	1	0
13	27	3.13	1	1	29	24	3.54	1	1
14	17	2.64	1	1	30	21	3.65	1	1
15	24	3.47	1	0	31	23	4.00	1	1
16	21	2.75	1	0	32	19	2.39	1	1

(1) 给出最优的 Logistic 回归方程, 并解释模型系数的含义.

(2) 给出模型系数的 95%置信区间.

(3) 分别给出没有采取新形式和采取新形式并且面试成绩为 3 时的被录取概率, 并比较两者的差别.

5. 某研究员为研究性别和两种治疗方法对心脏病疗效的影响, 对 84 名病人进行了调查, 调查数据如表 4.16 所示. 请给出拟合的有序分类 Logistic 回归模型, 并解释模型系数的含义.

表 4.16 性别和两种治疗方法对心脏病疗效样本

性别	治疗方法	疗效		
		显著有效	有效	无效
女性	药物治疗	16	5	6
	手术治疗	6	7	19
男性	药物治疗	5	2	7
	手术治疗	1	0	10

第 5 章 列联表对数线性模型

列联表对数线性模型主要用于分析高维列联表的属性变量之间的关联性. 例如, 以微信和QQ为代表的社交软件已成为人们日常生活中重要的通信工具. 据微信官方统计, 当前已有 9 亿人安装和使用微信. 然而, 相比之下 QQ 的使用频率显著下滑. 某调查公司对微信和QQ用户开展了专项调查, 发现影响微信和QQ使用频率差异的两个主要因素是: 即时通信功能和娱乐拓展功能. 表5.1给出了调查的统计汇总数据. 其中, 被调查者更注重通信功能(通信、视频、语音)记为1, 否则记为0; 被调查者更注重娱乐拓展性(空间、交友、直播秀等)记为1, 否则记为0; 被调查者常使用微信记为1, 常使用QQ记为0. 基于表5.1的数据, 调查公司想进一步研究的目标是, 即时通信功能、娱乐拓展功能和使用软件之间是否存在关联模式. 如何测度它们之间的关联程度呢?

表 5.1 使用微信、QQ 的影响因素的调查数据

即时通信功能	娱乐拓展性能	使用软件	
		1	0
1	1	1652	326
	0	834	127
0	1	1087	374
	0	216	107

表 5.1 给出了三维列联表. 其中, 三个变量都是二分类变量. 多维列联表中各属性变量之间的关联性复杂, 不易于直接计算和检验各属性变量之间的关联性. 列联表对数线性模型根据列联表中属性变量之间的不同关联模式设定对数线性模型; 估计模型参数, 得到拟合模型和每个单元格频数拟合值; 对拟合模型进行统计检验, 选择最优模型; 分析多维列联表中属性变量之间的关联模式以及关联程度.

5.1 列联表对数线性模型基础

5.1.1 二维列联表对数线性模型

依据两个属性变量的独立性，二维列联表对数线性模型分为独立性模型和饱和模型. 下面介绍独立性模型和饱和模型及其参数解释.

1. 独立对数线性模型

当两个属性变量统计独立时，列联表第 i 行第 j 列单元格的联合概率 π_{ij} 可以表示为 $\pi_{ij}=\pi_{i+}\pi_{+j}, i=1,\cdots,I;\ j=1,\cdots,J$. 将单元格概率 π_{ij} 视为多项分布的参数，则单元格的期望频数为

$$\mu_{ij}=n\pi_{i+}\pi_{+j}$$

表 5.2 两个属性变量相互独立情形下的二维列联表

类别	$Y=1$	$Y=2$	μ_{i+}
$X=1$	$\mu_{11}=n\pi_{1+}\pi_{+1}$	$\mu_{12}=n\pi_{1+}\pi_{+2}$	$\mu_{1+}=n\pi_{1+}$
$X=2$	$\mu_{21}=n\pi_{2+}\pi_{+1}$	$\mu_{22}=n\pi_{2+}\pi_{+2}$	$\mu_{2+}=n\pi_{2+}$
μ_{+j}	$\mu_{+1}=n\pi_{+1}$	$\mu_{+2}=n\pi_{+2}$	n

表 5.2 给出了两个属性变量相互独立情形下的二维列联表，记行变量为 X、列变量为 Y. 对上式两边同时取对数，

$$\log\mu_{ij}=\lambda+\lambda_i^X+\lambda_j^Y \tag{5.1}$$

其中，$\lambda=\log n$，$\lambda_i^X=\log\pi_{i+}$，$\lambda_j^Y=\log\pi_{+j}$，$i,j=1,2$. 模型(5.1)为二维列联表的独立性对数线性模型. 两个参数 λ_i^X 和 λ_j^Y 分别表示行效应和列效应，参数值越大则第 i 行或第 j 列的单元格期望频数越大. 若将响应变量 Y 视作解释变量 X 的函数，则 $P(Y=1|X=i)$ 的 Logit 模型为

$$\begin{aligned}\log\left(\frac{P(Y=1)}{1-P(Y=1)}\right)&=\log\left(\frac{\mu_{i1}}{\mu_{i2}}\right)\\&=\log\mu_{i1}-\log\mu_{i2}\\&=(\lambda+\lambda_i^X+\lambda_1^Y)-(\lambda+\lambda_i^X+\lambda_2^Y)\\&=\lambda_1^Y-\lambda_2^Y\end{aligned}$$

因而，$\lambda_j^Y\,(j=1,2)$ 可用于计算响应变量为“成功”(即观测值落入第 1 行第 j 列)的优势. 响应变量 Y 的对数优势不依赖于解释变量 X 的水平. 限定 $\lambda_2^Y=0$，则响应变量的优势为 $\exp(\lambda_1^Y)$.

对于微信和 QQ 使用情况调查数据，假设忽略娱乐拓展功能，只考虑即时通信功能与使用软件的二维列联表，将即时通信功能作为行变量 X，使用的软件作为列变量 Y. 若采

用二维列联表的独立性对数线性模型，即认为即时通信功能与使用软件之间无统计关联性. 模型估计结果如表 5.3 所示.

表 5.3 即时通信功能与使用软件列联表的独立性对数线性模型估计

变量	系数估计	标准误	Z 统计量	P 值
截距	5.866	0.038	155.69	0.000
λ_1^X	0.499	0.030	16.63	0.000
λ_1^Y	1.400	0.037	38.33	0.000
拟合优度检验：$G^2(1)=91.105$；$X^2(1)=93.323$				

由表 5.3 可知，行变量 X 和列变量 Y 均通过了显著性检验，模型似然比统计量为 91.105，拟合效果不好. 限定使用软件为 QQ ($Y=2$)的参数为 0 (即 $\lambda_2^Y=0$)，则 $\lambda_1^Y=1.4$. 假定即时通信功能与使用软件相互独立，使用微信($Y=1$)的优势估计是 $\exp(1.4)=4.055$.

2. 饱和对数线性模型

当两个属性变量存在统计关联性时，表 5.4 给出了两个属性变量关联情形下的二维列联表.

表 5.4 两个属性变量关联情形下的二维列联表

类别	$Y=1$	$Y=2$	μ_{i+}
$X=1$	$\mu_{11}=n\pi_{11}$	$\mu_{12}=n\pi_{12}$	$\mu_{1+}=n\pi_{1+}$
$X=2$	$\mu_{21}=n\pi_{21}$	$\mu_{22}=n\pi_{22}$	$\mu_{2+}=n\pi_{2+}$
μ_{+j}	$\mu_{+1}=n\pi_{+1}$	$\mu_{+2}=n\pi_{+2}$	n

二维列联表饱和对数线性模型为

$$\log\mu_{ij}=\lambda+\lambda_i^X+\lambda_j^Y+\lambda_{ij}^{XY} \tag{5.2}$$

其中，$\lambda=\log n$，$\lambda_i^X=\log\pi_{i+}$，$\lambda_j^Y=\log\pi_{+j}$，$\lambda_{ij}^{XY}=\log\pi_{ij}-\log\pi_{i+}-\log\pi_{+j}$，$i,j=1,2$. 参数 λ_{ij}^{XY} 表示两个变量 X 和 Y 的交互效应，说明一个属性变量对单元格期望频数的影响依赖于另一个属性变量. 响应变量 Y 的对数优势比由参数 λ_{ij}^{XY} 决定，

$$\begin{aligned}\log(\theta)&=\log\left(\frac{\mu_{11}/\mu_{12}}{\mu_{21}/\mu_{22}}\right)\\&=\log\mu_{11}+\log\mu_{22}-\log\mu_{12}-\log\mu_{21}\\&=(\lambda+\lambda_1^X+\lambda_1^Y+\lambda_{11}^{XY})+(\lambda+\lambda_2^X+\lambda_2^Y+\lambda_{22}^{XY})\\&\quad-(\lambda+\lambda_1^X+\lambda_2^Y+\lambda_{12}^{XY})-(\lambda+\lambda_2^X+\lambda_1^Y+\lambda_{21}^{XY})\\&=\lambda_{11}^{XY}-\lambda_{12}^{XY}-\lambda_{21}^{XY}+\lambda_{22}^{XY}\end{aligned}$$

当两个属性变量 X 和 Y 相互独立时，交互效应 λ_{ij}^{XY} 都等于 0，对数优势比等于 0.

考虑即时通信功能 X 与使用软件 Y 之间存在统计关联性，表 5.5 给出了饱和对数线

性模型的估计结果. λ_{ij}^{XY} 估计结果显示，使用微信的优势比为 $\exp(0.706)=2.026$. 即在注重即时通信功能情形下使用微信的优势是在不注重即时通信功能情形下使用微信的优势的 2.026 倍，注重即时通信功能的群体更倾向于使用微信.

表 5.5　即时通信功能与使用软件列联表的饱和对数线性模型估计

变量	系数估计	标准误	Z 统计量	P 值
截距	6.176	0.046	135.447	0.000
λ_1^X	−0.060	0.065	−0.916	0.360
λ_1^Y	0.997	0.053	18.679	0.000
λ_{11}^{XY}	0.706	0.074	9.558	0.000
拟合优度检验：$G^2(0)=0.000$；$X^2(0)=0.000$				

5.1.2　多维列联表对数线性模型

当属性变量个数大于 2 时，依据变量间的关联模式，可以构建五种形式的对数线性模型，分别是相互独立对数线性模型、联合独立对数线性模型、条件独立对数线性模型、齐次关联对数线性模型和存在三维交互效应一般模型. 下面以三维列联表为例，介绍多维列联表对数线性模型形式及参数解释.

1. 相互独立对数线性模型

由 X,Y,Z 三个属性变量构成的三维列联表中，单元格概率 π_{ijk} 表示 X 取第 i 个水平、Y 取第 j 个水平、Z 取第 k 个水平时的联合概率. 若对于所有的 i,j 和 k，有 $\pi_{ijk}=\pi_{i++}\pi_{+j+}\pi_{++k}$，则表示这三个变量相互独立. 表 5.6 给出了三个属性变量相互独立情形下的三维列联表.

表 5.6　三个属性变量相互独立情形下的三维列联表

即时通信功能	娱乐拓展功能	使用软件 $Z=1$	使用软件 $Z=2$
$X=1$	$Y=1$	$\mu_{111}=n\pi_{1++}\pi_{+1+}\pi_{++1}$	$\mu_{112}=n\pi_{1++}\pi_{+1+}\pi_{++2}$
	$Y=2$	$\mu_{121}=n\pi_{1++}\pi_{+2+}\pi_{++1}$	$\mu_{122}=n\pi_{1++}\pi_{+2+}\pi_{++2}$
$X=2$	$Y=1$	$\mu_{211}=n\pi_{2++}\pi_{+1+}\pi_{++1}$	$\mu_{212}=n\pi_{2++}\pi_{+1+}\pi_{++2}$
	$Y=2$	$\mu_{221}=n\pi_{2++}\pi_{+1+}\pi_{++1}$	$\mu_{222}=n\pi_{2++}\pi_{+2+}\pi_{++2}$

三个属性变量相互独立情形下单元格的期望频数为 $\mu_{ijk}=n\pi_{i++}\pi_{+j+}\pi_{++k}$. 两边同时取对数，则三个属性变量相互独立情形下的对数线性模型为

$$\log\mu_{ijk}=\lambda+\lambda_i^X+\lambda_j^Y+\lambda_k^Z \tag{5.3}$$

其中，$\lambda=\log n$，$\lambda_i^X=\log\pi_{i++}$，$\lambda_j^Y=\log\pi_{+j+}$，$\lambda_k^Z=\log\pi_{++k}$，$i,j,k=1,2$．模型(5.3)简记为模型$(X,Y,Z)$．模型(5.3)表明，在三个变量之间不存在统计关联性的情形下，任意两个变量既是边缘独立也是条件独立．需要注意的是，一般情况下多维列联表的属性变量之间都会存在一定的统计关联性，相互独立对数线性模型不一定能很好地拟合数据．将Z视为响应变量，参数λ_k^Z可用于计算响应变量Z的优势．限定$\lambda_2^Z=0$，响应变量Z的优势为$\exp(\lambda_1^Z)$．

利用表 5.1 中使用微信和 QQ 的调查数据，拟合三维列联表的对数线性模型．记即时通信功能为X，娱乐拓展功能为Y，使用软件为Z．三个属性变量相互独立情形下，模型估计结果见表 5.7．限定$\lambda_2^Z=0$，则$\lambda_1^Z=1.4$，即使用微信的优势估计是$\exp(1.4)=4.055$，表示使用微信的概率是使用 QQ 概率的 4.055 倍．

表 5.7　三维列联表的相互独立对数线性模型估计

变量	系数估计	标准误	Z 统计量	P 值
截距项	4.563	0.045	102.39	0.000
λ_1^X	0.499	0.030	16.63	0.000
λ_1^Y	0.985	0.033	30.12	0.000
λ_1^Z	1.400	0.037	38.33	0.000
拟合优度检验：$G^2(4)=228.108$；$X^2(4)=222.579$				

2. 联合独立对数线性模型

对于三个属性变量X,Y,Z的三维列联表，若对所有的i,j和k，有$\pi_{ijk}=\pi_{i+k}\pi_{+j+}$，称变量$Y$联合独立于二维变量$X$和$Z$，联合独立对数线性模型为

$$\log\mu_{ijk}=\lambda+\lambda_i^X+\lambda_j^Y+\lambda_k^Z+\lambda_{ik}^{XZ} \tag{5.4}$$

其中，$\lambda=\log n$，$\lambda_i^X=\log\pi_{i++}$，$\lambda_j^Y=\log\pi_{+j+}$，$\lambda_k^Z=\log\pi_{++k}$，$\lambda_{ik}^{XZ}=\log\pi_{i+k}-\log\pi_{i++}-\log\pi_{++k}$，$i,j,k=1,2$．模型(5.4)简记为$(Y,XZ)$．该模型表示变量$X$和$Z$之间存在统计关联性，变量$Y$与二维变量$(X,Z)$之间是相互独立的．参数$\lambda_{ik}^{XZ}$描述在变量$Y$取值给定的情形下，变量$X$和$Z$之间的条件优势比．限定$\lambda_{22}^{XZ}=0$，则变量$X$和$Z$的条件优势比为$\exp(\lambda_{11}^{XZ})$．

类似地，在三个属性变量X,Y,Z的三维列联表中，若对所有的i,j和k，有$\pi_{ijk}=\pi_{ij+}\pi_{++k}$，称变量$Z$联合独立于二维变量$(X,Y)$，联合独立对数线性模型为

$$\log\mu_{ijk}=\lambda+\lambda_i^X+\lambda_j^Y+\lambda_k^Z+\lambda_{ij}^{XY} \tag{5.5}$$

其中，$\lambda=\log n$，$\lambda_i^X=\log\pi_{i++}$，$\lambda_j^Y=\log\pi_{+j+}$，$\lambda_k^Z=\log\pi_{++k}$，$\lambda_{ij}^{XY}=\log\pi_{ij+}-\log\pi_{i++}-\log\pi_{+j+}$，$i,j,k=1,2$．模型(5.5)简记为$(Z,XY)$．

在三个属性变量X,Y,Z的三维列联表中，若对所有的i,j和k，有$\pi_{ijk}=\pi_{i++}\pi_{+jk}$，称变量$X$联合独立于二维变量$(Y,Z)$，联合独立对数线性模型为

$$\log\mu_{ijk}=\lambda+\lambda_i^X+\lambda_j^Y+\lambda_k^Z+\lambda_{jk}^{YZ} \tag{5.6}$$

其中，$\lambda=\log n$，$\lambda_i^X=\log\pi_{i++}$，$\lambda_j^Y=\log\pi_{+j+}$，$\lambda_k^Z=\log\pi_{++k}$，$\lambda_{jk}^{YZ}=\log\pi_{+jk}-\log\pi_{+j+}-\log\pi_{++k}$，$i,j,k=1,2$．模型(5.6)简记为$(X,YZ)$．

在使用微信和 QQ 的案例中，假设即时通信功能和使用软件之间存在统计关联性，而娱乐拓展功能联合独立于即时通信功能和使用软件．为了描述即时通信功能和使用软件之间的关联大小，拟合联合独立对数线性模型，模型估计结果如表 5.8 所示．参数 $\lambda_{11}^{XZ}=0.706$，表明控制娱乐拓展功能取值水平的情形下，即时通信功能和使用软件的条件优势比为 $\exp(0.706)=2.026$．无论是否关注娱乐拓展功能，关注即时通信功能而使用微信的优势是不关注通信功能而使用微信的优势的 2.026 倍．参数 λ_1^X 未通过变量显著性检验，在原假设为 $\lambda_1^X=0$ 下，表明 λ_1^X 的取值与 0 无显著差异，这意味着关注即时通信功能的概率与不关注即时通信的概率基本相等．

表 5.8　三维列联表的联合独立对数线性模型 (Y,XZ) 估计

变量	系数估计	标准误	Z 统计量	P 值
截距	4.873	0.051	94.739	0.000
λ_1^X	–0.059	0.065	–0.916	0.360
λ_1^Y	0.985	0.033	30.124	0.000
λ_1^Z	0.997	0.053	18.679	0.000
λ_{11}^{XZ}	0.706	0.074	9.558	0.000
拟合优度检验：$G^2(3)=137.002$；$X^2(3)=131.009$				

3．条件独立对数线性模型

在三个属性变量 X,Y,Z 的三维列联表中，若对所有的 i,j 和 k，有 $\pi_{ijk}=\pi_{i+k}\pi_{+jk}/\pi_{++k}$，等价于 $\pi_{ij|k}=\pi_{i+|k}\pi_{+j|k}$，表明在给定 Z 取值的情形下，解释变量 X 和 Y 条件独立．条件独立对数线性模型为

$$\log\mu_{ijk}=\lambda+\lambda_i^X+\lambda_j^Y+\lambda_k^Z+\lambda_{ik}^{XZ}+\lambda_{jk}^{YZ} \tag{5.7}$$

其中，$\lambda=\log n$，$\lambda_i^X=\log\pi_{i++}$，$\lambda_j^Y=\log\pi_{+j+}$，$\lambda_k^Z=\log\pi_{++k}$，$\lambda_{ik}^{XZ}=\log\pi_{i+k}-\log\pi_{i++}-\log\pi_{++k}$，$\lambda_{jk}^{YZ}=\log\pi_{+jk}-\log\pi_{+j+}-\log\pi_{++k}$，$i,j,k=1,2$．模型(5.7)简记为$(XZ,YZ)$．模型(5.7)表示，给定 X 取值情形下，Y 和 Z 之间存在统计关联性；给定 Y 取值情形下，X 和 Z 之间存在统计关联性；给定变量 Z 取值情形下，变量 X 和 Y 之间存在统计独立性．参数 λ_{ik}^{XZ} 可用于决定在变量 Y 取值给定时，X 和 Z 之间的条件优势比，即限定 $\lambda_{22}^{XZ}=0$，则 X 和 Z 的条件优势比为 $\exp(\lambda_{11}^{XZ})$．同理，限定 $\lambda_{22}^{YZ}=0$，则 Y 和 Z 的条件优势比为 $\exp(\lambda_{11}^{YZ})$．

类似地，在三个属性变量 X,Y,Z 的三维列联表中，若对所有的 i,j 和 k，有 $\pi_{ijk}=\pi_{ij+}\pi_{+jk}/\pi_{+j+}$，条件独立对数线性模型为

$$\log\mu_{ijk}=\lambda+\lambda_i^X+\lambda_j^Y+\lambda_k^Z+\lambda_{ij}^{XY}+\lambda_{jk}^{YZ} \tag{5.8}$$

其中，$\lambda=\log n$，$\lambda_i^X=\log\pi_{i++}$，$\lambda_j^Y=\log\pi_{+j+}$，$\lambda_k^Z=\log\pi_{++k}$，$\lambda_{ij}^{XY}=\log\pi_{ij+}-\log\pi_{i++}-\log\pi_{+j+}$，$\lambda_{jk}^{YZ}=\log\pi_{+jk}-\log\pi_{+j+}-\log\pi_{++k}$，$i,j,k=1,2$. 模型(5.8)简记为$(XY,YZ)$.

在三个属性变量X,Y,Z的三维列联表中，若对所有的i,j和k，有$\pi_{ijk}=\pi_{ij+}\pi_{i+k}/\pi_{i++}$，条件独立对数线性模型为

$$\log\mu_{ijk}=\lambda+\lambda_i^X+\lambda_j^Y+\lambda_k^Z+\lambda_{ij}^{XY}+\lambda_{ik}^{XZ} \tag{5.9}$$

其中，$\lambda=\log n$，$\lambda_i^X=\log\pi_{i++}$，$\lambda_j^Y=\log\pi_{+j+}$，$\lambda_k^Z=\log\pi_{++k}$，$\lambda_{ik}^{XZ}=\log\pi_{i+k}-\log\pi_{i++}-\log\pi_{++k}$，$\lambda_{ij}^{XY}=\log\pi_{ij+}-\log\pi_{i++}-\log\pi_{+j+}$，$i,j,k=1,2$. 模型(5.9)简记为$(XY,XZ)$.

在使用微信和QQ的案例中，给定即时通信功能X取值的情形下，娱乐拓展功能Y和使用软件Z之间条件独立. 而即时通信功能X与娱乐拓展功能Y之间存在统计关联性；即时通信功能X与使用软件Z之间存在统计关联性. 为了描述即时通信X与娱乐拓展功能Y之间的统计关联性，以及即时通信功能X与使用软件Z之间的统计关联性，建立条件关联对数线性模型，模型估计结果如表5.9所示. 表5.9显示，参数λ_{11}^{XY}的估计为-0.787，在给定使用软件Z取值的情形下，即时通信功能X与娱乐拓展功能Y的条件优势比为$\exp(-0.787)=0.455$. 无论是否使用微信，关注即时通信功能也关注娱乐拓展功能的优势是不关注即时通信功能而关注娱乐拓展功能的优势的0.455倍. 参数λ_{11}^{XZ}的估计为0.706，在给定娱乐拓展功能Y取值的情形下，即时通信功能X和使用软件Z的条件优势比为$\exp(0.706)=2.026$. 无论是否关注娱乐拓展功能，关注即时通信功能而使用微信的优势是不关注即时通信功能而使用微信的优势的2.026倍. 关注即时通信功能的群体更频繁使用微信.

表 5.9 三维列联表的条件独立对数线性模型估计

变量	系数估计	标准误	Z统计量	P值
截距	4.467	0.068	65.758	0.000
λ_1^X	0.531	0.087	6.124	0.000
λ_1^Y	1.509	0.061	24.546	0.000
λ_1^Z	0.997	0.053	18.679	0.000
λ_{11}^{XY}	−0.787	0.073	−10.788	0.000
λ_{11}^{XZ}	0.706	0.074	9.558	0.000

拟合优度检验：$G^2(2)=12.774$；$X^2(2)=12.904$

概括来看，相互独立对数线性模型、联合独立对数线性模型和条件独立对数线性模型反映了属性变量之间统计关联性的多样性. 属性变量之间统计关联性越多，对数线性模型中交互效应项越多，模型的统计关联性越复杂.

4. 齐次关联对数线性模型

在三个属性变量X,Y,Z的三维列联表中，若三对变量X和Y、Y和Z、X和Z都是

条件关联的，对数线性模型为

$$\log \mu_{ijk} = \lambda + \lambda_i^X + \lambda_j^Y + \lambda_k^Z + \lambda_{ij}^{XY} + \lambda_{ik}^{XZ} + \lambda_{jk}^{YZ} \tag{5.10}$$

该模型被称为齐次关联模型，简记为(XY,XZ,YZ)．齐次关联模型表示在给定任意一个变量取值的情形下，其余两个变量之间的条件优势比都相等．齐次关联模型的三个最高阶项反映了三对变量的条件优势比．例如，当响应变量Z取值为k时，变量X和Y之间的对数优势比为

$$\begin{aligned}\log\theta_{XY(k)} &= \log\left(\frac{\mu_{11k}\mu_{22k}}{\mu_{12k}\mu_{21k}}\right)\\ &= \log\mu_{11k} + \log\mu_{22k} - \log\mu_{12k} - \log\mu_{21k}\\ &= \lambda_{11}^{XY} + \lambda_{22}^{XY} - \lambda_{12}^{XY} - \lambda_{21}^{XY}\end{aligned}$$

上式显示，变量X和Y之间的对数优势比与变量Z的取值无关．同样地，变量X和Z之间的对数优势比与变量Y的取值无关，变量Y和Z之间的对数优势比与变量X的取值无关．

在使用微信和QQ的调查数据中，对于三个变量即时通信功能X、娱乐拓展功能Y和使用软件Z，假定变量两两之间都存在统计关联性，利用齐次关联模型拟合数据，模型估计结果见表5.10．与表5.9对比，参数λ_{11}^{XY}和参数λ_{11}^{XZ}的估计结果差异不大．参数λ_{11}^{YZ}的估计为-0.009，标准误为 0.086，原假设$\lambda_{11}^{YZ}=0$是统计不显著的．在给定变量X取值的情形下，变量Y和Z的条件优势比为 1，没有充分证据说明两变量之间是统计独立的．

表 5.10　齐次关联对数线性模型估计

变量	系数估计	标准误	Z统计量	P值
λ	4.462	0.085	52.350	0.000
λ_1^X	0.531	0.087	6.121	0.000
λ_1^Y	1.516	0.088	17.260	0.000
λ_1^Z	1.004	0.088	11.380	0.000
λ_{11}^{XY}	–0.786	0.074	–10.678	0.000
λ_{11}^{XZ}	0.705	0.075	9.407	0.000
λ_{11}^{YZ}	–0.009	0.086	–0.104	0.918

拟合优度检验：$G^2(1)=12.763$；$X^2(1)=12.924$

5．含三阶交互效应的一般模型

对于所有的i,j和k，若概率π_{ijk}没有约束，三维列联表对数线性模型的一般形式为

$$\log \mu_{ijk} = \lambda + \lambda_i^X + \lambda_j^Y + \lambda_k^Z + \lambda_{ij}^{XY} + \lambda_{ik}^{XZ} + \lambda_{jk}^{YZ} + \lambda_{ijk}^{XYZ} \tag{5.11}$$

该模型也称为三维列联表的饱和模型，简记为(XYZ)．饱和模型能够很好地拟合原始数据．

但是在实践中，由于非饱和模型的拟合结果平滑了原始数据，具有更简约形式，更易于解释，因此更倾向于应用非饱和模型. λ_{ijk}^{XYZ} 为三阶交互效应，反映了任意两个变量的优势比如何随着第三个变量取值改变而变动.

$$\log\left(\frac{\theta_{11(1)}}{\theta_{11(2)}}\right)=\log\left(\frac{(\mu_{111}\mu_{221})/(\mu_{121}\mu_{211})}{(\mu_{112}\mu_{222})/(\mu_{122}\mu_{212})}\right)$$

$$=\left(\lambda_{111}^{XYZ}+\lambda_{221}^{XYZ}-\lambda_{121}^{XYZ}-\lambda_{211}^{XYZ}\right)-\left(\lambda_{112}^{XYZ}+\lambda_{222}^{XYZ}-\lambda_{122}^{XYZ}-\lambda_{212}^{XYZ}\right)$$

限定属性变量水平值为 1 类别的参数设定为零，对数优势比 $\log\left(\theta_{11(1)}/\theta_{11(2)}\right)$ 等于 λ_{111}^{XYZ}. 若 $\lambda_{111}^{XYZ}=0$，即 $\theta_{11(1)}/\theta_{11(2)}=1$，变量 X 和 Y 之间存在齐次关联性.

对于使用微信和 QQ 软件的调查数据，建立三维列联表的对数线性饱和模型，模型估计结果见表 5.11. 参数 $\lambda_{111}^{XYZ}=-0.624$，表明随着响应变量 Z 取值的变化，X 和 Y 的优势比为 $\exp(-0.624)=0.536$. 对于所有调查者，在使用微信群体中同时关注即时通信功能和娱乐拓展功能的优势是使用 QQ 群体中同时关注即时通信和娱乐拓展功能的优势的 0.536 倍，同时关注即时通信和娱乐拓展的群体更倾向于使用 QQ.

表 5.11　三维列联表的对数线性饱和模型估计

变量	系数估计	标准误	Z 统计量	P 值
λ	4.673	0.097	48.336	0.000
λ_1^X	0.171	0.131	1.306	0.192
λ_1^Y	1.251	0.110	11.415	0.000
λ_1^Z	0.702	0.118	5.942	0.000
λ_{11}^{XY}	−0.309	0.152	−2.037	0.042
λ_{11}^{XZ}	1.180	0.152	7.770	0.000
λ_{11}^{YZ}	0.364	0.133	2.750	0.006
λ_{111}^{XYZ}	−0.624	0.174	−3.582	0.000
拟合优度检验：$G^2(0)=0.000$；$X^2(0)=0.000$				

5.1.3　列联表对数线性模型的估计方法

列联表对数线性模型的参数主要使用最大似然估计法. 不同关联模式的对数线性模型估计方法存在一定差异. 以三维列联表对数线性模型为例进行讨论.

在三维列联表中，单元格观测频数 n_{ijk} 的联合泊松分布概率为

$$L(\mu)=\prod_{i=1}^{I}\prod_{j=1}^{J}\prod_{k=1}^{K}\left(\mathrm{e}^{-\mu_{ijk}}\mu_{ijk}^{n_{ijk}}\Big/n_{ijk}!\right)$$

对数似然函数为

$$l(\mu)=\sum_{i=1}^{I}\sum_{j=1}^{J}\sum_{k=1}^{K}n_{ijk}\log(\mu_{ijk})-\sum_{i=1}^{I}\sum_{j=1}^{J}\sum_{k=1}^{K}\mu_{ijk}-\sum_{i=1}^{I}\sum_{j=1}^{J}\sum_{k=1}^{K}\log(n_{ijk}!)$$

对于相互独立对数线性模型、联合独立对数线性模型、条件独立对数线性模型、齐次关联对数线性模型、饱和对数线性模型，最小充分统计量往往是高阶交互效应的观测频数. 例如，条件独立模型 (XY,YZ) 的最小充分统计量是二阶交互效应的观测频数 n_{ij+},n_{+jk}. 参数 μ_{ijk} 的最大似然估计记为 $\hat{\mu}_{ijk}$. 为了求解对数似然函数 $l(\mu)$ 的最大值，令 $l(\mu)$ 的一阶导数为 0，直接求解方程，得到 $\hat{\mu}_{ijk}$. 以模型 (XZ,YZ) 为例，对于所有的 i,j 和 k，$\pi_{ijk}=\pi_{i+k}\pi_{+jk}/\pi_{++k}$. 令 $\pi_{ijk}=\mu_{ijk}/n$，则 $\mu_{ijk}=\mu_{i+k}\,\mu_{+jk}/\mu_{++k}$. 当最大似然函数达到最大时，$\hat{\mu}_{i+k}=n_{i+k}$，$\hat{\mu}_{+jk}=n_{+jk}$，$\hat{\mu}_{++k}=n_{++k}$，则

$$\hat{\mu}_{ijk}=\frac{\hat{\mu}_{i+k}\hat{\mu}_{+jk}}{\hat{\mu}_{++k}}=\frac{n_{i+k}n_{+jk}}{n_{++k}}$$

在复杂情况下，许多对数线性模型的最大似然函数 $l(\mu)$ 不能直接求解，需要使用迭代法得到最大似然估计. 代表性的迭代法有 Newton-Raphson 算法和迭代比例拟合算法(iterative proportional fitting algorithm). 关于迭代算法不再赘述，感兴趣的读者可参考相关文献. 表 5.12 给出了三维列联表对数线性模型的最大似然估计.

表 5.12　三维列联表对数线性模型

关联类型	对数线性模型	拟合值
相互独立	$\log\mu_{ijk}=\lambda+\lambda_i^X+\lambda_j^Y+\lambda_k^Z$	$\hat{\mu}_{ijk}=\dfrac{n_{i++}n_{+j+}n_{++k}}{n^2}$
联合独立	$\log\mu_{ijk}=\lambda+\lambda_i^X+\lambda_j^Y+\lambda_k^Z+\lambda_{ik}^{XZ}$	$\hat{\mu}_{ijk}=\dfrac{n_{ij+}n_{++k}}{n}$
条件独立	$\log\mu_{ijk}=\lambda+\lambda_i^X+\lambda_j^Y+\lambda_k^Z+\lambda_{ik}^{XZ}+\lambda_{jk}^{YZ}$	$\hat{\mu}_{ijk}=\dfrac{n_{ij+}n_{i+k}}{n_{i++}}$
齐次关联	$\log\mu_{ijk}=\lambda+\lambda_i^X+\lambda_j^Y+\lambda_k^Z+\lambda_{ij}^{XY}+\lambda_{ik}^{XZ}+\lambda_{jk}^{YZ}$	迭代法
饱和模型	$\log\mu_{ijk}=\lambda+\lambda_i^X+\lambda_j^Y+\lambda_k^Z+\lambda_{ij}^{XY}+\lambda_{ik}^{XZ}+\lambda_{jk}^{YZ}+\lambda_{ijk}^{XYZ}$	$\hat{\mu}_{ijk}=n_{ijk}$

5.1.4　列联表对数线性模型的统计检验

从使用微信和 QQ 软件的案例可以看出，有多种不同设定的对数线性模型可供选择. 本节将介绍有关对数线性模型的统计检验和模型选择的方法.

1. 对数线性模型的拟合优度检验

列联表对数线性模型的拟合优度检验的原假设 H_0 和备择假设 H_1 分别为

H_0: 给定的对数线性模型成立；　H_1: 给定的对数线性模型不成立

常用的拟合优度检验方法是比较各个单元格频数的拟合值，即理论期望频数与实际观测

频数之间的差异程度. 拟合优度检验的统计量是似然比统计量和 Pearson 卡方统计量. 似然比统计量为

$$G^2 = 2\sum n_{ijk} \log\left(\frac{n_{ijk}}{\hat{\mu}_{ijk}}\right) \tag{5.12}$$

Pearson 卡方统计量为

$$\chi^2 = \sum \frac{\left(n_{ijk} - \hat{\mu}_{ijk}\right)^2}{\hat{\mu}_{ijk}} \tag{5.13}$$

其中, n_{ijk} 为观测频数, $\hat{\mu}_{ijk}$ 为模型拟合值. 直观地看, 给定模型自由度, G^2 和 χ^2 统计量的值越小, 观测频数 n_{ijk} 和模型拟合值 $\hat{\mu}_{ijk}$ 差异越小, 模型拟合越好. 在样本量充分大的情况下, 两个统计量近似服从卡方分布, 自由度为单元格个数与模型非冗余参数个数的差值. 模型越复杂, 自由度越小. 含三阶交互效应的饱和对数线性模型的自由度为 0. 若似然比统计量 G^2 和卡方统计量 χ^2 大于给定自由度下卡方分布的临界值, 则有充分证据拒绝原假设; 反之, 没有充分证据拒绝原假设.

在使用微信和 QQ 软件的调查案例中, 表 5.13 给出了不同关联模式的对数线性模型拟合优度检验统计量. 从似然比统计量和卡方统计量可以看出, 饱和模型的自由度为 0, 两个检验统计量都为 0. 条件关联模型 (XY,XZ) 和齐次关联模型 (XY,XZ,YZ) 的自由度大于 0, 检验统计量相对最小. 在这两个模型中, 条件关联模型 (XY,XZ) 的模型形式更简单, 故采用该模型对本案例的数据进行拟合. 条件关联模型 (XY,XZ) 的估计结果(表 5.9)显示, 三个属性变量之间存在的统计关联模式是, 给定即时通信功能水平下, 娱乐拓展功能与使用软件之间条件独立. 表 5.14 给出了条件关联模型 (XY,XZ) 的拟合结果, 括号内为单元格的原始数据.

表 5.13 不同关联模式的对数线性模型拟合优度检验统计量

模型	自由度	似然比统计量	卡方统计量	卡方分布临界值
(X,Y,Z)	4	228.108	222.578	9.49
(Z,XY)	3	103.880	107.121	7.81
(Y,XZ)	3	137.002	131.009	7.81
(X,YZ)	3	225.398	215.735	7.81
(XY,XZ)	2	12.774	12.904	5.99
(XY,YZ)	2	101.170	107.403	5.99
(XZ,YZ)	2	134.293	127.076	5.99
(XY,XZ,YZ)	1	12.763	12.924	3.84
(XYZ)	0	0.000	0.000	—

表 5.14 (XY, XZ) 模型的拟合结果

即时通信功能	娱乐拓展功能	使用软件	
		1	0
1	1	1673.123(1652)	304.877(326)
	0	812.877(834)	148.123(127)
0	1	1067.087(1087)	393.913(374)
	0	235.913(216)	87.087(107)

2. 条件关联性检验

对于属性变量间的某个条件关联关系，通过比较含有该种关联形式的对数线性模型与不含有这种关联形式的对数线性模型之间差异进行检验. 例如，为了检验变量 X 和 Y 之间是否条件独立，检验的原假设和备择假设为

$$H_0: \lambda_{ij}^{XY}=0;\quad H_1: \lambda_{ij}^{XY}\neq 0 \tag{5.14}$$

似然比统计量为$G^2(XZ,YZ)-G^2(XY,XZ,YZ)$. 在大样本情形下，统计量近似服从卡方分布，自由度为$(I-1)(J-1)$. 若似然比统计量的值大于卡方统计量的临界值，有充分证据说明原假设不成立，在统计意义下变量 X 和 Y 之间存在条件关联；反之，在统计意义下变量 X 和 Y 之间不存在条件关联.

在使用微信和QQ软件的调查案例中，检验娱乐拓展功能和使用软件之间的条件关联(X,YZ)是否存在. 条件关联模型(XY,XZ)的似然比统计量$G^2(XY,XZ)=12.774$，齐次关联模型(XY,XZ,YZ)的似然比统计量为$G^2(XY,XZ,YZ)=12.763$. 针对$H_0:\lambda_{jk}^{YZ}=0$的假设检验，似然统计量为$G^2(XY,XZ)-G^2(XY,XZ,YZ)=0.011$，自由度为 1. 在置信水平 95%下，卡方统计量临界值为$\chi^2_{0.05}(1)=3.84$. 检验统计量观测值小于临界值，没有充分证据拒绝原假设，在统计意义下变量 Y 和 Z 之间不存在条件关联.

3. 条件优势比的置信区间

在实际应用中，有时关注属性变量关联程度的大小，给出条件优势比的置信区间估计. 列联表对数线性模型的参数解释为两个变量之间的对数优势比. 参数估计量渐近服从正态分布. 利用参数估计值及其标准误估计，构建给定置信概率水平下参数的置信区间，对其指数化得到优势比的置信区间.

在使用微信和 QQ 软件的调查案例中，对于条件关联模型(XY,XZ)，表 5.9 给出了即时通信功能和使用软件之间的对数条件优势比 $\lambda_{11}^{XZ}=0.706$. 在置信概率 95%下，条件优势比的置信区间的置信上限为

$$\exp(\lambda_{11}^{XZ}+1.96\times \mathrm{SE})=\exp(0.706+1.96\times 0.074)=2.342$$

置信下限为

$$\exp(\lambda_{11}^{XZ}-1.96\times \mathrm{SE})=\exp(0.706-1.96\times 0.074)=1.752$$

给定娱乐拓展功能水平，在置信概率 95%下，即时通信功能和使用软件之间的条件优势比的置信区间为(1.752, 2.342).

5.2 某旅游公司的出国游意愿网络调查

本节分析某旅游公司的网络调查数据, 调查的问题是游客出国游意愿. 为了简化分析过程, 这里假定调查样本来自简单随机抽样.

5.2.1 问题陈述

"一带一路"为中国旅游业发展带来了巨大的机遇. 旅游业逐渐成为推动中国第三产业发展的重要力量. 随着中国国民收入水平的提高, 越来越多的游客选择出境游, 旅游线路遍布世界各国. 相关统计显示, 中青年群体是中国出境游的主体. "世界这么大, 我想出去看看"流行语反映越来越多的职场中青年群体有着强烈的出国游意愿, 将旅游视为调整生活的一种方式.

旅游产品是指旅游公司向游客提供的一次旅游活动的所有服务, 如飞机票、酒店、门票等. 旅游产品的设计至关重要, 好的旅游产品应能较好地实现对游客的个性化定制, 以吸引更多的游客. 某家新兴旅游公司计划针对其所在地区的职场中青年设计具有强吸引力的出境旅游产品, 为了解职场中青年出境游的意愿与偏好, 开展了专项调查. 调查目标之一是发现旅游产品特点与中青年出国游意愿的关联性, 为旅游公司宣传和营销旅游产品提供决策支持.

5.2.2 变量选择

该旅游公司设计了网络调查问卷, 调查方式选择为网络调查, 调查对象是在其网站注册会员中年龄在 18～50 岁群体, 旨在了解旅游产品的特点是否能引起用户的出国游意愿. 依据该旅游公司的历史经验以及其他同行相关旅游产品的设计特点, 该旅游公司重点考察旅游产品的舒适度以及旅游时长两个因素与出国游意愿之间的关联性.

旅游产品的舒适度主要指旅途中住宿酒店的类型(高档型、快捷连锁型)、交通工具(飞机头等舱、普通舱; 高铁一等座、二等座; 等等)、特色餐饮(是否包含当地美食)等等. 若旅游产品提供较高舒适度的服务则称为轻奢型; 反之, 若只提供一般性舒适度的服务称为实惠型. 显然, 轻奢型旅游产品价格高于普通型旅游产品.

对于职场中青年群体来说, 旅游时长是出国游意愿的重要影响因素. 旅游时间过短容易造成旅游疲劳, 旅游时间过长也会受到工作时间的约束. 一般情况下, 职场的中青年会利用国庆节、春节、劳动节等节假日期间或利用公司年假期间旅游. 绝大多数出国游需要较长的旅游时间, 例如,"欧洲五国 13 日游""马尔代夫七日自由行""美国西海岸 12 日游"等. 很多国内游、国外游的产品设计将七日作为标准, 分为大于七日和七日以内. 综上, 该旅游公司的出国游调查主要考察旅游产品舒适度与旅游时长两个属性变量对出国游意愿的影响.

5.2.3 数据收集

调查共回收有效问卷 $n=1000$ 份. 对数据进行预处理, 为了便于数据分析将舒适度、旅游时长和出国游意愿视为三个属性变量, 每个属性变量有两个水平取值. 舒适度记为 C,

$C=1$ 表示轻奢型产品, $C=0$ 表示实惠型产品; 旅游时长记为 T, $T=1$ 表示旅游产品的旅游时长大于七日, $T=0$ 表示旅游产品的旅游时长在七日以内; 出国游意愿记为 Y, $Y=1$ 表示有出国游意愿, $Y=0$ 表示无出国游意愿. 以舒适度、旅游时长为解释变量, 出国游意愿为响应变量, 编制三维列联表, 如表 5.15 所示.

表 5.15 出国游意愿调查数据的三维列联表

舒适度 (C)	旅游时长 (T)	出国游意愿(Y)	
		有出国游意愿($Y=1$)	无出国游意愿($Y=0$)
轻奢($C=1$)	大于七日($T=1$)	232	127
	七日以内($T=0$)	69	193
实惠($C=0$)	大于七日($T=1$)	169	61
	七日以内($T=0$)	54	95

由表 5.15 计算可知, 1000 名被调查者中, 有出国游意愿者占比为 52.4%, 无出国游意愿者占比为 47.6%. 偏好于轻奢型旅游产品的占比为 62.1%, 偏好于实惠型旅游产品的占比为 37.9%. 偏好于旅游时长大于七日的占比为 58.9%, 偏好于旅游时长在七日以内的占比为 41.1%. 图 5.1 描述了分别考虑舒适度和出国游意愿、旅游时长和出国游意愿的条形图. 从图5.1 中看出, 无论有无出国游意愿, 被调查者均倾向于轻奢型的旅游产品; 有出国意愿的被调查者与无出国意愿的被调查者旅游时长的偏好存在明显差异, 前者更倾向于大于七日的旅游产品, 而后者更倾向于七日以内的旅游产品.

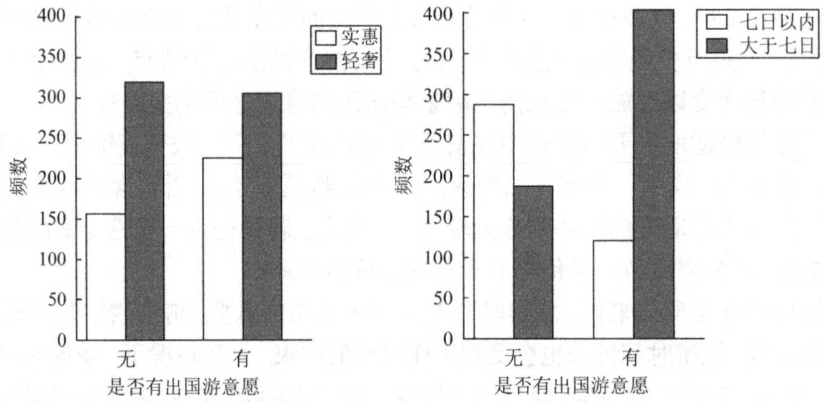

图 5.1 舒适度与出国游意愿、旅游时长与出国游意愿的条形图

5.2.4 出国游意愿模型的建立

采用列联表对数线性模型研究舒适度、旅游时长和出国游意愿之间的关联模式和关联度, 为不同游客设计差异化的旅游产品. 事先不易确定被调查者对舒适度、旅游时长和出国游意愿之间存在哪种关联模式, 尝试建立所有 9 种可能的对数线性模型.

(1) 舒适度、旅游时长和出国游意愿是相对独立的情形.

在舒适度、旅游时长和出国游意愿是相对独立的情形下, 舒适度、旅游时长和出国游意愿相互独立, 设定模型 (C,T,Y) 为

$$\log\mu_{ijk}=\lambda+\lambda_i^C+\lambda_j^T+\lambda_k^Y$$

(2) 舒适度和旅游时长之间存在统计关联性的情形.

如果旅游时间长的群体希望更高的舒适度, 意味着舒适度与旅游时长之间存在统计关联性. 在舒适度和旅游时长之间存在统计关联性的情形下, 其余变量间不存在统计关联性, 设定模型 (CT,Y) 为

$$\log\mu_{ijk}=\lambda+\lambda_i^C+\lambda_j^T+\lambda_k^Y+\lambda_{ij}^{CT}$$

(3) 舒适度和出国游意愿之间存在统计关联性的情形.

如果舒适度高的产品更受偏好出国游旅客的欢迎, 意味着舒适度与出国游意愿之间存在统计关联性. 在舒适度和出国游意愿之间存在统计关联性的情形下, 其余变量间不存在统计关联性, 设定模型 (CY,T) 为

$$\log\mu_{ijk}=\lambda+\lambda_i^C+\lambda_j^T+\lambda_k^Y+\lambda_{ik}^{CY}$$

(4) 旅游时长和出国游意愿之间存在统计关联性的情形.

如果更长旅游时间容易得到出国游旅客的偏好, 旅游时长和出国游意愿之间存在统计关联性. 在旅游时长和出国游意愿之间存在统计关联性的情形下, 其余变量之间不存在统计关联性, 设定模型 (TY,C) 为

$$\log\mu_{ijk}=\lambda+\lambda_i^C+\lambda_j^T+\lambda_k^Y+\lambda_{jk}^{TY}$$

(5) 舒适度分别与旅游时长、出国游意愿之间存在统计关联性的情形.

在舒适度分别与旅游时长、出国游意愿之间存在统计关联性的情形下, 舒适度会影响游客的旅游时长, 与出国游意愿有关联. 在舒适度水平一定时, 旅游时长与出国游意愿之间不存在统计关联性. 设定模型 (CT,CY) 为

$$\log\mu_{ijk}=\lambda+\lambda_i^C+\lambda_j^T+\lambda_k^Y+\lambda_{ij}^{CT}+\lambda_{ik}^{CY}$$

(6) 旅游时长分别与舒适度、出国游意愿之间存在统计关联性的情形.

在旅游时长分别与舒适度、出国游意愿之间存在统计关联性的情形下, 认为旅游时长对旅游舒适度有影响, 对出国游意愿有影响. 在旅游时长给定时, 舒适度与出国游意愿之间无统计关联性. 设定模型 (CT,TY) 为

$$\log\mu_{ijk}=\lambda+\lambda_i^C+\lambda_j^T+\lambda_k^Y+\lambda_{ij}^{CT}+\lambda_{jk}^{TY}$$

(7) 出国游意愿分别与舒适度、旅游时长之间存在统计关联性的情形.

在出国游意愿分别与舒适度、旅游时长之间存在统计关联性的情形下, 出国游意愿既受舒适度影响, 又受旅游时长影响. 在出国游意愿给定时, 舒适度与旅游时长之间无统计关联性. 设定模型 (CY,TY) 为

$$\log\mu_{ijk}=\lambda+\lambda_i^C+\lambda_j^T+\lambda_k^Y+\lambda_{ik}^{CY}+\lambda_{jk}^{TY}$$

(8) 舒适度、旅游时长和出国游意愿两两之间存在统计关联性的情形.

在舒适度、旅游时长和出国游意愿两两之间存在统计关联性的情形下, 舒适度、旅游时

长和出国游意愿两两之间存在统计关联，相互影响. 设定模型 (CT,CY,TY) 为

$$\log \mu_{ijk} = \lambda + \lambda_i^C + \lambda_j^T + \lambda_k^Y + \lambda_{ij}^{CT} + \lambda_{ik}^{CY} + \lambda_{jk}^{TY}$$

(9) 舒适度、旅游时长和出国游意愿三者之间存在统计关联性的情形.

在舒适度、旅游时长和出国游意愿三者之间存在统计关联性的情形下，舒适度、旅游时长和出国游意愿两两之间存在统计关联性，三者之间也存在统计关联型. 设定模型 (CTY) 为

$$\log \mu_{ijk} = \lambda + \lambda_i^C + \lambda_j^T + \lambda_k^Y + \lambda_{ij}^{CT} + \lambda_{ik}^{CY} + \lambda_{jk}^{TY} + \lambda_{ijk}^{CTY}$$

分别采用上述的对数线性模型拟合单元格频数，进行出国游意愿建模，选择最优拟合模型，分析舒适度、旅游时长和出国游意愿之间的关联关系. 依据关联关系，计算条件优势比，描述变量之间的关联程度.

5.2.5 模型拟合

上述 9 个对数线性模型的拟合结果见表 5.16. 在表 5.16 中，除了饱和模型 (CTY) 以外，模型 (CY,TY) 和模型 (CT,CY,TY) 的拟合结果最接近原始数据，其他模型拟合效果不好.

表 5.16 对数线性模型拟合值

舒适度	旅游时长	出国游意愿	实际数据	模型			
				(C,T,Y)	(CT,Y)	(TY,C)	(CY,T)
轻奢	大于七日	有	232	191.663	188.116	249.021	177.289
		无	127	174.106	170.884	116.748	188.480
	七日以内	有	69	133.741	137.288	76.383	123.711
		无	193	121.490	124.712	178.848	131.520
实惠	大于七日	有	169	116.973	120.520	151.979	131.347
		无	61	106.258	109.480	71.252	91.884
	七日以内	有	54	81.623	78.076	46.617	91.653
		无	95	74.146	70.924	109.152	64.116

舒适度	旅游时长	出国游意愿	模型				
			(CT,CY)	(CT,TY)	(CY,TY)	(CT,CY,TY)	(CTY)
轻奢	大于七日	有	174.008	244.413	**230.345**	**231.433**	232
		无	184.992	114.587	**126.387**	**127.567**	127
	七日以内	有	126.992	78.409	**70.655**	**69.567**	69
		无	135.008	183.591	**193.613**	**192.433**	193
实惠	大于七日	有	135.330	156.587	**170.655**	**169.567**	169
		无	94.670	73.413	**61.613**	**60.433**	61
	七日以内	有	87.670	44.591	**52.345**	**53.433**	54
		无	61.330	104.409	**94.387**	**95.567**	95

5.2.6　模型评价和选择

1. 模型选择

基于似然比统计量和 Pearson 卡方统计量，分别对上述 9 个不同关联模式的对数线性模型进行统计检验. 统计检验的原假设和备择假设分别为

H_0: 待检验的对数线性模型成立;　H_1: 待检验的对数线性模型不成立

似然比统计量 G^2 和 Pearson 卡方统计量 χ^2 为

$$G^2 = 2\sum n_{ijk}\log\left(\frac{n_{ijk}}{\hat{\mu}_{ijk}}\right)$$

$$\chi^2 = \sum\frac{\left(n_{ijk}-\hat{\mu}_{ijk}\right)^2}{\hat{\mu}_{ijk}}$$

似然比统计量 G^2 和 Pearson 卡方统计量 χ^2 的值越小，表示模型拟合越好. 表 5.17 给出了 9 个模型的似然比统计量观测值、卡方统计量观测值、模型自由度以及在显著性水平 5% 下的卡方分布临界值. 由表 5.17 可知，除了含三阶交互效应的饱和模型 (CTY) 以外，剩余的 8 个模型中只有模型 (CY,TY) 和模型 (CT,CY,TY) 的似然比统计量 G^2 观测值和卡方统计量 χ^2 观测值小于给定自由度的卡方分布临界值. 这两个模型的似然比统计量和卡方统计量的观测值十分接近，在统计意义下两个对数线性模型是等价的.

表 5.17　模型拟合优度检验

模型	似然比统计量 G^2 观测值	卡方统计量 χ^2 观测值	自由度	卡方分布临界值
(C,T,Y)	154.959	152.296	4	9.49
(CT,Y)	154.153	149.433	3	7.81
(TY,C)	10.317	10.283	3	7.81
(CY,T)	144.775	141.393	3	7.81
(CT,CY)	143.970	140.668	2	5.99
(CT,TY)	9.511	9.502	2	5.99
(CY,TY)	0.134	0.134	2	5.99
(CT,CY,TY)	0.027	0.027	1	3.84
(CTY)	0.000	0.000	0	—

模型 (CY,TY) 和模型 (CT,CY,TY) 的主要区别是关联项 CT，即舒适度和旅游时长之间的关联性. 采用条件优势比检验确定这一关联性的统计显著性，假设检验的原假设和备择假设分别为

$$H_0: \lambda_{ij}^{CT}=0; \quad H_1: \lambda_{ij}^{CT}\neq 0$$

构建似然比统计量 $G^2[(CY,TY)|(CT,CY,TY)]$ 为

$$G^2[(CY,TY)|(CT,CY,TY)]=G^2(CY,TY)-G^2(CT,CY,TY)$$
$$=0.134-0.027=0.107$$

在显著性水平 5%下, 自由度为 1 的卡方分布临界值为 3.84. 检验统计量值 $0.107<3.84$, 在统计意义上没有充分理由拒绝原假设 $\lambda_{ij}^{CT}=0$. 舒适度与旅游时长的条件优势比为 1, 二者之间不存在统计关联性, 模型 (CY,TY) 为最优模型. 从而, 舒适度与出国游意愿存在统计关联性, 旅游时长与出国游意愿之间存在统计关联性. 给定出国游意愿下, 舒适度与旅游时长之间不存在统计关联性.

2. 出国游意愿模型参数解释

表 5.18 给出了模型 (CY,TY) 的参数估计结果. 模型参数约束为 $\lambda_2^C=\lambda_2^T=\lambda_2^Y=\lambda_{21}^{CY}=\lambda_{12}^{CY}=\lambda_{22}^{CY}=\lambda_{21}^{TY}=\lambda_{12}^{TY}=\lambda_{22}^{TY}=0$. 表 5.18 显示, 所有变量均通过了变量显著性检验.

表 5.18 模型 (CY,TY) 参数估计

参数	估计值	标准误	Z 统计量	P 值
$\hat{\lambda}$	4.547	0.088	51.550	0.000
$\hat{\lambda}_1^C$	0.718	0.098	7.358	0.000
$\hat{\lambda}_1^T$	−0.427	0.094	−4.549	0.000
$\hat{\lambda}_1^Y$	−0.590	0.136	−4.336	0.000
$\hat{\lambda}_{11}^{CY}$	−0.419	0.132	−3.178	0.001
$\hat{\lambda}_{11}^{TY}$	1.608	0.139	11.542	0.000
拟合优度检验: $G^2(2)=0.134$; $X^2(2)=0.134$				

表 5.18 中关联项参数估计显示:

(1) $\hat{\lambda}_{11}^{CY}=-0.419$. 给定旅游时长的取值, 舒适度为轻奢型时有出国游意愿的优势估计值是舒适度为实惠型时有出国游意愿的优势估计值的 0.658 倍. 在置信概率 95%下, 条件优势比的置信区间为(0.508, 0.852). 条件优势比的置信区间不包含 1, 数值都比 1 小, 表明给定旅游时长时, 实惠型旅游产品更容易增强游客的出国游意愿.

(2) $\hat{\lambda}_{11}^{TY}=1.608$. 给定舒适度的取值, 旅游时长大于七日时有出国游意愿的优势是旅游时长为七日以内时有出国游意愿的优势值的 4.993 倍. 在置信概率 95%下, 条件优势比的置信区间为(3.802, 6.557). 条件优势比的置信区间不包含 1, 表明给定舒适度水平时, 旅游时长大于七日更容易增强游客的出国游意愿.

5.2.7　研究结论和建议

本节确定了调查问题和调查目标，并利用列联表对数线性模型，拟合样本容量为 1000 的调查数据，分析舒适度、旅游时长和出国游意愿之间的关联性. 基于上述的分析过程，主要结论是：第一，旅游产品的舒适度、旅游时长、出国游意愿之间存在的关联模式为，舒适度和旅游时长均对出国游意愿产生影响. 当出国游意愿确定时，旅游产品的舒适度和旅游时长之间不存在统计关联性. 第二，给定旅游时长，实惠型旅游产品更会吸引有出国游意愿的被调查者. 第三，给定旅游产品的舒适度，旅游时长大于七日的产品更会吸引有出国意愿的被调查者. 该旅游公司针对本地区有出国游意愿的职场中青年，应因地制宜地设计实惠型、旅游时长大于七日的旅游产品，服务于更多游客，改善旅游公司运营.

5.3　列联表对数线性模型扩展知识

5.3.1　不完备列联表

前面章节的列联表都是完备列联表，所有单元格都有观测值. 另一种常见的列联表是不完备列联表. 不完备列联表主要包括两种情况：一是列联表中某个单元格的观测频数为零；二是无法获取某个单元格的观测频数. 引起前一种情况的可能原因是“抽样零”和“结构零”. “抽样零”是指从总体中抽取样本，经分类汇总后，恰好某个单元格的观测频数为零. 原则上，“抽样零”问题可以通过增加样本量进行规避. “结构零”是指事先就已明确某个单元格的观测值为零. “结构零”问题不易规避. 很多文献研究了有“结构零”的不完备列联表分析方法.

捕获-再捕获模型估计封闭总体总数，所分析的不完全计数数据也是有“结构零”的不完备列联表. 捕获-再捕获模型最早用于估计鱼类或野生动物的数量，后来逐渐引入人群人数研究中. 捕获-再捕获模型有三个假设条件：①总体是封闭的，在调查期间没有增多或减少. 对动物个体的标记没有丢失，个体在捕获和再捕获过程中能够相互匹配. ②两次捕获的样本是相互独立的. ③在每次捕获过程中，个体被捕获的概率是相同的，个体被捕获不影响个体被再捕获的概率.

1. 基于二维列联表的捕获-再捕获模型

下文以某区域人口总数估计为例介绍捕获-再捕获模型. 假设有两份来源独立的人口登记名单 A 和 B. 将 A 名单视为对总体的第一次捕获，B 名单视为对总体的第二次捕获. 根据两份名单中的登记情况进行分组见表 5.19. ①若个体在 A 名单中记为 $A=1$，不在的记为 $A=0$；②若个体在 B 名单中记为 $B=1$，不在的记为 $B=0$. 交叉分组形成4个复合组. 符号 n_{AB} 表示每个组别的实际观察人口数. n_{11} 表示同时被 A 名单和 B 名单登记的人口数，n_{01} 表示只被 B 名单登记的人口数，n_{10} 表示只被 A 名单登记的人口数，n_{00} 表示既没有被 A 名单也没有被 B 名单登记的人口数. 显然，能观测到的总人口数为 $n=n_{11}+n_{01}+n_{10}$，总体实际人口数为 $N=n+n_{00}$. 用 $\hat{\mu}_{00}$ 表示 n_{00} 的期望值 μ_{00} 的估计量，总体实际人口数估计量为 $\hat{N}=n+\hat{\mu}_{00}$.

表 5.19 在人口总数估计中应用的捕获-再捕获模型

A	B		合计
	1	0	
1	n_{11}	n_{10}	n_{1+}
0	n_{01}	n_{00}	
合计	n_{+1}		N

采用捕获-再捕获模型, 人口总数估计量为

$$\hat{N}=\frac{n_{1+}n_{+1}}{n_{11}} \tag{5.15}$$

估计量的方差估计为

$$\widehat{\mathrm{Var}}(\hat{N})=\frac{n_{1+}n_{+1}n_{01}n_{10}}{n_{11}^3} \tag{5.16}$$

假设两份来源独立的人口登记名单中, A 名单登记人口数为 $n_{1+}=186$ 人, B 名单登记人口数为 $n_{+1}=184$ 人, 经匹配后发现同时被 A 名单和 B 名单登记的人口数为 $n_{11}=138$ 人. 依据捕获-再捕获模型, 该地区的实际人口数估计为

$$\hat{N}=\frac{n_{1+}n_{+1}}{n_{11}}=\frac{186\times184}{138}=248$$

方差估计为 28.754, 标准差为 5 人.

2. *三维列联表的三次捕获模型*

在有些情况下人口登记的两套名单不相互独立, 存在交互效应, 会增大估计量的偏差, 使人口总数估计量偏离真实人口总数. 交互效应是指个体在其中一套人口登记名单中被登记, 对其在另一套人口登记名单中被登记的可能性有直接影响. 例如, 有些个体在第一套人口登记名单中未被登记, 往往倾向于在第二套人口登记名单中未被登记.

现有文献研究表明, 在两套人口登记名单的基础上, 再引入一套人口登记名单, 构造三次捕获模型, 能有效克服捕获-再捕获模型的缺陷. 三次捕获模型的特点是允许三份人口登记名单存在统计关联性的前提下, 得到更优良的人口总数估计量. 其基本思路是: 针对不同人口登记名单之间不独立、存在统计关联性的特点, 构建并拟合与它们之间关联模式相对应的三维列联表对数线性模型, 估计三份人口登记名单均未被登记的人口数, 进而估计人口总数.

假设有三套人口登记名单 A, B 和 C. 若个体在 A 名单中被登记, 记为 $A=1$, 未被登记, 记为 $A=0$; 若个体在 B 名单中被登记, 记为 $B=1$, 未被登记, 记为 $B=0$; 若个体在 C 名单中被登记, 记为 $C=1$, 未被登记, 记为 $C=0$. 依据个体在三份人口登记名单中的登记情况分组, 共形成 8 个复合组, 用 n_{ABC} 表示各个组的登记人口数. 例如, n_{111} 表示同时被三份人口登记名单登记的人口数. 表 5.20 给出了相应的三维列联表. 从三份人口登记名单中可观测到的

人口总数为 $n = n_{110} + n_{010} + n_{100} + n_{001} + n_{111} + n_{011} + n_{101}$，不可观测到的人口数为 n_{000}．总体实际人口数为 $N = n + n_{000}$．用 $\hat{\mu}_{000}$ 表示 n_{000} 的期望值 μ_{000} 的估计量，人口总数估计量为 $\hat{N} = n + \hat{\mu}_{000}$．

表 5.20　三次捕获模型的三维列联表

A	B	C	
		1	0
1	1	n_{111}	n_{110}
	0	n_{101}	n_{100}
0	1	n_{011}	n_{010}
	0	n_{001}	n_{000}

利用表 5.20 的不完备三维列联表，构建对数线性模型．模型参数不能超过可观测的单元格个数．由于 n_{000} 不可观测，因此使用不完备三维列联表对数线性模型需要假设三份人口登记名单之间不存在三阶交互效应(三因子交互项)．以 μ_{ijk} 表示单元格 n_{ABC} 的理论期望频数，所有 8 种可能的对数线性模型及其对应的人口总数估计量、估计量的方差估计如下．

(1) 三份人口登记名单相互独立的对数线性模型

$$\log\mu_{ijk} = \lambda + \lambda_i^A + \lambda_j^B + \lambda_k^C \tag{5.17}$$

该模型对应于 5.1 节中完备三维列联表的相互独立对数线性模型．在不完备三维列联表中，当三份人口登记名单相互独立时，对数线性模型的最大似然方程不易直接求解，需要使用复杂的比例迭代法进行计算．而在实践中也很难实现三份人口登记名单的完全相互独立，相互独立对数线性模型往往不能较好地拟合人口总数．

(2) 第三份人口登记名单与另两份人口登记名单独立的对数线性模型

$$\log\mu_{ijk} = \lambda + \lambda_i^A + \lambda_j^B + \lambda_k^C + \lambda_{ij}^{AB} \tag{5.18}$$

$$\log\mu_{ijk} = \lambda + \lambda_i^A + \lambda_j^B + \lambda_k^C + \lambda_{ik}^{AC} \tag{5.19}$$

$$\log\mu_{ijk} = \lambda + \lambda_i^A + \lambda_j^B + \lambda_k^C + \lambda_{jk}^{BC} \tag{5.20}$$

以模型 $\log\mu_{ijk} = \lambda + \lambda_i^A + \lambda_j^B + \lambda_k^C + \lambda_{ij}^{AB}$ 为例，A 和 B 两套人口登记名单存在统计关联性，模型对应于 5.1 节中属性变量联合独立的对数线性模型．三份人口登记名单中都未登记的人口数 n_{000} 的估计量 $\hat{\mu}_{000}$ 为

$$\hat{\mu}_{000} = \frac{n_{110} + n_{100} + n_{010}}{n_{111} + n_{101} + n_{011}} \times n_{001}$$

人口总数估计量为：$\hat{N} = n + \hat{\mu}_{000}$，其方差估计为

$$\widehat{\mathrm{Var}}(\hat{N}) = (\hat{\mu}_{000})^2 \left(\frac{1}{n_{111} + n_{011} + n_{101}} + \frac{1}{n_{110} + n_{100} + n_{010}} + \frac{2}{n_{001}} + \frac{1}{\hat{\mu}_{000}} \right)$$

(3) 两对人口登记名单存在关联的对数线性模型

$$\log \mu_{ijk} = \lambda + \lambda_i^A + \lambda_j^B + \lambda_k^C + \lambda_{ij}^{AB} + \lambda_{jk}^{BC} \tag{5.21}$$

$$\log \mu_{ijk} = \lambda + \lambda_i^A + \lambda_j^B + \lambda_k^C + \lambda_{ik}^{AC} + \lambda_{ij}^{AB} \tag{5.22}$$

$$\log \mu_{ijk} = \lambda + \lambda_i^A + \lambda_j^B + \lambda_k^C + \lambda_{ik}^{AC} + \lambda_{jk}^{BC} \tag{5.23}$$

以 $\log \mu_{ijk} = \lambda + \lambda_i^A + \lambda_j^B + \lambda_k^C + \lambda_{ij}^{AB} + \lambda_{jk}^{BC}$ 为例，A 和 B 两套人口登记名单、B 和 C 两套人口登记名单之间存在统计关联性，模型对应于 5.1 节中属性变量条件独立的对数线性模型. 三份人口登记名单中都未登记的人口数 n_{000} 的估计量为

$$\hat{\mu}_{000} = \frac{n_{001}n_{100}}{n_{101}}$$

人口总数估计量为: $\hat{N} = n + \hat{\mu}_{000}$，估计量的方差估计为

$$\widehat{\mathrm{Var}}(\hat{N}) = (\hat{\mu}_{000})^2 \left(\frac{1}{n_{001}} + \frac{1}{n_{100}} + \frac{1}{n_{101}} + \frac{n_{101}}{n_{001}n_{100}} \right) \tag{5.24}$$

(4) 三份人口登记名单两两之间都存在关联的对数线性模型

$$\log \mu_{ijk} = \lambda + \lambda_i^A + \lambda_j^B + \lambda_k^C + \lambda_{ij}^{AB} + \lambda_{ik}^{AC} + \lambda_{jk}^{BC} \tag{5.25}$$

该模型表示三份人口登记名单两两之间存在统计关联性，对应于 5.1 节属性变量齐次关联的对数线性模型. 三份人口登记名单中都未登记的人口数 n_{000} 的估计量为

$$\hat{\mu}_{000} = \frac{n_{111}n_{001}n_{100}n_{010}}{n_{101}n_{011}n_{110}} \tag{5.26}$$

人口总数估计量为: $\hat{N} = n + \hat{\mu}_{000}$，估计量的方差估计为

$$\widehat{\mathrm{Var}}(\hat{N}) = (\hat{\mu}_{000})^2 \left(\frac{1}{n_{111}} + \frac{1}{n_{110}} + \frac{1}{n_{101}} + \frac{1}{n_{100}} + \frac{1}{n_{001}} + \frac{1}{n_{010}} + \frac{1}{n_{011}} + \frac{1}{\hat{\mu}_{000}} \right) \tag{5.27}$$

在三次捕获模型中，构建对数线性模型的一个重点是模型选择. 模型选择主要有两个思路: 一是若能事先确定三份人口登记名单之间真实的关联模式，可以直接建立与这种关联模式对应的对数线性模型，估计真实人口总数; 二是若事先不能确定三份人口登记名单之间真实的关联模式，只能利用似然比统计量或卡方统计量选择最优模型. 通常，似然比统计量和卡方统计量越小的对数线性模型，拟合效果越好.

在前面二维列联表的捕获-再捕获模型例子中，增加对该地区的第三份人口登记名单 C. 对三份人口登记名单进行精准匹配，得到以下结果: $n_{111}=115$，$n_{110}=23$，$n_{101}=27$，$n_{100}=21$，$n_{011}=26$，$n_{010}=14$，$n_{001}=16$. 经反复研究发现三份人口登记名单之间均存在关联性，可以建立三份人口登记名单之间都存在关联性的对数线性模型

$$\log \mu_{ijk} = \lambda + \lambda_i^A + \lambda_j^B + \lambda_k^C + \lambda_{ij}^{AB} + \lambda_{ik}^{AC} + \lambda_{jk}^{BC}$$

得到三份人口登记名单中都未登记的人口数估计为

$$\hat{\mu}_{000}=\frac{n_{111}n_{001}n_{100}n_{010}}{n_{101}n_{011}n_{110}}=\frac{115\times16\times21\times14}{27\times26\times23}\approx 34\text{ 人},$$

人口总数估计量为$\hat{N}=n+\hat{\mu}_{000}=242+34=276$ 人, 估计量的方差估计为391.458, 标准差估计为19人.

5.3.2 有序变量对数线性建模

前面介绍的列联表对数线性模型是将属性变量视为分类变量, 未考虑变量各类别可能存在顺序的情况. 若属性变量是有序变量, 为了避免损失排序信息, 需要加入反映变量间趋势的关联项, 建立线性-线性关联模型, 该模型的复杂度介于属性变量相互独立情形下的对数线性模型和饱和对数线性模型之间.

以二维列联表的有序变量对数线性模型为例, 记有序变量为X和Y, 其中X有I个类别, Y有J个类别. 令X的第i个类别得分为$u_i(i=1,2,\cdots,I)$, Y的第j个类别得分为$v_j(j=1,2,\cdots,J)$, 且满足$u_1\leqslant u_2\leqslant\cdots\leqslant u_I,v_1\leqslant v_2\leqslant\cdots\leqslant v_J$. 最常见的是$\{u_i=i\},\{v_j=j\}$. 线性-线性关联模型($L\times L$)为

$$\log\mu_{ij}=\lambda+\lambda_i^X+\lambda_j^Y+\beta u_i v_j \tag{5.28}$$

其中, 自由度是$\mathrm{df}=(I-1)(J-1)-1=IJ-I-J$. 参数$\beta$确定$X$和$Y$关联的大小和方向. 若$\beta>0$, 表示$Y$与$X$之间存在正比例的趋势, 即$Y$随着$X$的增加而增加. 若$\beta<0$, 表示$Y$与$X$之间存在负比例的趋势, 即$Y$随着$X$的增加而减小. 固定$X$的水平时, $\beta u_i v_j$是Y的得分v_j的线性函数, βu_i为其斜率. 固定Y的水平时, $\beta u_i v_j$是X的得分u_i的线性函数, βv_j为其斜率. $\beta u_i v_j$表示模型对属性变量相对独立性的偏离.

利用2×2有序列联表($i=1,2;\ j=1,2$), 构建有序变量对数线性模型$L\times L$, 有序变量X和Y的优势比为

$$\frac{\mu_{11}\mu_{22}}{\mu_{12}\mu_{21}}=\exp\left(\beta(u_2-u_1)(v_2-v_1)\right) \tag{5.29}$$

$|\beta|$越大, 关联性越强. 由相邻行和相邻列的优势比称为局部优势比. 当$u_i=i(i=1,2)$, $v_j=j(j=1,2)$时, 局部优势比等于$\exp(\beta)$.

关于有序属性变量的独立性检验问题, 若属性变量间相互独立, 意味着线性-线性关联模型中的参数$\beta=0$. 独立性检验的原假设和备择假设为

$$H_0:\beta=0;\quad H_1:\beta\neq0$$

使用的检验统计量是自由度$\mathrm{df}=1$的似然比检验统计量

$$G^2(X,Y|L\times L)=G^2(X,Y)-G^2(L\times L) \tag{5.30}$$

若检验统计量大于给定的置信概率水平下卡方分布的临界值, 则有充分证据拒绝原假设, 在统计意义上认为属性变量之间不相互独立, 存在关联性. 反之, 没有充分证据拒绝原假设, 在统计意义上认为属性变量之间相互独立, 不存在关联性.

下面以夫妻出生地距离与孩子体质关系的调研数据为例, 演示有序变量的线性-线性关联

模型. 有些人认为夫妻出生地相隔越远, 出生的孩子的体质越好. 表 5.21 给出了 2000 个家庭的调查汇总数据, 两个属性变量父母出生地距离和子女体质均为有序属性变量. A 表示父母出生地距离, $A=1$ 表示夫妻出生地在国内同一个省, $A=2$ 表示夫妻出生地国内跨省, $A=3$ 表示夫妻出生地跨国. 采用专业的测试装备测度子女的体质, $B=1$ 表示子女体质一般, $B=2$ 表示子女体质良好, $B=3$ 表示子女体质优秀.

表 5.21　父母出生地距离与子女体质

父母出生地距离(A)	子女的体质(B)		
	1	2	3
1	435	371	289
2	366	398	315
3	256	385	412

利用表 5.21 数据, 分别建立线性-线性关联模型($L\times L$)和属性变量相互独立的对数线性模型(A,B), 拟合结果如表 5.22 所示. 从表 5.22 中可以看出, 基于$L\times L$模型的各单元格拟合值比基于(A,B)模型的各单元格拟合值更接近原始数据.

表 5.22　$L\times L$ 模型和 (A,B) 模型的单元格拟合值

A	B	单元格观测值	$L\times L$ 模型单元格拟合值	(A,B) 模型单元格拟合值
1	1	435	435.972	344.909
	2	371	388.599	353.425
	3	289	270.429	358.666
2	1	366	350.512	376.561
	2	398	389.889	385.859
	3	315	338.599	391.580
3	1	256	270.516	331.530
	2	385	375.512	339.716
	3	412	406.972	344.754

对两个模型分别进行拟合优度检验. $L\times L$模型的似然比统计量G^2为 5.678, 卡方统计量χ^2为 5.653, 均小于显著性水平 5%下自由度 3 的卡方分布临界值$\chi^2_{0.05}(3)=7.81$. 有充分证据认为$L\times L$模型成立. 另外, (A,B)模型的似然比统计量G^2为 72.01, 卡方统计量χ^2为 71.61, 均大于显著性水平 5%下自由度 4 的卡方分布临界值$\chi^2_{0.05}(4)=9.49$, 有充分证据认为模型(A,B)不成立.

对父母出生地距离和子女体质的独立性进行检验. 构造似然比统计量为$G^2(A,B|L\times L)=G^2(A,B)-G^2(L\times L)=72.01-5.678=66.332$, 检验统计量大于显著性水平 5%下自由度 1 的卡方分布临界值$\chi^2_{0.05}(1)=3.84$. 有充分证据拒绝原假设, 在统计意义下认为父母出生地与子女体质之间存在关联性.

进一步地，取 $A=1$，$A=3$ 和 $B=1$，$B=3$，在由行 1 和 3 与列 1 和 3 的相交单元得到的 2×2 表中，由 $L\times L$ 模型计算的优势比为

$$\begin{aligned}\frac{\mu_{11}\mu_{33}}{\mu_{13}\mu_{31}}&=\exp\left(\beta(u_3-u_1)(v_3-v_1)\right)\\&=\exp\left(0.222(3-1)(3-1)\right)=2.43\end{aligned}$$

即跨国夫妻的子女体质优秀的优势是省内夫妻的子女体质优秀的优势的 2.43 倍. 此外，$L\times L$ 模型的参数 $\hat{\beta}=0.222$，表明夫妻出生地距离与子女体质之间存在正比例关系，即随着夫妻出生地距离的增加，子女体质更好. 这在一定程度上验证了研究目标.

5.3.3 对数线性模型与 Logistic 回归模型的联系

对数线性模型与 Logistic 回归模型通常用来解决不同的问题. 对数线性模型关注属性变量联合分布中的关联性，而 Logistic 回归模型关注多个不同的解释变量如何影响一个响应变量. 对数线性模型与 Logistic 回归模型是有联系的. 一是对于某个特定的对数线性模型，构建其中一个变量的 Logistic 回归模型，会使对数线性模型结果的解释变得容易. 二是当解释变量为属性变量时，Logistic 回归模型也可视为对数线性模型. 下面以三维列联表的齐次关联模型为例，齐次关联模型形式为

$$\log\mu_{ijk}=\lambda+\lambda_i^X+\lambda_j^Y+\lambda_k^Z+\lambda_{ij}^{XY}+\lambda_{ik}^{XZ}+\lambda_{jk}^{YZ}$$

假设 Z 为含有两个类别($Z=1,Z=0$)的响应变量，X 和 Y 为解释变量. 当 X 取水平 i，Y 取水平 j 时

$$\begin{aligned}\text{Logit}\left[P(Z=1)\right]&=\log\left[\frac{P(Z=1)}{1-P(Z=1)}\right]=\log\left[\frac{P(Z=1|X=i,Y=j)}{P(Z=0|X=i,Y=j)}\right]\\&=\log\left(\frac{\mu_{ij1}}{\mu_{ij0}}\right)=\log(u_{ij1})-\log(\mu_{ij0})\\&=\left(\lambda+\lambda_i^X+\lambda_j^Y+\lambda_1^Z+\lambda_{ij}^{XY}+\lambda_{i1}^{XZ}+\lambda_{j1}^{YZ}\right)\\&\quad-\left(\lambda+\lambda_i^X+\lambda_j^Y+\lambda_0^Z+\lambda_{ij}^{XY}+\lambda_{i0}^{XZ}+\lambda_{j0}^{YZ}\right)\\&=\left(\lambda_1^Z-\lambda_0^Z\right)+\left(\lambda_{i1}^{XZ}-\lambda_{i0}^{XZ}\right)+\left(\lambda_{j1}^{YZ}-\lambda_{j0}^{YZ}\right)\end{aligned}$$

从上式可以看出，$\lambda_1^Z-\lambda_0^Z$ 与 X 的第 i 个水平取值和 Y 的第 j 个水平取值无关，$\lambda_{i1}^{XZ}-\lambda_{i0}^{XZ}$ 与 X 的第 i 个水平取值有关，$\lambda_{j1}^{YZ}-\lambda_{j0}^{YZ}$ 与 Y 的第 j 类水平取值有关. 将这个 Logit 模型写为加法形式

$$\text{Logit}\left[P(Z=1)\right]=\alpha+\beta_i^X+\beta_j^Y$$

该 Logistic 回归模型记为 $(X+Y)$. 在该模型中，两因子的对数线性参数、Logistic 主效应的参数与列联表中的优势比有关系. 例如，X 对 Z 效应的对数优势比等于 $\beta_1^Y-\beta_0^Y$. 在对数线性模型中，这等价于 $\lambda_{11}^{YZ}+\lambda_{00}^{YZ}-\lambda_{10}^{YZ}-\lambda_{01}^{YZ}$. 也就是说，当 Z 含有两个类别时，对数线性模型 (XY,XZ,YZ) 与 Logistic 回归模型 $(X+Y)$ 等价. 若 Y 也只含两个类别($Y=1,Y=0$)时，

(XY,XZ,YZ) 与 $(X+Y)$ 的关系为，在 X 的每个水平下 Y 和 Z 的优势比相等. 两个解释变量的关联项 λ_{ij}^{XY} 被消掉，这个 Logistic 回归模型不分析 X 与 Y 之间的关联性. 表 5.23 总结了三维列联表中当 Z 含有两个类别时所有包含解释变量 XY 关联项的对数线性模型及其等价的 Logistic 回归模型.

表 5.23 三维列联表中关于变量 Z 的对数线性模型及其等价的 Logistic 回归模型

对数线性模型	Logistic 回归模型	Logistic 回归模型表示符号
(Z,XY)	α	(—)
(XZ,XY)	$\alpha+\beta_i^X$	(X)
(YZ,XY)	$\alpha+\beta_j^Y$	(Y)
(XZ,YZ,XY)	$\alpha+\beta_i^X+\beta_j^Y$	$(X+Y)$
(XYZ)	$\alpha+\beta_i^X+\beta_j^Y+\beta_{ij}^{XY}$	$(X\times Y)$

习 题 5

1. 某公司对其销售的两种手机售后情况进行了统计. 出售的手机品牌记为 L，若品牌为“优选”，则 L 记为“1”，否则记为“0”. 用 Y 表示每台手机在半年内是否出现质量问题. 调查结果见表 5.24，并给出独立性对数线性模型的拟合结果，见表 5.25.

表 5.24 不同手机半年内是否出现质量问题的数据

品牌 (L)	半年内是否出现质量问题(Y)	
	是	否
优选	32	196
利华	45	180

表 5.25 独立性对数线性模型参数估计

参数	估计值	标准误
λ	5.230***	0.070
λ_1^Y	0.013	0.094
λ_1^L	−1.586***	0.125

注: ***表示 P 值为 0～0.001，无星号表示 P 值为 0.1～1. 表中未列出的参数均为 0.

(1) 已知对独立性对数线性模型拟合优度检验的似然比统计量为 2.867, 卡方统计量为 2.856, 判断并解释检验的结果.

(2) 根据模型中参数值, 计算每种手机在半年内出现质量问题的优势估计, 并解释含义.

2. 电子支付逐渐进入人们的生活, 在一项对有支付能力人群进行的社会调查中, 被问及购买商品时(除网购), 是否使用电子支付次数多于现金支付(Z). 回答“是”记为“1”, 否则记为“0”, 同时对被调查者的居住地(X)和年龄(Y)进行登记, 居住地为“城市”记为“1”, “农村”记为“0”; 年龄小于 40 岁(含 40 岁)记为“1”, 否则记为“0”. 调查结果如表 5.26 所示.

表 5.26　不同居住地不同年龄的人群电子支付使用情况

居住地	是否小于 40 岁	是否使用电子支付次数多于现金支付	频数
1	1	1	380
1	1	0	115
1	0	1	49
1	0	0	195
0	1	1	176
0	1	0	153
0	0	1	35
0	0	0	275

(1) 根据调查结果, 绘制出对应的 $2\times2\times2$ 列联表.

(2) 若居住地与“是否使用电子支付次数多于现金支付”条件关联, 年龄与“是否使用电子支付次数多于现金支付”条件关联, 允许居住地与年龄条件无关, 写出相应的对数线性模型、参数估计, 计算该模型下每两对变量之间的条件优势比的估计并解释.

3. 选取不同地区种植某种农作物, 希望研究不同地区的气候 (Q) , 该农作物的产量 (C) 和价格 (P) 三者之间的关系. 经常下雨记为“1”, 否则记为“0”. 产量低于所有地区的平均水平记为“1”, 否则记为“0”. 价格高于所有地区的平均水平记为“1”, 否则记为“0”. 调查结果如表 5.27 所示, 单元频数表示具有不同特征的地区数量. 找出一个能很好描述该数据的对数线性模型, 给出参数估计, 写出拟合优度检验完整步骤及结果, 说明该模型下变量间的相关关系.

表 5.27　气候、农作物产量和价格数据

Q	C	P	
		1	0
1	1	425	218
	0	75	226
0	1	35	69
	0	41	368

4. 为调查某地区小学生的学习成绩影响因素, 随机抽取 1112 名学生开展调查: ①是否参加课外辅

导(K)，是记为“1”，否记为“0”；②父母是否经常关心学生的成绩(P)，是记为“1”，否记为“0”；③成绩是否处于班内中上等水平(C)，是记为“1”，否记为“0”．为此建立 9 个对数线性模型，每个模型的拟合优度检验结果如表 5.28 所示.

表 5.28 模型拟合优度检验

模型	似然比统计量 G^2	卡方统计量 χ^2	自由度
(K,P,C)	244.930	268.336	4
(K,PC)	197.550	188.791	3
(P,KC)	181.490	174.700	3
(C,KP)	83.210	81.785	3
(KP,KC)	19.775	20.033	2
(KP,PC)	35.831	36.186	2
(KC,PC)	134.110	133.900	2
(KP,KC,PC)	1.470	1.469	1
(KPC)	0.000	0.000	0

(1) 你会选择哪个模型？说出理由，并对该模型进行解释.

(2) 已知 (KP,KC,PC) 模型的参数估计结果如表 5.29 所示，计算每对变量条件优势比在置信概率 95% 下的置信区间，并解释.

表 5.29 (KP, KC, PC) 模型参数估计

参数	估计值	标准差
λ	5.483***	0.062
λ_1^K	−1.096***	0.112
λ_1^P	−0.914***	0.107
λ_1^C	−0.709***	0.102
λ_{11}^{KP}	1.480***	0.132
λ_{11}^{KC}	0.771***	0.132
λ_{11}^{PC}	0.566***	0.132

注: ***表示 P 值为 0～0.001. 表中未列出的参数均为 0.

5. 某地区计划将一公园改建成大型游乐场，为此对当地居民开展民意调查，调查内容为 D = 居民居住地离该公园的距离(1 = 远, 2 = 适中, 3 = 近), V = 居民对改建为游乐场的态度(1 = 同意, 2 = 中立, 3 = 反对). 调查结果如表 5.30 所示.

表 5.30　居民民意调查数据

D	V		
	1	2	3
1	268	198	121
2	176	217	189
3	134	182	253

(1) 找出对该模型拟合不错的对数线性模型，并检验有无交互作用.

(2) 在由行 1 和 3 与列 1 和 3 的相交单元得到的 2×2 表中，利用最优模型参数估计值计算优势比，并解释.

第 6 章

非参数统计建模的预备知识

针对观测数据, 利用观测数据的数值大小关系或排列位次等信息进行统计分析. 数据分析过程并不假设观测值的具体分布函数形式, 应用范围也更广. 本书选择非参数统计模型中有代表性的方法进行介绍. 第 7 章介绍总体位置参数的非参数检验和估计. 第 8 章介绍总体尺度参数的非参数检验. 第9章介绍总体分布的非参数检验. 第10章介绍非参数回归模型. 本章主要介绍非参数统计模型的预备知识.

6.1 非参数统计

针对实际问题的统计分析, 一类模型是先假设总体分布函数形式或总体分布族, 其参数或参数范围未知, 估计和检验总体分布的未知参数并对实际问题进行研究, 再利用数据验证事前假设是否合理. 这类模型被称为参数统计模型. 在总体分布族已知或有充分证据能够确定总体分布族的情况下, 优先选择参数统计模型. 然而, 在事前假设不合理或者事前假设的验证结论不可信, 参数统计分析结论可能出现大偏差, 甚至是错误结论.

另一类方法度是不假设总体分布函数形式或总体分布族, 尽可能利用数据自身的变化规律, 进行统计分析. 这类模型被称为非参数统计模型. 非参数统计模型适用于任何分布的样本数据, 或者来自不同总体的样本数据, 也被称为与分布无关的统计模型. 更一般地, 只要和总体分布无关的统计推断模型都统称为非参数统计模型. 非参数统计模型在数据分析过程中的总体假设条件少, 统计分析结论往往有较好的稳健性, 结论的可信性受样本数据影响小. 非参数统计模型在很多的实际应用中仅利用样本数据的相对大小关系, 并不考虑样本数据的具体数值, 适用于分析更多类型的数据, 有更广泛的应用性.

6.2 非参数统计建模技术的发展简介

非参数统计的发展历史相对较短. 由于独特的优良性质, 非参数统计一直受到统计学研究和应用的关注. 现在, 非参数统计已经应用到科学研究和生产实践的很多领域.

在非参数统计的发展早期, F. Wilcoxon 提出的两样本秩和检验以及 H. B. Mann 和 D. R. Whitney 提出的样本量不等情形的秩和检验具有非常重要的地位. F. G. J. Pitman 研究了非参数统计模型相对于参数统计模型的相对效率. 这些工作对后期非参数统计的研究和应用都有重要影响. J. L. Jr. Hodges 和 E. L. Lehmann 发现秩检验更稳健. 这是非参数统计模型尤为重要的性质. 与正态总体的 t 检验相比, 秩检验更稳健. 在厚尾分布情形下, 秩检验优势更明显. 这期间, S. Siegel 和 D. R. Cox 等统计学家做了很多工作, 使得非参数的估计和检验理论逐渐完善, 引入了非常丰富的数据模型, 较好地解决了小样本情形下的检验和数据异常推断问题.

20 世纪 70 年代之后, 计算机技术发展为非参数统计的研究和应用提供了计算技术基础, 非参数统计获得了快速发展. 其中, 最主要的工作是 B. Efron 的 Bootstrap 方法. Bootstrap 方法能够充分发挥计算机的计算效率, 获得更稳健的估计和预测. P. J. Huber 和 F. Hampel 等针对非参数统计的稳健性做了很多重要工作. 非参数回归和非参数密度估计等问题研究都取得了显著进展.

近年来, 随着大数据发展, 在实际应用领域中出现了更为复杂的数据. 这为非参数统计提供了广阔的发展空间. 数据建模和算法建模能有效地结合参数统计和非参数统计, 更好地发挥统计模型的优势. 数据挖掘和机器学习也将与非参数统计进一步交叉融合.

6.3　非参数统计模型的主要应用

非参数统计已经广泛应用于很多学科领域, 下面只介绍在部分领域的几个具体应用, 演示非参数统计解决的实际问题.

(1) 经济发展水平比较: 人均国内生产总值(GDP)常作为衡量经济发展状况的指标, 是了解和分析国家或地区的宏观经济运行状况的有效工具. 河北省作为中国中部大省, 地域上毗邻首都北京与直辖市天津. 河南省毗邻河北省, 经济发展迅速, 2015 年经济总量达到三万亿以上. 为了分析河北省的经济发展状况, 比较 2015 年河北省与中国城市人均 GDP 的相等性, 比较 2015 年河北省与河南省的各市人均 GDP 相等性. 在总体分布未知的情况下, 检验两个总体中位数是否相等. 中位数属于位置参数. 对于总体位置参数检验, 可以采用 Wilcoxon 符号秩检验法、Wilcoxon 秩和检验法或者 Mann-Whitney 检验法.

(2) 商品价格对比: 网上消费更方便快捷, 但消费者在实体店可以直接触摸商品. 实体店的存在仍具有商业价值. 选择网店和实体店的相同款式帽子作为研究对象, 分别随机选择网店和实体店并记录其销售价格, 判断网店与实体店同款帽子的价格波动幅度是否存在显著差异. 这就需要对网店和实体店的样本数据进行总体方差相等的检验, 可以使用两个总体的 Siegel-Tukey 检验法或 Mood 检验法.

(3) 电影票房分布: 电影票房是决定制片公司运营是否稳定的重要指标. 关注电影票房的分布情况, 便于制片公司及时做出相应的营销策略调整. 随机选择不同电影院, 收集某制片公司的电影票房收入数据, 检验制片公司的电影票房分布. 该问题是单个总体分布检验, 可以分别进行 Kolmogorov-Smirnov 检验、Pearson χ^2 拟合优度检验、Shapiro-Wilk 检验.

(4) 物价水平与货币流通量的相关分析: 通货膨胀是宏观经济学中的重要问题. 选择居民消费物价指数和货币流通量, 建立两者之间的非参数回归模型. 线性函数过分光滑, 拟合效果往往不好. 函数拟合程度过高, 往往函数不光滑, 为深入分析带来困难. 尝试分别建立线性回归模型、Nadaraya-Watson 核回归模型和 Loess 局部加权多项式回归模型, 并分析模型的优劣.

(5) 教育: 合理评价不同班级学生的综合成绩, 对改进教师教学方法和教学质量具有重要参考作用. 在评价过程中, 需要关注班级成绩的最高分、平均分, 还要考察班级成绩的分布离散程度. 在总体分布未知的情况下, 判断两个班级成绩的方差是否相等. 方差属于尺度参数. 对于尺度参数检验, 可以采用 Siegel-Tukey 方差检验法或 Mood 检验法等.

(6) 市场营销: 销售额是商业运营稳定性的基础. 利用每种商品每天销售额数据, 分析商品销售额分布情况, 掌握每一种商品销售额的变化情况, 有助于提高商家的经营能力. 总体分布是非参数检验的内容之一. 对于总体分布正态性检验, 可以采用 Pearson χ^2 拟合优度检验法等.

6.4 非参数统计建模的主要步骤

非参数统计在实际问题分析中也要遵循统计应用的框架. 这个框架一般包括, 统计问题阐述、相关变量选择、收集数据、模型设定、模型拟合、模型评价和选择、结论与对策建议等步骤. 建立非参数回归模型, 也要按照这样的建模思路, 或者兼顾到这些步骤中的统计问题. 由于总体位置参数、总体尺度参数、总体分布函数的非参数检验方法具有较好的稳健性和实用性, 本章的主要步骤更多是针对这类问题. 为了保证非参数统计模型的实用性, 其实际应用也要做到, 清楚阐述统计问题, 完整全面收集统计数据, 合理选择和评估检验方法, 严谨准确地提供分析结论. 下面简要介绍非参数统计建模的主要步骤, 作为实际应用的指导参考.

(1) 问题阐述: 为了应用非参数统计模型, 给出可靠的统计分析结果和结论, 首先需要清楚阐述非参数统计分析的问题, 这是非参数统计建模的第一步, 也是最重要的步骤. 非参数统计的建模过程都围绕该问题展开.

(2) 选择相关变量: 与陈述问题一样, 选择相关变量也要与该研究领域专业人士合作. 相关变量可能是一个, 也可能是多个; 可以是连续型变量, 也可以是离散型变量. 建立非参数回归模型要区分解释变量和响应变量, 建议采用流程图和因果图为解释变量选择提供完整全面的影响因素清单.

(3) 收集数据: 数据质量对统计分析结论的可信度影响很大. 要保证收集的数据能够反应变量的变化趋势. 需要监控数据收集的过程, 随时解决出现的意外情况.

(4) 非参数模型估计或非参数假设检验: 利用收集的数据, 建立非参数回归模型, 结合研究领域的专业知识, 选择适当的回归模型和基函数的数学形式. 充分考虑该研究领域的专家意见，根据他们的知识经验提出备选的模型形式. 利用实际数据，对其提出的模型进行验证和完善. 模型参数估计需要选择适当的估计方法. 对模型进行评价，检验拟合模型是否能够客观揭示所研究的经济现象中诸多因素之间的关系. 拟合模型需要通过统计学检验和应用领域检验.

对于非参数假设检验问题，①明确原假设 H_0 和备择假设 H_1. 原假设和备择假设的参数范围要与阐述问题相对应. ②谨慎选择合理的检验方法，或者选择检验方法的组合. 确定在 H_0 为真时检验统计量的抽样分布，计算检验统计量的观测值. ③确定犯第一类错误概率和犯第二类错误概率，计算样本容量 N，这是在收集数据之前完成的. 第一类错误概率也是显著性水平 α，其选择应该考虑假设检验犯第一类错误和犯第二类错误的损失相对大小，以及结论的重要意义和实际应用价值. 计算样本容量 N 在实际应用中很重要. 但是，在有些情况下，数据收集会受到很多限制，并不能收集到任意多的数据. 如中国新经济规模的年度数据等. 在这种情况下，只能尽可能多地收集数据. 又由于样本计算的复杂性，后文利用样本数据进行推断，往往会忽略样本量计算过程. 此时，需要谨慎把握统计分析结论. ④确定拒绝域. 在原假设成立下拒绝原假设的参数取值范围，依赖于备择假设，也依赖于检验统计量的分布函数. 在原假设为真时，检验统计量的观测值落入拒绝域的概率不超过显著性水平 α. ⑤做出拒绝或者接受原假设的决策. 检验统计量的观测值落入拒绝域中或者 P 值小于显著性水平 α，则有充分证据认为原假设不成立；反之，则没有充分资料认为原假设不成立. 模型拟合需要借助于统计软件完成计算.

(5) 结论与建议：统计分析的结果和结论既包括最终的统计分析结果，也包括数据分析过程中的中间结果，同样具有重要价值. 结论和建议要有针对性，要针对所阐述的问题，注重结论的实用性. 鉴于实际问题复杂性，将统计分析结论用于解决实际问题要慎重，要有严谨细致的总体考虑.

6.5　非参数统计的主要建模技术

非参数统计粗略划分为两类模型. 一类模型是基于秩统计量的非参数检验模型，主要检验总体位置参数、总体尺度参数和总体分布. 另一类模型是非参数回归、非参数密度估计、自助法及小波等非参数统计模型.

1. 总体位置参数

单个总体位置参数的估计和检验主要是估计总体位置参数或对总体位置参数是否等于某个已知数值进行检验. 两个总体位置参数的估计和检验往往是比较两个总体位置参数大小. 符号检验利用观测值和中位数差值或配对样本差值与中位数之差值的符号信息进行判断，没有考虑差值的大小. Wilcoxon 符号秩检验法考虑差值的数值大小，检验总体中位数是否与给定的数值一致. 该检验对观测值和原假设总体中位数之差的绝对值排序，计算相应的秩，再按照差值的正负符号分别相加来构造检验统计量. 连续出现相同符号的情况被称为 1 个游程. 随机性游程检验法计算每个符号的游程数并计算游程总数，作为检验统计量，判断样本数据是否具有随机性. Wilcoxon (Mann-

Whitney)秩和检验是检验两个总体位置参数，如检验两个总体位置参数是否相等. 其思路是，先将两个样本混合后排序，依次计算每个观测值的秩，分别对每个样本的秩求和，依据两个秩和的相对大小对原假设进行检验. 成对数据主要是指每对数据来自相同或相似的试验单元，成对数据之间相互独立. 利用每个试验单元的成对数据差值，构造 Wilcoxon 符号秩检验统计量，检验配对数据的位置参数. 多个总体位置参数的 Kruskal-Wallis 秩和检验法，把所有观测值混合起来，并按由小到大顺序排列，计算每个观测值的秩. 对于每个总体的样本，计算观测值在联合样本中的秩和与秩和平均数. 如果每个样本的秩和与秩和平均数之间的差异小，倾向于认为多个总体位置参数相等. Jonckheere-Terpstra 检验法用于判断多个总体位置参数是否有序. 对于相同容量的样本，Kendall 协同系数检验法将每个总体的观测值顺序排列，计算观测值的秩以及研究对象的秩和，计算秩和与平均秩和的离差平方和，以及 Kendall 协同系数，判断多个总体位置参数的一致性.

2. *总体尺度参数和相关性*

描述总体观测值离散程度的参数为总体尺度参数，如总体方差、总体极差、总体标准差等. 如果总体分布为非正态分布或者总体分布未知，往往采用 Siegel-Tukey 方差检验法、Mood 检验法以及平方秩检验法等非参数检验法. 若总体方差较大，其样本观测值相对离散程度更大，Siegel-Tukey 检验法按照每个样本在联合样本中的散布程度设定每个观测值的秩，再分别计算两个样本秩和，检验两总体方差相等. Mood检验法按照每个观测值在联合样本中的排列顺序赋秩，用每个样本的秩与联合样本平均秩差值的平方和作为检验统计量. 若样本检验统计量的值偏大，倾向于认为总体方差不相等. 把两个样本的绝对离差混合后排序赋秩，并对秩取平方，称为平方秩检验法. 平方秩检验法将每个样本平方秩和作为检验统计量，若检验统计量过大或过小，都倾向于认为两个总体方差不等. 针对多个总体尺度参数，把多个样本的绝对离差混合后排序赋秩，并对秩取平方，计算每个样本平方秩和. 采用平方秩检验法，如果每个样本平方秩和的离差平方和越大，越倾向于认为多个总体方差不都相等.

在解决实际经济问题时，变量之间的相关性分析非常重要. 非参数相关性检验的统计量主要有针对连续变量的Spearman秩相关系数和Kendall-τ 相关系数，以及针对有序变量的 Goodman-Kruskal's γ 相关性. Spearman 秩相关系数是将两个变量的样本观测值分别按照升序排列，计算每个变量观测值的秩. 对同一观测记录的两变量秩之差值取平方. 若平方和较大，则倾向于认为两变量负相关；否则倾向于认为两个变量正相关. 采用 Kendall-τ 相关系数检验，计算样本的协同对的数目和不协同对的数目，并计算两者的差值，若差值大于 0，倾向于认为两个变量之间存在正相关性；若差值小于 0，倾向于认为两个变量之间存在负相关性. Goodman-Kruskal's γ 相关性检验法主要用于检验两个有序变量之间是否存在相关性.

3. *总体分布*

总体分布的检验是利用已知的理论分布与样本的经验分布进行比较，推断样本数据是否来源于已知的理论分布. 常用的非参数检验法有 Kolmogorov-Smirnov 检验法、

Pearson χ^2 拟合优度检验法和 Shapiro-Wilk 检验法等. Kolmogorov-Smirnov 检验法是比较基于样本的经验分布函数与已知的理论分布，差值越大越倾向于认为样本不是来源于已知的理论分布. Pearson χ^2 拟合优度检验法是利用实际的观测频数与已知理论分布的期望频数之间的差值构造检验统计量，差值越大越倾向于认为样本的总体分布不是已知的理论分布. Shapiro-Wilk 检验法是判断样本次序统计量与其正态得分之间的 Pearson 相关性，相关性越大，观测数据和正态分布之间的差异越小，越倾向于认为样本来源于正态分布. 两个总体分布的 Kolmogorov-Smirnov 拟合优度检验法是比较两个样本的经验分布函数，如果两个经验分布之间的差值过大，倾向于认为样本不是来源于同一总体分布.

4. 非参数回归

在实际应用中，变量之间的函数关系比较复杂，往往很难准确设定函数. 非参数回归并不事前设定变量之间的函数具体形式，只是约束函数具有连续性或光滑性，更充分利用观测数据进行拟合，拟合函数具有更好的稳健性. 回归函数估计选用的数据光滑方法主要有滑动平均、核回归光滑、k 近邻光滑、局部多项式回归、Loess 局部加权回归、光滑样条、Friedman 超光滑法等方法. 非参数回归的光滑参数选择很重要. 光滑参数选择的常用评价标准为均方误差，也称为风险. 在实际应用中，选用平均残差平方和代替均方误差，或称为训练误差. 光滑参数选取方法有交叉验证得分法、广义交叉验证得分法. 非参数回归模型的统计检验类似于参数回归模型的统计检验，包括模型显著性检验，如 F 检验和广义似然比检验；拟合效果检验，如拟合优度检验、残差序列相关性检验、残差异方差性检验、残差正态性检验等. 非参数密度估计类似于非参数回归模型估计，需要选择核函数和光滑参数，如直方图密度估计法和核密度估计法. 分位数回归能够描述自变量对因变量的分位数、分布尺度和分布形状的影响，有助于全面分析因变量的条件分布完整特征.

6.6 次序统计量和线性秩统计量

6.6.1 次序统计量

令 $X=(X_1,X_2,\cdots,X_n)$ 为样本，将其由小到大顺序排列为 $X_{(1)}\leqslant X_{(2)}\leqslant\cdots\leqslant X_{(n)}$，则 $(X_{(1)},X_{(2)},\cdots,X_{(n)})$ 称为样本 X 的次序统计量(order statistics). 其中，$X_{(r)}$ 称为第 r 个次序统计量 $(r=1,2,\cdots,n)$. 如果 $X_1,X_2,\cdots,X_n$ 是从同一分布 $F(x)$ 中抽取的独立同分布样本，则称 $X_{(1)}\leqslant X_{(2)}\leqslant\cdots\leqslant X_{(n)}$ 是 $F(x)$ 的容量为 n 的次序样本. 次序统计量 $X_{(r)}$ 的分布函数为

$$F_r(x)=\sum_{j=r}^{n}\mathrm{C}_n^j F^j(x)(1-F(x))^{n-j} \tag{6.1}$$

记 $F(x)$ 的概率密度函数为 $f(x)$，则 $F_r(x)$ 的概率密度函数为

$$f_r(x)=\frac{n!}{(r-1)!(n-r)!}F^{r-1}(x)(1-F(x))^{n-r}f(x) \tag{6.2}$$

其中，令 $r=1$ 和 $r=n$，得到最小次序统计量 $X_{(1)}$ 与最大次序统计量 $X_{(n)}$ 的分布函数. 若 $X_{(1)}\leqslant X_{(2)}\leqslant\cdots\leqslant X_{(n)}$ 是从分布 $F(x)$ 中抽取的次序样本，记 $U_{(i)}=F(x_{(i)})$，$i=1,2,\cdots,n$，则 $U_{(1)}\leqslant U_{(2)}\leqslant\cdots\leqslant U_{(n)}$ 是从区间(0, 1)上均匀分布随机抽取的次序样本.

6.6.2 线性秩统计量

记 $X_{(1)}\leqslant X_{(2)}\leqslant\cdots\leqslant X_{(n)}$ 是连续总体 $F(x)$ 的容量为 n 的次序样本. 若 $X_i=X_{(r_i)}$，则观测值 X_i 的秩 $R_i=r_i$，$i=1,2,\cdots,n$. 即秩 R_i 是 X_i 在次序统计量 $X_{(1)}\leqslant X_{(2)}\leqslant\cdots\leqslant X_{(n)}$ 中的位序. 对于 $r_i=1,2,\cdots,n$，$P(R_i=r_i)=1/n$. 假设 $r_1,\cdots,r_n$ 为 $1,\cdots,n$ 的任意一个排列，则 $P(R_1=r_1,\cdots,R_n=r_n)=1/n!$. 秩 R_i 的期望 $E(R_i)=(n+1)/2$，方差 $\mathrm{Var}(R_i)=(n+1)(n-1)/12$.

假定 R_i^+ 为 $|X_i|$ 在 $|X_1|,\cdots,|X_n|$ 中的秩. 记 $a_n^+(\cdot)$ 为定义在整数 $1,\cdots,n$ 上的非降函数，满足 $0\leqslant a_n^+(1)\leqslant\cdots\leqslant a_n^+(n)$，并且 $a_n^+(n)>0$. 线性符号秩统计量为

$$S_n^+=\sum_{i=1}^n a_n^+(R_i^+)I(X_i>0) \tag{6.3}$$

取 $a_n^+(i)=i$，S_n^+ 是 Wilcoxon 符号秩统计量 W^+. 取 $a_n^+(i)\equiv 1$，S_n^+ 是符号统计量 S^+. 当 $X_1,\cdots,X_n$ 为独立同分布的连续型随机变量时，分布函数关于 0 点对称，则线性符号秩统计量的期望和方差分别为

$$E(S_n^+)=\frac{1}{2}\sum_{i=1}^n a_n^+(i) \tag{6.4}$$

$$\mathrm{Var}(S_n^+)=\frac{1}{4}\sum_{i=1}^n\left(a_n^+(i)\right)^2 \tag{6.5}$$

更一般的线性秩统计量的函数为

$$S_n=\sum_{i=1}^n c_n(i)a_n(R_i) \tag{6.6}$$

其中，$a_n(\cdot)$ 与前面的 $a_n^+(\cdot)$ 都统称为记分函数或记分，而 $c_n(\cdot)$ 称为回归常数. 如果 $X_1,\cdots,X_n$ 为独立同分布的连续型随机变量，有

$$E(S_n)=n\bar{c}\,\bar{a} \tag{6.7}$$

$$\mathrm{Var}(S_n)=\frac{1}{n-1}\sum_{i=1}^n[c_n(i)-\bar{c}]^2[a_n(i)-\bar{a}]^2 \tag{6.8}$$

这里，$\bar{a}=\sum_{i=1}^n a_n(i)/n$，$\bar{c}=\sum_{i=1}^n c_n(i)/n$. 取 $N=m+n$，$a_N(i)=i$，$c_N(i)=I(i>m)$，则 S_n 为两样本的 Wilcoxon 统计量. 选取正态分位点 $\Phi^{-1}(i/(n+1))$ 为 $a_n(t)$，称为正态记分. 线性秩统计量

$$S_n = \sum_{i=1}^{n} \Phi^{-1}\left(\frac{R_i}{n+1}\right) \tag{6.9}$$

称为 ven der Waerden 正态记分统计量. 令 $\text{sign}(x)$ 为符号函数,

$$\text{sign}(x) = \begin{cases} 1, & x > 0, \\ 0, & x = 0, \\ -1, & x < 0 \end{cases}$$

则

$$S_n = \sum_{i=1}^{n} a_n^+(R_i^+)\text{sign}(X_i) \tag{6.10}$$

若 $X_1,\cdots,X_n$ 为相互独立的连续型随机变量, 分布函数关于原点对称, 有

$$E(S_n) = 0$$

$$\text{Var}(S_n) = \sum_{i=1}^{n}\left(a_n^+(R_i^+)\right)^2$$

6.6.3 渐近相对效率

给定犯第一类错误概率 α 和犯第二类错误概率 β, 对于任意检验 T, 在理论上可以找到满足要求的样本量 n. 不同的检验需要样本量并不一样. 相对来说, 样本量大的检验就不如样本量小的检验效率高. 为了满足给定的 α 和 β, 检验 T_1 需要的样本量为 n_1, 检验 T_2 需要的样本量为 n_2, 则 n_1/n_2 为检验 T_2 对检验 T_1 的相对效率. 相对效率高的检验, 需要较小的样本量, 且满足犯第一类错误概率 α 和犯第二类错误概率 β 的要求. 固定 α, 并令 $n_1 \to \infty$, 为了保持检验 T_2 具有与检验 T_1 相同的参数 α 和 β 要求, 检验 T_2 的样本量 n_2 也要增加. 如果相对效率 n_1/n_2 存在极限, 则称其为检验 T_2 对检验 T_1 的渐近相对效率(ARE), 也称为 Pitman 效率. 渐近相对效率用于比较两个统计检验法的优良性. 在实践中, 小样本情形下的相对效率往往接近大样本情形下的渐近相对效率.

在进行非参数统计建模时, 由于分析问题的复杂性, 计算量往往较大, 需要借助统计软件. 后面章节的非参数统计建模主要使用 R 软件.

习 题 6

1. 判断下述几个问题, 是否适合用于非参数统计模型? 如果适合, 指出应该使用何种非参数统计模型?

(1) 某地高校每年需要对大学毕业生就业前景看法进行调查评估. 对比分析两个不同大学的毕业生对于就业前景看法是否存在差异?

(2) 现收集到某地河东村和河西村的农民年收入的抽样数据, 判断两个村的村民收入是否有所不同?

(3) 某城市统计得到管辖下 10 个县的文盲率和人均 GDP 的有关数据, 尝试分析文盲率与人均 GDP

之间是否相关？若相关，是正相关还是负相关？

(4) 某车间生产了一批车轴，记录车轴的直径，验证车轴的直径尺寸是否服从指定正态分布.

2. 冬季奥运会比赛中某花样滑冰 5 位选手的最终得分依次为: 89, 97, 82, 90, 94. 对 5 位选手最终得分排序并求秩和.

3. 某女子每日记录体重变化，连续一周每天体重与前一天体重的差值(单位: kg)记录如下: + 2.5, –0.5, + 0.8, –1.5, + 0.4, –1.0, –1.7. 对每日体重变化的绝对值排序求秩，计算 Wilcoxon 符号秩统计量.

4. 秩统计量 $R=(R_1,R_2,\cdots,R_n)$, $i=1,2,\cdots,n$. 证明:

(1) $E(R_i)=\dfrac{n+1}{2}$;

(2) $\operatorname{Var}(R_i)=\dfrac{(n+1)(n-1)}{12}$.

第7章

位置参数的非参数检验

均值、中位数、众数等都是统计分析中的重要参数，统称为位置参数．例如，统计学专业本科毕业学生正式入职的“平均工资”和“中间工资”是统计学专业本科毕业并正式入职的所有学生总体的位置参数，即均值和中位数．在2010年中国人口年龄结构中，人口最多的年龄是 2010 年中国所有公民年龄数据总体的众数，也是位置参数．位置参数是总体分布的数据特征．有时，不仅关注总体的位置参数，还要知道总体的方差、标准差和极差等描述分布离散程度的参数，称为总体的尺度参数．

本章将主要介绍位置参数的非参数检验，重点是单个总体与两个总体位置参数的检验，最后将多个总体的检验作为扩展知识给出．

7.1 单个总体和两个总体位置参数的检验

在实际应用中，常常要估计总体的位置参数，或对总体位置参数是否等于某个已知数值进行检验．比如，某行业流动人口年收入的中位数是否达到预期的年收入标准．某保险公司车辆险业务保单理赔金额的平均数是否超过了预设的警戒标准．对于两个总体，往往是比较两个总体的位置参数大小．例如，两种品牌汽车的耗油量哪一种更小，两个省会城市的每天交通事故数哪个更低．本节主要介绍有关单个总体的 Wilcoxon 符号秩检验，两个总体的 Wilcoxon (Mann-Whitney)秩和检验．

7.1.1 Wilcoxon 符号秩检验

Wilcoxon 符号秩检验是检验总体的中心位置 M 是否与给定的中心位置参数 M_0 一致．该检验对观测值和原假设中总体的中心位置参数之差的绝对值排序，计算相应的秩，再分别按照差值的正负符号相加构造检验统计量．检验统计量利用了观测值和原假设总体的中心位置之差的大小信息．

记 $X_1,X_2,\cdots,X_n$ 为连续对称总体分布的观测样本. 连续对称总体分布的中位数等于均值. Wilcoxon 符号秩检验用差值 $|X_i-M_0|$ 代表这些样本点到 M_0 的距离, 将这些差值升序排列, 计算对应的秩. 记 W^+ 为 $X_i-M_0>0$ 的 $|X_i-M_0|$ 的秩和(正秩和), W^- 为 $X_i-M_0<0$ 的 $|X_i-M_0|$ 的秩和(负秩和). 此时注意 $W^++W^-=n(n+1)/2$. 根据原假设和备择假设, 选取检验统计量 W. 原假设、备择假设和相应的检验统计量 W 见表 7.1.

表 7.1 Wilcoxon 符号秩检验的检验统计量

原假设	备择假设	检验统计量 W
$H_0: M \leqslant M_0$	$H_1: M > M_0$	$W = W^-$
$H_0: M \geqslant M_0$	$H_1: M < M_0$	$W = W^+$
$H_0: M = M_0$	$H_1: M \neq M_0$	$W = \min(W^+, W^-)$

根据统计量 W 的观测值, 利用统计软件或查 Wilcoxon 符号秩检验的分布表计算在原假设成立下的 P 值. 如果 P 值小于或等于给定显著性水平, 则倾向于拒绝原假设. 如果 P 值较大, 则没有充分证据拒绝原假设. 当 n 太大而无法查表时, 可利用正态分布近似. 在原假设下, 近似服从标准正态分布的统计量为

$$Z=\frac{W-n(n+1)/4}{\sqrt{n(n+1)(2n+1)/24}} \tag{7.1}$$

如果有相同的观测值, 称其为结, 结中观测值的秩为相同观测值的秩平均值. 这样的秩被称为中间秩. 比如, 2, 3, 3, 7 四个观测值的秩分别为 1, 2.5, 2.5, 4. 也就是说, 处于第二和第三位置的两个观测值 3 对应的秩都是(2 + 3)/2 = 2.5. 当存在结的情况时,

$$Z=\frac{W-n(n+1)/4}{\sqrt{n(n+1)(2n+1)/24-\left[\sum_{i=1}^{g}(\tau_i^3-\tau_i)\right]\Big/48}} \tag{7.2}$$

其中, τ_i 表示第 i 个结中的观测值数量, g 为结的个数.

1. Wilcoxon 符号秩检验步骤

(1) 计算每个观测值的秩. 对 $i=1,\cdots,n$, 计算 X_i-M_0. 若差值 $X_i-M_0>0$, 标记为 "+"; 否则标记为 "−". 对所有的 $|X_i-M_0|$ 排序, 计算相应的秩. 若 $|X_i-M_0|=0$, 剔除该观测值. 如果观测值中有结, 计算结中观测值的平均秩.

(2) 计算正秩和与负秩和. 计算满足 $X_i-M_0>0$ 的 $|X_i-M_0|$ 的秩之和 W^+; 满足 $X_i-M_0<0$ 的 $|X_i-M_0|$ 的秩之和 W^-.

(3) 选择检验统计量. 根据原假设和备择假设, 选取检验统计量 W, 见表 7.1.

(4) 根据检验统计量 W 的观测值, 计算在原假设成立下的 P 值. 如果 n 很大, 利用近

似服从正态分布的统计量, 得到 P 值. 如果 P 值小于显著性水平, 则倾向于拒绝原假设. 如果 P 值大于显著性水平, 则没有充分证据拒绝原假设.

2. 基于 Wilcoxon 符号秩检验的点估计和置信区间

对于连续对称总体, 样本中位数是样本的对称中心, 也是总体均值或总体中位数的估计. 假定 $X_1, X_2, \cdots, X_n$ 是来自总体的一组样本, 总体的对称中心为 θ. 对样本中每两个不同的样本点计算 Walsh 平均, $(X_i + X_j)/2, i \leqslant j, i, j = 1, 2, \cdots, n$. 共有 $n(n+1)/2$ 个 Walsh 平均值. 可以验证

$$W^+(\theta) = \#\left\{\frac{X_i + X_j}{2} > \theta, i \leqslant j\right\} \tag{7.3}$$

符号#{}表示满足集合条件的元素个数. 对称中心 θ 的 Hodges-Lehmann 估计量为

$$\hat{\theta} = \text{median}\left\{\frac{X_i + X_j}{2}, i \leqslant j\right\} \tag{7.4}$$

将 Walsh 平均值按升序排列, 记为 $W_{(1)}, W_{(2)}, \cdots, W_{(N)}$, $N = n(n+1)/2$. 在给定显著性水平 α 的条件下, 查表得到整数 k, 满足条件

$$P(W^+ < k) \leqslant \alpha/2, \quad P(W^+ \geqslant n-k) \leqslant \alpha/2 \tag{7.5}$$

对于大样本, 相应的 k 值为

$$k \approx \frac{n(n+1)}{4} - Z_{\alpha/2}\sqrt{\frac{n(n+1)(2n+1)}{24}} \tag{7.6}$$

在置信概率 $(1-\alpha)$ 下对称中心 θ 的置信区间为 $\left(W_{(k+1)}, W_{(N-k)}\right)$.

7.1.2　随机性游程检验

一名学生参加考试, 试卷的题目答对记为 1, 题目未答对记为 0. 如果该学生没有复习, 题目的答案都是猜测的, 猜对的概率为 0.5, 题目答对与否都是随机的, 1 和 0 的分布是随机分布, 出现很多 1 或 0 连在一起的概率很小, 出现 1 和 0 交替太频繁的概率也很小. 例如, 20 道题目的答题结果为

0, 0, 0, 1, 1, 1, 0, 0, 0, 0, 1, 1, 1, 1, 0, 0, 0, 0, 0, 0

连续出现相同符号 0 或相同符号 1 的情况称为 1 个游程. 试卷答题结果有 3 个 0 游程: "0, 0, 0" "0, 0, 0, 0" "0, 0, 0, 0, 0, 0"; 2 个 1 游程: "1, 1, 1" "1, 1, 1, 1". 游程总数 $R = 5$. 记数据中 0 的总数 $m = 13$, 1 的总数 $n = 7$, 总的观测次数 $N = m + n$. 在给定 m 和 n 的条件下, 任意 m 个 0 和 n 个 1 的排列概率都是 $1\Big/\binom{N}{n}$ 或 $1\Big/\binom{N}{m}$. 游程个数 R 的条件分布等于

$$P(R = 2k) = \frac{2\binom{m-1}{k-1}\binom{n-1}{k-1}}{\binom{N}{n}} \tag{7.7}$$

$$P(R=2k+1)=\frac{\binom{m-1}{k-1}\binom{n-1}{k}+\binom{m-1}{k}\binom{n-1}{k-1}}{\binom{N}{n}} \tag{7.8}$$

对于假设检验的原假设 H_0：观测数据具有随机性；备择假设 H_1：观测数据不具有随机性，构造 Wald-Wolfowitz 检验，需要利用统计软件计算 P 值. 当样本量很大时，在原假设条件成立下，近似服从标准正态分布的检验统计量为

$$Z=\frac{R-\left(\frac{2mn}{m+n}+1\right)}{\sqrt{\frac{2mn(2mn-m-n)}{(m+n)^2(m+n-1)}}} \tag{7.9}$$

查找标准正态分布表，得到 P 值.

随机性游程检验步骤

(1) 确定 0 游程和 1 游程的个数. 从第 1 个观测值起，连续出现观测值 0 记为 1 个 0 游程，连续出现观测值 1 记为 1 个 1 游程. 0 游程数和 1 游程数分别记为 R_0, R_1.

(2) 分别计算观测值 0 和观测值 1 的个数. 记 m 为观测值 0 的总数，n 为观测值 1 的总数，观测值的个数为 $N=m+n$.

(3) 计算检验统计量. 检验统计量为游程总数 $R=R_0+R_1$.

(4) 当原假设 H_0 成立，计算相应的 P 值. 如果 P 值小于显著性水平，则倾向于拒绝原假设. 如果 P 值大于显著性水平，则没有充分证据拒绝原假设.

在上述例子中，由 20 道题目的答题结果，可以算出 $R_0=3$，$R_1=2$，游程总数 $R=5$，观测值 0 的总数 $m=13$，观测值 1 的总数 $n=7$，观测总数 $N=m+n=20$. 通过 R 程序计算得到：双边检验的 $P=2\times 0.0071=0.0142$. 在显著性水平 $\alpha=0.05$ 下，双边检验 P 值小于显著性水平 α，认为有充分证据说明该学生题目答对与否不是随机的.

7.1.3 Wilcoxon(Mann-Whitney)秩和检验

Wilcoxon(Mann-Whitney)秩和检验是检验两个总体的位置参数. 例如，检验两个地区城镇职工月工资的中位数是否相等，即检验两个总体的位置参数是否相等. 总体 X 和 Y 的中位数分别记为 M_X 和 M_Y. 原假设 H_0：两个总体的中位数相等，可以表示为 $H_0: M_X=M_Y$. 假定两个总体有类似的分布形状，不要求分布对称. Wilcoxon(Mann-Whitney)秩和检验的思路是，将两个样本混合后排序，依次计算每个观测值的秩，分别对每个样本的秩求和，依据两个秩和相对大小对原假设进行检验.

假设第 1 个总体的 m 个观测值记为 $X_1,\cdots,X_m$，第 2 个总体的 n 个观测值记为 $Y_1,\cdots,Y_n$. 将 $N=m+n$ 个观测值混合在一起，并从小到大排列，计算每个观测值的秩. 分别记 R_i^X 和 R_j^Y 为 X_i 和 Y_j 的秩. 秩和 $W_Y=\sum_{j=1}^{n}R_j^Y$，$W_X=\sum_{i=1}^{m}R_i^X$ 为 Wilcoxon 秩和统计量①. 对于两

① Wilcoxon F. Individual comparisons by ranking methods[J]. Biometrics, 1945, 1: 80-83.

个总体中位数不相等的双边假设检验，如果W_Y很小或者W_X很小，倾向于拒绝原假设.

记W_{XY}为所有Y的观测值大于X的观测值的个数. 例如, 假设X的5个观测值和Y的4个观测值，按从小到大排列为$x_1,x_2,y_1,y_2,x_3,y_3,x_4,x_5,y_4$，则$Y$的观测值大于$X$的观测值的情况为：$(x_1,y_1),(x_1,y_2),(x_1,y_3),(x_1,y_4)$，$(x_2,y_1),(x_2,y_2)$，$(x_2,y_3),(x_2,y_4)$，$(x_3,y_3),(x_3,y_4)$，$(x_4,y_4),(x_5,y_4)$．所有$Y$的观测值大于$X$的观测值的个数为 12，即$W_{XY}=12$. 可以计算，$W_Y=3+4+6+9=22$，并且$W_Y=W_{XY}+4\times(4+1)/2$．称$W_{XY}$或$W_{YX}$为 Mann-Whitney 统计量[①]．$W_Y=W_{XY}+n(n+1)/2$，$W_X=W_{YX}+m(m+1)/2$，$W_{XY}+W_{YX}=nm$．检验统计量$W_Y$和$W_{XY}$是等价的，都称为 Mann-Whitney-Wilcoxon 统计量.

原假设H_0：两个总体的中位数相等$M_X=M_Y$．备择假设$H_1:M_X>M_Y$，检验统计量W_Y小或W_{XY}小，倾向于支持备择假设．$H_0:M_X=M_Y;H_1:M_Y>M_X$，当检验统计量W_Y大或W_{XY}大，倾向于支持备择假设. 当样本量很大时，在原假设成立的情况下，近似服从标准正态分布的检验统计量

$$Z=\frac{W_{XY}-mn/2}{\sqrt{mn(N+1)/12}} \tag{7.10}$$

等价地

$$Z=\frac{W_Y-n(N+1)/2}{\sqrt{mn(N+1)/12}} \tag{7.11}$$

如果存在打结的情况，近似服从标准正态分布的检验统计量

$$Z=\frac{W_{XY}-mn/2}{\sqrt{mn(N+1)/12-mn\left(\sum_{i=1}^{g}\tau_i^3-\sum_{i=1}^{g}\tau_i\right)\Big/12(m+n)(m+n+1)}} \tag{7.12}$$

其中，τ_i为结统计量，g为结的个数.

Wilcoxon 秩和检验统计量和 Mann-Whitney 检验统计量是等价的. 下面只给出了 Wilcoxon 秩和检验的具体步骤.

1. Wilcoxon 秩和检验的步骤

(1) 排序赋秩. 将两个总体X和Y的观测值混合并按升序排列，分别计算X的观测值和Y的观测值在总样本中的秩.

(2) 计算每个样本秩和. 将X样本在总样本中的秩之和记为W_X，将Y样本在总样本中的秩之和记为W_Y.

(3) 选择检验统计量. 根据原假设和备择假设，选取检验统计量W．原假设、备择假设和相应的检验统计量见表 7.2.

① Mann H B, Whitney D R. On a test of whether one of two random variables is stochastically larger than the other[J]. Ann. Math. Statist., 1947, 18: 50-60.

表 7.2 Wilcoxon 秩和检验(Mann-Whitney 检验)的检验统计量

原假设	备择假设	检验统计量 W
$H_0:M_X=M_Y$	$H_1:M_X>M_Y$	$W=W_{XY}$ 或 W_Y
$H_0:M_X=M_Y$	$H_1:M_X<M_Y$	$W=W_{YX}$ 或 W_X
$H_0:M_X=M_Y$	$H_1:M_X\neq M_Y$	$W=\min(W_{YX},W_{XY})$ 或者 $W=\min(W_X,W_Y)$

(4) 根据检验统计量W的观测值，利用统计软件或查 Wilcoxon 符号秩检验的分布表，计算在原假设成立下的P值. 如果n很大，计算近似服从标准正态分布的检验统计量的P值. 如果P值小于显著性水平，则倾向于拒绝原假设. 如果P值大于显著性水平，则没有充分证据拒绝原假设.

2. M_X-M_Y的点估计和区间估计

为了估计$\varDelta\equiv M_X-M_Y$，将X和Y的观测值$x_1,\cdots,x_m$和$y_1,\cdots,y_n$成对相减，得到mn个差值，记$L=mn$，

$$D_k=x_i-y_j,\quad k=1,2,\cdots,L,\quad i=1,2,\cdots,m,\quad j=1,2,\cdots,n \tag{7.13}$$

则两个总体的位置参数之差$\varDelta\equiv M_X-M_Y$的点估计为

$$\hat{\varDelta}=\text{median}\{D_k,\ k=1,2,\cdots,L\} \tag{7.14}$$

为了构造$\varDelta\equiv M_X-M_Y$的置信区间，将D_k，$k=1,2,\cdots,L$按升序排列，记为$D_{(1)},D_{(2)},\cdots,D_{(L)}$. 查表得到$k$，满足下式

$$P(W_{XY}\leqslant k)=\alpha/2 \tag{7.15}$$

则在置信概率$(1-\alpha)$下$\varDelta=M_X-M_Y$的置信区间为(D_k,D_{L+1-k}).

7.1.4 成对数据检验

在实际应用中，减小试验单元对假设检验结果的影响很重要. 在收集数据过程中，试验尽可能选择相同或者相似的试验单元. 在农业试验中，为了比较两种农作物的产量，需要选择土壤、阳光、水分等尽可能相同的地块. 在工业试验中，为了比较两种测量的精度，需要选择硬度、质地等尽可能相同的试件. 在医学试验中，为了比较两种药物疗效，需要选择身体素质、疾病严重程度、生活习惯等尽可能相同的病人. 相同或相似性质的试验单元可以更好地减小由于试验单元性质差异所造成的误差，提高统计分析结果的精度. 成对数据中每对数据都是来自相同或相似的试验单元，成对数据之间相互独立.

假定n个成对观测数据为$(X_1,Y_1),(X_2,Y_2),\cdots,(X_n,Y_n)$，$M_d$为$Y-X$的中位数. 假设检验问题为原假设$H_0:M_d=M_0$；备择假设$H_1:M_d\neq M_0$. 利用观测数据$D_i=Y_i-X_i$，$i=1,2,\cdots,n$，直接采用单样本的 Wilcoxon 符号秩检验.

成对数据检验的步骤

(1) 计算每个观测值的秩. 计算 n 对观测 $(X_1,Y_1),(X_2,Y_2),\cdots,(X_n,Y_n)$ 的差值, 计算结果记为 $D_i=Y_i-X_i$, $i=1,2,\cdots,n$. 对 $i=1,2,\cdots,n$, 计算 D_i-M_0. 若差值 $D_i-M_0>0$, 标记为"+"; 否则标记为"−". 对所有的 $|D_i-M_0|$ 排序, 计算相应的秩. 若 $|D_i-M_0|=0$, 剔除对应的观测值. 如果数据中有结, 计算结中观测值的平均秩.

(2) 计算正秩和与负秩和. 计算满足 $D_i-M_0>0$ 的 $|D_i-M_0|$ 的秩之和 W^+; 满足 $D_i-M_0<0$ 的 $|D_i-M_0|$ 的秩之和 W^-.

(3) 选择检验统计量. 根据原假设和备择假设, 选取检验统计量 W. 原假设、备择假设和相应的检验统计量见表 7.1.

(4) 根据检验统计量 W 的观测值, 利用统计软件或查 Wilcoxon 符号秩检验的分布表, 计算在原假设成立下的 P 值. 如果 n 很大, 计算近似服从标准正态分布检验统计量的 P 值. 如果 P 值小于显著性水平, 则倾向于拒绝原假设. 如果 P 值大于显著性水平, 则没有充分证据拒绝原假设.

假设10个人服用减肥药物前后的体重, 见表7.3. 每个人有2个观测值(单位: kg),分别表示服用减肥药物前、后的体重, 来自同一人的两个观测值作为成对数据.

表 7.3　服用减肥药物前后的体重

服用药物前	55.61	69.97	73.64	78.15	89.88	91.38	98.88	106.65	83.65	70.85
服用药物后	55.43	72.84	63.44	73.83	83.83	93.61	99.59	104.48	78.88	75.55

如果减肥药物有效, 多数人服用减肥药物前体重大于服用减肥药物后体重. 如果减肥药物无效, 多数人服用减肥药物前体重并不大于服用减肥药物后体重. 服用减肥药物前后体重差值, 可用于评价服用减肥药物的有效性. 服用减肥药物前后体重差值的中位数作为服用减肥药物有效性的评价标准. 为了检验减肥药物是否有效, 原假设 $H_0:M_d=0$; 备择假设 $H_1:M_d<0$.

计算服用减肥药物前后成对数据的差值 $D_i=y_i-x_i$ ($i=1,2,\cdots,10$), 见表7.4第1行. 服用减肥药物前体重记为 $x_1,x_2,\cdots,x_{10}$, 服用减肥药物后体重记为 $y_1,y_2,\cdots,y_{10}$. 计算差值 $D_i=y_i-x_i$ ($i=1,2,\cdots,10$)的正负符号, 并对 $|D_i|$ ($i=1,2,\cdots,10$) 排序赋秩. 检验统计量 $W^+=18$, 相应的 P 值为 0.375. 在显著性水平 0.05 下, 没有充分证据拒绝原假设, 即认为服药前后体重没有显著差异, 服用减肥药物对体重下降没有影响.

表 7.4　服用减肥药物前后体重差值

$D_i=y_i-x_i$	−0.18	2.87	−10.2	−4.32	−6.05	2.23	0.71	−2.17	−4.77	4.7
D_i 的符号	−	+	−	−	−	+	+	−	−	+
$\|D_i\|$ 的秩	1	5	10	6	9	4	2	3	8	7

7.2 河北省与河南省经济发展水平分析

国内生产总值(gross domestic product, GDP)是经济学中衡量地区经济发展水平的总量指标. 城市人均 GDP 也是地区居民生活水平和消费能力的重要参照. 河北省和河南省都是我国中部大省. 京津冀一体化上升为国家重大发展战略, 必然为河北省提供了经济发展机遇. 河南省具有优越的地理位置和文化传统积淀, 其经济发展也很迅速.

7.2.1 研究背景与目标

某大型投资企业计划业务转型, 开展餐饮酒店连锁业务, 总部预计设置在河北省或者河南省. 为了更好开展未来的餐饮酒店连锁业务, 总部应该选择在居民生活水平相对更好, 消费能力更强的地区. 为此, 分析两个省域经济发展水平和消费能力是否达到全国的平均水平, 比较河北省和河南省的居民生活水平和消费能力的相对强弱.

7.2.2 选择相关变量

评价某地区的居民生活水平和消费能力应该建立指标体系. 为了演示方便, 选择城市人均 GDP 代表地区的居民生活水平和消费能力. 简单地用城市人均 GDP 来评价省域的居民生活水平和消费能力并不严谨. 本例是模拟实例, 暂不考虑其他影响变量. 城市人均 GDP 是指 2015 年河北省和河南省城市居民的人均 GDP. 2015 年全国城市人均 GDP 为 50251 元.

7.2.3 收集数据

2015 年河北省和河南省城市居民的人均 GDP 数据来源于国家统计局网站, 数据见表 7.5 (单位: 元). 河北省有 11 个城市, 河南省有 17 个城市.

表 7.5 2015 年河北省和河南省的城市人均 GDP

河北省		河南省	
城市	人均 GDP	城市	人均 GDP
石家庄	61795	郑州	74357
唐山	89144	开封	36283
秦皇岛	53060	洛阳	67366
邯郸	46034	平顶山	43538
邢台	30186	安阳	41181
保定	35841	鹤壁	52472
张家口	42448	新乡	58451
承德	43202	焦作	42813

续表

河北省		河南省	
城市	人均 GDP	城市	人均 GDP
沧州	95188	濮阳	51411
廊坊	86266	许昌	50741
衡水	48341	漯河	42129
		三门峡	57580
		南阳	36210
		商丘	22427
		信阳	35977
		周口	27391
		驻马店	32434

7.2.4 数据分析过程

数据分析过程包括省域城市人均 GDP 与全国城市人均 GDP 的比较，判断省域经济发展水平是否达到当年全国城市人均 GDP 水平. 比较河北省城市人均 GDP 和河南省城市人均 GDP，判断两省居民生活水平和消费能力的差异. 河北省包括 11 个城市，2015 年城市人均 GDP 记为 X_i，$i=1,\cdots,m$，$m=11$. 河南省包括 17 个城市，2015 年城市人均 GDP 记为 Y_j，$j=1,\cdots,n$，$n=17$.

1. 省域城市人均 GDP 与中国城市人均 GDP 相等性检验

为了分析两个省域经济发展水平是否达到当年全国城市人均 GDP 水平，采用单样本 Wilcoxon 符号秩检验，分别检验两个省域城市人均 GDP 的中位数是否等于当年全国城市人均 GDP 水平 50251 元，显著性水平设定为 $\alpha=0.05$.

1) 河北省城市人均 GDP 与中国城市人均 GDP 相等的 Wilcoxon 符号秩检验

河北省城市人均 GDP 的中位数等于 50251 元的假设检验，原假设河北省城市人均 GDP 的中位数为 50251 元，即 $H_0: M_X=50251$；备择假设 $H_1: M_X<50251$.

Wilcoxon 符号秩检验步骤如下.

(1) 排序赋秩. 将河北省城市人均 GDP 的观测值 $x_i\,(i=1,\cdots,11)$ 分别减去 $M_0=50251$，得到 $|x_i-M_0|$ 序列见表 7.6 中第 2 列；按由小到大顺序排列，计算相应的秩，见表 7.6 中第 3 列.

(2) 计算正秩和与负秩和. 表 7.6 的第 4 列标注 x_i-M_0 的正负号. 计算负秩和 $W^-=3+8+7+5+4+1=28$，正秩和 $W^+=6+10+2+11+9=38$.

(3) 选择检验统计量. 备择假设 $H_1: M<50251$，则检验统计量 $W=\min\,(W^-,W^+)=28$.

(4) 计算在原假设成立下检验统计量的 P 值. 在原假设成立下，利用统计软件计算的 P 值为 0.7002. 在显著性水平 $\alpha=0.05$ 下，由于 $P>\alpha$，没有充分证据拒绝原假设，即河北省城市人均 GDP 中位数和中国城市人均 GDP 水平 50251 元之间的差异不显著.

表 7.6 河北省城市人均 GDP 的 Wilcoxon 符号秩检验的数据

x_i	$\|x_i - M_0\|$	秩	符号
61795	11544	6	+
89144	38893	10	+
53060	2809	2	+
46034	4217	3	−
30186	20065	8	−
35841	14410	7	−
42448	7803	5	−
43202	7049	4	−
95188	44937	11	+
86266	36015	9	+
48341	1910	1	−

基于 Wilcoxon 符号秩检验，为了估计河北省城市人均 GDP 中位数，计算河北省城市人均 GDP 的 Walsh 平均，共有 $N = m(m+1)/2 = 66$ 个，按由小到大顺序排列，见表 7.7.

表 7.7 河北省城市人均 GDP 的 Walsh 平均

序号	Walsh 平均	序号	Walsh 平均
1	30186.0	17	44450.5
2	33013.5	18	44618.0
3	35841.0	19	45394.5
4	36317.0	20	45771.5
5	36694.0	21	45990.5
6	38110.0	22	46034.0
7	39144.5	23	47187.5
8	39263.5	24	47754.0
9	39521.5	25	48131.0
10	40937.5	26	48341.0
11	41623.0	27	48818.0
12	42091.0	28	49547.0
13	42448.0	29	50700.5
14	42825.0	30	52121.5
15	43202.0	31	52498.5
16	44241.0	32	53060.0

续表

序号	Walsh 平均	序号	Walsh 平均
33	53914.5	50	68742.5
34	55068.0	51	68818.0
35	57427.5	52	69195.0
36	58226.0	53	69663.0
37	59665.0	54	70611.0
38	61053.5	55	71102.0
39	61795.0	56	71764.5
40	62492.5	57	74030.5
41	62687.0	58	74124.0
42	64357.0	59	75469.5
43	64734.0	60	78491.5
44	65514.5	61	86266.0
45	65796.0	62	87705.0
46	66150.0	63	89144.0
47	66173.0	64	90727.0
48	67303.5	65	92166.0
49	67589.0	66	95188.0

河北省城市人均 GDP 中位数的 Hodges-Lehmann 估计为 54491.25. 在置信概率 95%下置信区间为$(W_{(k+1)},W_{(66-k)})$，其中$k=11$. 即在置信概率 95%下河北省城市人均 GDP 中位数的置信区间为$(42091, 71102)$.

2) 河南省城市人均 GDP 与中国城市人均 GDP 相等的 Wilcoxon 符号秩检验

对于河南省城市人均 GDP 的中位数等于 50251 元的假设检验, 原假设为河南省城市人均 GDP 中位数为 50251 元, $H_0:M_Y=50251$；备择假设为$H_1:M_Y<50251$.

Wilcoxon 符号秩检验步骤如下.

(1) 排序赋秩. 将河南省城市人均 GDP 的观测值$y_j\ (j=1,\cdots,17)$分别减去$M_0=50251$, 得到$|y_j-M_0|$序列, 见表 7.8 中第 2 列; 按由小到大顺序排列, 计算相应的秩, 见表 7.8 中第 3 列.

(2) 计算正秩和与负秩和. 表 7.8 中第 4 列标注y_j-M_0的正负号. 将负的秩进行加总, 得到负秩和$W^-=10+4+9+6+7+11+17+12+15+14=105$, 将正的秩进行加总, 得到正秩和$W^+=16+13+3+8+2+1+5=48$.

(3) 选择检验统计量. 依据备择假设$H_1:M_Y<50251$, 选择的检验统计量为$W=\min(W^-,W^+)=48$.

(4) 计算在原假设成立下检验统计量的 P 值. 在原假设成立下, 计算相应的 P 值为 0.1901. 在显著性水平 $\alpha=0.05$ 下, 由于 $P>\alpha$, 没有充分证据拒绝原假设, 即河南省城市人均 GDP 中位数和中国城市人均 GDP 水平 50251 元之间的差异不显著.

表 7.8 河南省城市人均 GDP 的 Wilcoxon 符号秩检验的数据

y_i	$\lvert y_j-M_0\rvert$	秩	符号
74357	24106	16	+
36283	13968	10	−
67366	17115	13	+
43538	6713	4	−
41181	9070	9	−
52472	2221	3	+
58451	8200	8	+
42813	7438	6	−
51411	1160	2	+
50741	490	1	+
42129	8122	7	−
57580	7329	5	+
36210	14041	11	−
22427	27824	17	−
35977	14274	12	−
27391	22860	15	−
32434	17817	14	−

基于 Wilcoxon 符号秩检验, 为了估计河南省城市人均 GDP 中位数, 计算河南省城市人均 GDP 的 Walsh 平均, 共有 $N=n(n+1)/2=153$ 个, 按由小到大顺序排列, 见表 7.9.

表 7.9 河南省城市人均 GDP 的 Walsh 平均

序号	Walsh 平均	序号	Walsh 平均
1	22427.0	13	32278.0
2	24909.0	14	32434.0
3	27391.0	15	32620.0
4	27430.5	16	32982.5
5	29202.0	17	34205.5
6	29318.5	18	34286.0
7	29355.0	19	34322.0
8	29912.5	20	34358.5
9	31684.0	21	34760.0
10	31800.5	22	35102.0
11	31804.0	23	35464.5
12	31837.0	24	35977.0

续表

序号	Walsh 平均	序号	Walsh 平均
25	36093.5	66	42921.0
26	36130.0	67	43175.5
27	36210.0	68	43359.0
28	36246.5	69	43475.5
29	36283.0	70	43512.0
30	36584.0	71	43538.0
31	36807.5	72	43694.0
32	36919.0	73	43810.5
33	37281.5	74	43847.0
34	37449.5	75	44224.5
35	37623.5	76	44341.0
36	37986.0	77	44377.5
37	38579.0	78	44896.5
38	38695.5	79	45007.0
39	38732.0	80	45442.5
40	39053.0	81	45961.0
41	39066.0	82	46296.0
42	39169.5	83	46435.0
43	39206.0	84	46770.0
44	39395.0	85	46777.0
45	39401.0	86	46778.5
46	39511.5	87	46826.5
47	39548.0	88	46895.0
48	39757.5	89	46931.5
49	39874.0	90	47112.0
50	39910.5	91	47139.5
51	39931.5	92	47214.0
52	40003.5	93	47300.5
53	40439.0	94	47330.5
54	41181.0	95	47367.0
55	41587.5	96	47378.5
56	41655.0	97	47474.5
57	41922.5	98	47642.5
58	41997.0	99	48005.0
59	42129.0	100	48392.0
60	42359.5	101	49380.5
61	42453.0	102	49816.0
62	42471.0	103	49854.5
63	42485.5	104	49900.0
64	42813.0	105	50196.5
65	42833.5	106	50290.0

续表

序号	Walsh 平均	序号	Walsh 平均
107	50559.0	131	55320.0
108	50632.0	132	55452.0
109	50741.0	133	55461.5
110	50874.0	134	57580.0
111	50994.5	135	57769.0
112	51076.0	136	58015.5
113	51411.0	137	58243.0
114	51606.5	138	58451.0
115	51671.5	139	58585.0
116	51788.0	140	58947.5
117	51824.5	141	59053.5
118	51941.5	142	59388.5
119	52472.0	143	59919.0
120	53395.5	144	62473.0
121	54160.5	145	62549.0
122	54273.5	146	62884.0
123	54495.5	147	62908.5
124	54596.0	148	63414.5
125	54747.5	149	65968.5
126	54931.0	150	66404.0
127	55026.0	151	67366.0
128	55089.5	152	70861.5
129	55167.0	153	74357.0
130	55283.5		

河南省城市人均 GDP 中位数的 Hodges-Lehmann 估计为 44377.5. 在置信概率 95%下置信区间为$(W_{(k+1)}, W_{(153-k)})$，其中$k=35$. 即在置信概率 95%下河南省城市人均 GDP 中位数的置信区间为$(37986, 51941.5)$.

基于上述检验结果, 从中位数角度来说, 河北省和河南省的城市人均 GDP 都不低于当年全国城市人均 GDP 水平, 这两个省域经济发展水平达到了全国经济发展中等水平, 两个省域居民生活水平和消费能力也不低于全国平均水平.

2. 两个省域城市人均 GDP 相等性检验

为了判断河北省与河南省城市人均 GDP 的中位数是否相等, 采用两样本的 Wilcoxon 秩和检验和 Mann-Whitney 检验. 检验的原假设是河北省与河南省城市人均 GDP 的中位数相等, 即原假设$H_0: M_X = M_Y$; 备择假设$H_1: M_X \neq M_Y$.

1) 两个省域城市人均 GDP 相等的 Wilcoxon 秩和检验

Wilcoxon 秩和检验的步骤如下.

(1) 排序赋秩. 将河北省城市人均 GDP 和河南省城市人均 GDP 的数据混合, 按由小到大顺序排列, 结果见表 7.10. 表 7.10 第 1 列为城市名称, 第 2 列为城市人均 GDP(单位: 元), 第 3

列为所属省份标识(河北省为 1, 河南省为 2), 第 4 列为观测值在总样本中的秩.

表 7.10 河北省与河南省城市人均 GDP 的 Wilcoxon 秩和检验数据

城市	人均 GDP	省份标识	秩	城市	人均 GDP	省份标识	秩
商丘	22427	2	1	邯郸	46034	1	15
周口	27391	2	2	衡水	48341	1	16
邢台	30186	1	3	许昌	50741	2	17
驻马店	32434	2	4	濮阳	51411	2	18
保定	35841	1	5	鹤壁	52472	2	19
信阳	35977	2	6	秦皇岛	53060	1	20
南阳	36210	2	7	三门峡	57580	2	21
开封	36283	2	8	新乡	58451	2	22
安阳	41181	2	9	石家庄	61795	1	23
漯河	42129	2	10	洛阳	67366	2	24
张家口	42448	1	11	郑州	74357	2	25
焦作	42813	2	12	廊坊	86266	1	26
承德	43202	1	13	唐山	89144	1	27
平顶山	43538	2	14	沧州	95188	1	28

(2) 计算秩和. 河北省城市人均 GDP 的秩和 $W_X = 3 + 5 + \cdots + 26 + 27 + 28 = 187$, 河南省城市人均 GDP 的秩和 $W_Y = 1 + 2 + \cdots + 22 + 24 + 25 = 219$.

(3) 选择检验统计量. 对于备择假设 $H_1: M_X \neq M_Y$, 选择 $\min(W_X, W_Y) = W_X$ 作为检验统计量 W.

(4) 计算检验统计量的 P 值. 利用 R 软件, 得到的 P 值为 0.2078. 在显著性水平 $\alpha = 0.05$ 下, 检验统计量 W 的 P 值大于 α, 没有充分证据拒绝原假设, 即河北省与河南省城市人均 GDP 的中位数没有显著差异.

2) 两个省域城市人均 GDP 相等的 Mann-Whitney 检验

Mann-Whitney 检验的步骤如下.

(1) 排序赋秩. 将河北省与河南省的城市人均 GDP 的观测值混合并按由小到大顺序排列, 分别计算观测值在总样本中的秩.

(2) 计算检验统计量 W_{XY} 和 W_{YX}. 检验统计量 W_{XY} 为河南省城市人均 GDP 大于河北省城市人均 GDP 的个数, $W_{XY} = 15 + 14 + 9 + 8 + 7 + 7 + 4 + 2 + 0 + 0 + 0 = 66$. W_{YX} 为河北省城市人均 GDP 大于河南省城市人均 GDP 的个数, $W_{YX} = 11 + 11 + \cdots + 3 + 3 = 121$.

(3) 选择检验统计量. 对于备择假设 $H_1: M_X \neq M_Y$, 选择 $\min(W_{XY}, W_{YX}) = W_{XY}$ 作为检验统计量 W.

(4) 计算检验统计量的 P 值. 利用 R 软件计算的 P 值为 0.2078. 在显著性水平 $\alpha = 0.05$ 下, 检验统计量 W 的 P 值大于 α, 没有充分证据拒绝原假设, 即河北省与河南省城市人均 GDP 的中位数没有显著差异.

3) 河北省与河南省城市人均 GDP 中位数差值 $M_X - M_Y$ 的点估计和区间估计

将河北省城市人均 GDP 和河南省城市人均 GDP 的观测值成对相减, 共有 $N = mn = 187$ 个数值, 按由小到大顺序排列, 见表 7.11.

表 7.11 成对城市人均 GDP 差值的排序

序号	$x_i - y_j$	序号	$x_i - y_j$	序号	$x_i - y_j$
1	−44171	33	−11943	65	−336
2	−38516	34	−11546	66	−136
3	−37180	35	−10995	67	319
4	−31909	36	−10110	68	389
5	−31525	37	−10024	69	588
6	−31155	38	−9270	70	1073
7	−28323	39	−9239	71	1267
8	−28265	40	−8963	72	1649
9	−27394	41	−8293	73	2021
10	−26016	42	−8209	74	2319
11	−24918	43	−7697	75	2496
12	−24164	44	−7539	76	2795
13	−22610	45	−6972	77	3221
14	−22286	46	−6438	78	3344
15	−21739	47	−6288	79	3407
16	−21332	48	−6097	80	3905
17	−21297	49	−6024	81	4215
18	−21225	50	−5791	82	4803
19	−20555	51	−5571	83	4853
20	−19025	52	−5391	84	5528
21	−16631	53	−5377	85	6165
22	−16003	54	−5340	86	6212
23	−15570	55	−4707	87	6238
24	−15249	56	−4520	88	6471
25	−15132	57	−4131	89	6919
26	−14900	58	−3070	90	6992
27	−14378	59	−2400	91	7160
28	−14306	60	−2248	92	7225
29	−13352	61	−1090	93	7759
30	−12627	62	−442	94	8450
31	−12562	63	−369	95	9323
32	−12417	64	−365	96	9522

续表

序号	x_i-y_j	序号	x_i-y_j	序号	x_i-y_j
97	9751	128	20775	159	44137
98	9824	129	20831	160	44447
99	10014	130	20950	161	45085
100	10057	131	21778	162	45606
101	10247	132	23607	163	46331
102	10384	133	25512	164	47015
103	10768	134	25585	165	47963
104	10931	135	25669	166	49983
105	11054	136	25818	167	50056
106	11879	137	25914	168	50289
107	11909	138	27815	169	51650
108	12058	139	27822	170	52375
109	12131	140	28686	171	52861
110	12364	141	29361	172	52934
111	13414	142	30633	173	53059
112	13600	143	30693	174	53167
113	14787	144	31564	175	53832
114	15057	145	33794	176	54007
115	15811	146	34404	177	56710
116	15907	147	34855	178	58875
117	16777	148	35525	179	58905
118	16850	149	36672	180	58978
119	17083	150	36737	181	59211
120	18257	151	37608	182	61753
121	18643	152	37733	183	62754
122	18900	153	38403	184	63839
123	18982	154	39368	185	66717
124	19666	155	42716	186	67797
125	20021	156	42728	187	72761
126	20614	157	43453		
127	20626	158	43777		

河北省与河南省城市人均 GDP 中位数差值$M_X - M_Y$的点估计为$D_{(nm+1)/2} = D_{94} = 8450$元. 由于$W_{\alpha/2} = 52$，$mn+1-W_{\alpha/2} = 11\times 17+1-52 = 136$. 在置信概率 95%下, 河北省与河南省的城市人均 GDP 中位数差值的置信区间为

$$\left(D_{W_{\alpha/2}}, D_{mn+1-W_{\alpha/2}}\right) = (D_{52}, D_{136}) = (-5391, 25818)$$

7.2.5 结论

为了比较河北省和河南省城市居民生活水平和消费能力, 将城市人均GDP作为居民生活水平和消费能力的代理指标. 采用Wilcoxon符号秩检验, 分别判断河北省城市人均GDP是否小于全国城市人均GDP, 河南省城市人均GDP是否小于全国城市人均GDP. 进一步, 采用两样本Wilcoxon秩和检验和Mann-Whitney检验, 判断河北省城市人均GDP和河南省城市人均GDP的差异. 检验的显著性水平$\alpha = 0.05$. 依据上述检验结果, 得到如下结论.

(1) 河北省城市人均GDP不小于全国城市人均GDP, 河南省城市人均GDP也不小于全国城市人均GDP. 也就是说, 河北省和河南省城市居民生活水平和消费能力都达到了全国平均水平.

(2) 河北省城市人均GDP和河南省城市人均GDP没有显著差异. 就居民生活水平和消费能力方面而言, 河北省和河南省之间并不存在显著差异.

基于上述分析, 为了餐饮酒店连锁业务的未来更好发展, 该企业总部还应该考虑更多因素进行选择, 相关因素可能包括企业发展规划、经营管理人才、物资供应、交通物流、居民生活偏好等方面.

7.3 多个总体的位置参数检验

在实际应用中, 经常会遇到多个总体位置参数问题, 估计多个总体位置参数, 或对多个总体位置参数是否等于某个已知数值进行检验. 比如, 多个行业流动人口年收入的中位数是否达到预期年收入标准, 多家保险公司车辆险业务保单理赔总额是否超过了预设的警戒标准, 多品牌汽车尾气排放是否达到国家标准, 多个省会城市每天的交通事故数是否存在差异. 本节主要介绍Kruskal-Wallis秩和检验、Jonckheere-Terpstra检验和Kendall协同系数检验.

7.3.1 Kruskal-Wallis 秩和检验

假设K个总体, 中位数分别记为$M_1,\cdots,M_K$. 从每个总体中独立抽取样本, 记x_{ij}为第i个样本第j个观测值, $i=1,\cdots,K$, $j=1,\cdots,n_i$, n_i为第i个样本的容量. K个总体的Kruskal-Wallis秩和检验, 把所有$n=\sum_{i=1}^{K} n_i$个观测值$x_{ij}, i=1,\cdots,K$, $j=1,\cdots,n_i$混合起来, 并按由小到大顺序排列, 计算每个观测值的秩$R_{ij}, i=1,\cdots,K$, $j=1,\cdots,n_i$. 对于每个样本, 计算观测值在总样本中的秩和$R_i=\sum_{j=1}^{n_i} R_{ij}$, $i=1,\cdots,K$, 得到检验统计量. 如果总样本包含相同观测值, 相应的秩取为平均秩. 对于每个样本, 秩平均数为$\bar{R}_i = R_i / n_i\,(i=1,\cdots,K)$. 如果$\bar{R}_1,\cdots,\bar{R}_K$差异小, 倾向于认为$K$个总体的中位数相等. 如果$\bar{R}_1,\cdots,\bar{R}_K$差异大, 倾向于认为$K$个总体的中位数不相等.

Kruskal-Wallis秩和检验的原假设和备择假设分别为

原假设 $H_0: M_1 = \cdots = M_K$； 备择假设 $H_1: M_1,\cdots,M_K$ 不全相等

Kruskal-Wallis[①]给出的 Kruskal-Wallis 统计量为

$$H = \frac{12}{n(n+1)}\sum_{i=1}^{K} n_i(\bar{R}_i - \bar{R})^2 \tag{7.16}$$

其中，$\bar{R} = (n+1)/2$ 是总样本的秩平均数. 如果存在打结的情况，H 检验统计量修正为

$$H_c = \frac{H}{1 - \sum_{i=1}^{g}(\tau_i^3 - \tau_i)/(n^3 - n)} \tag{7.17}$$

其中，g 为结的个数，τ_i 为结统计量. 一般情况下，打结对检验结果影响不大. 给定样本量 $n_1,\cdots,n_K$，共有 $M = n!\Big/\prod_{i=1}^{K} n_i!$ 种方式把 n 个秩分配给总样本. 在原假设成立下，每个分配结果有相同的概率. 在显著性水平 α 下，H 值大于相应的临界值，则倾向于拒绝原假设. 当 $K = 3, n_i \leqslant 5$ 时，可以查 Kruskal-Wallis 临界值表. 当 n 很大时，n_i / n 趋于某个非零数，在原假设成立下统计量 H 近似服从 $\chi^2(K-1)$ 分布. 检验统计量

$$F = \frac{\sum_{i=1}^{K} n_i(\bar{R}_i - \bar{R})^2/(K-1)}{\sum_{i=1}^{K}\sum_{j=1}^{n_i}(R_{ij} - \bar{R}_i)^2/(n-K)} \tag{7.18}$$

近似服从参数为 $K-1$ 和 $n-K$ 的 F 分布.

Kruskal-Wallis 秩和检验的适用条件是 K 个总体有相似的连续分布，但不同的位置参数，K 个样本是相互独立的.

例 7.1 从 3 个部门中分别独立随机抽取 5 个人，他们的月平均工资(单位：千元)见表 7.12. 试用 Kruskal-Wallis 秩和检验，判断 3 个部门月平均工资的中位数 M_i 是否一样. $(\alpha = 0.05)$

表 7.12 3 个部门的月平均工资

部门	月平均工资				
1	3.8	4.2	3.7	3.9	2.9
2	7.2	5.3	5.0	5.6	6.5
3	9.0	4.9	7.0	8.6	9.2

解 利用 Kruskal-Wallis 秩和检验，检验 3 个部门的月平均工资中位数 M_i 相等的步骤如下.

(1) 根据题意，设定原假设为 $K = 3$ 个部门月平均工资相等，备择假设为 3 个部门月平均工资不全相等，

$$H_0: M_1 = M_2 = M_3; \quad H_1: M_1, M_2, M_3 \text{ 不全相等}$$

(2) 利用观测数据，计算 H 检验统计量.

---

① Kruskal W H, Wallis W A. Use of ranks in one-criterion variance analysis [J]. J. Amer. Statist. Assoc., 1952, 47: 583-621.

(i) 混合样本并求秩. 将 3 个样本的观测值混合, 按由小到大顺序排列, 计算观测值在总样本中的秩, 见表 7.13.

表 7.13 部门的月平均工资和秩

部门 1	秩	部门 2	秩	部门 3	秩
3.8	3	7.2	12	9.0	14
4.2	5	5.3	8	4.9	6
3.7	2	5.0	7	7.0	11
3.9	4	5.6	9	8.6	13
2.9	1	6.5	10	9.2	15

(ii) 分别计算 3 个样本的秩和与总样本的秩平均. $n_1 = n_2 = n_3 = 5$, $n = 15$, 部门 1 的秩和与平均秩分别为

$$R_1 = 3+5+2+4+1 = 15$$

$$\overline{R}_1 = \frac{3+5+2+4+1}{5} = 3$$

部门 2 的秩和与平均秩分别为

$$R_2 = 12+8+7+9+10 = 46$$

$$\overline{R}_2 = \frac{12+8+7+9+10}{5} = 9.2$$

部门 3 的秩和与平均秩分别为

$$R_3 = 14+6+11+13+15 = 59$$

$$\overline{R}_3 = \frac{14+6+11+13+15}{5} = 11.8$$

总样本的平均秩 $\overline{R} = (1+15)/2 = 8$.

(iii) 计算 H 检验统计量.

$$\begin{aligned} H &= \frac{12}{n(n+1)}\sum_{i=1}^{K} n_i(\overline{R}_i - \overline{R})^2 \\ &= \frac{12}{15\times(15+1)}[5\times(3-8)^2 + 5\times(9.2-8)^2 + 5\times(11.8-8)^2] = 10.22 \end{aligned}$$

(3) 查找 Kruskal-Wallis 临界值表, 对于 $(n_1, n_2, n_3) = (5, 5, 5)$, 显著性水平为 0.05 的情况下, 临界值为 5.78.

(4) 在显著性水平 0.05 下对原假设做出判断. 在显著性水平 $\alpha = 0.05$ 下, H 检验统计量的观测值 10.22 大于临界值 5.78, 拒绝原假设, 有充分证据说明 3 个部门月平均工资的中位数不全相同.

7.3.2 Jonckheere-Terpstra 检验

假设 K 个总体的中位数分别记为 $M_1, \cdots, M_K$. Jonckheere-Terpstra 检验用于判断 K 个

总体的中位数$M_1,\cdots,M_K$是否有序. 在例 7.1 中 3 个部门的月平均工资中位数不全相同. 由于 3 个部门新员工的学历和工作经验等招聘要求逐渐增高, 部门 1 招聘新员工只是大学本科毕业, 部门 2 招聘新员工是大学本科毕业并有 5 年工作经验, 部门 3 招聘新员工是研究生毕业并有 2 年工作经验. 3 个部门月平均工资的中位数是否存在递增(或递减)的趋势, 可以采用 Jonckheere-Terpstra 检验. 假设检验的原假设和备择假设分别为

原假设$H_0: M_1 = M_2 = \cdots = M_K$

备择假设$H_1: M_1 \leqslant M_2 \leqslant \cdots \leqslant M_K$, 至少有一个不等式是严格的

从每个总体中独立抽取样本, 有K组样本, 记x_{ij}为第i个总体的第j个观测值, $i=1,\cdots,K$, $j=1,\cdots,n_i$, n_i为第i个样本的容量. 记$U_{ij}=\#\{x_{il_i}<x_{jl_j}, l_i \leqslant n_i, l_j \leqslant n_j\}$为第$i$个总体观测值小于第$j$个总体观测值的对数. 对满足$i<j$的$U_{ij}$求和, 得到 Jonckheere-Terpstra 检验统计量

$$J = \sum_{i<j} U_{ij} \tag{7.19}$$

检验统计量的观测值从 0 到$\sum_{i<j} n_i n_j$. 若多个总体的中位数呈现下降趋势, 备择假设为$H_1: M_1 \geqslant M_2 \geqslant \cdots \geqslant M_K$且至少有一个不等式是严格的, 第$i$个总体观测值大于第$j$个总体观测值的对数$U_{ij}=\#\{x_{il_i}>x_{jl_j}, l_i \leqslant n_i, l_j \leqslant n_j\}$, Jonckheere-Terpstra 检验统计量J是对满足$i>j$的U_{ij}求和. 查找 Jonckheere-Terpstra 检验临界值表, 得到显著性水平α下的临界值c, 满足$P(J \geqslant c) \leqslant \alpha$. 若样本量很大, 最小的样本量$\min_i\{n_i\}$也很大时, 近似服从标准正态分布的检验统计量为

$$Z = \frac{J - \left(N^2 - \sum_{i=1}^{K} n_i^2\right) \Big/ 4}{\sqrt{\left[N^2(2N+3) - \sum_{i=1}^{K} n_i^2(2n_i+3)\right] \Big/ 72}} \tag{7.20}$$

Kruskal-Wallis 秩和检验的适用条件是K个总体有相似的连续分布, 但不同的位置参数, K个样本是相互独立的.

例 7.2 (例 7.1 续) 检验 3 个部门的月平均工资的中位数是否存在递增趋势. $(\alpha = 0.05)$

解 总体的个数$K=3$, Jonckheere-Terpstra 检验的步骤如下.

(1) 设定假设检验的原假设和备择假设分别为

原假设$H_0: M_1 = M_2 = M_3$

备择假设$H_1: M_1 \leqslant M_2 \leqslant M_3$, 至少有一个不等式是严格的

(2) 利用样本数据, 计算检验统计量的观测值.

(i) 针对本题目中的备择假设, 分别计算

$$U_{12} = \#\left\{x_{1l_i} < x_{2l_j}, l_i \leqslant 5, l_j \leqslant 5\right\} = 25$$

$$U_{13} = \#\left\{x_{1l_i} < x_{3l_j}, l_i \leqslant 5, l_j \leqslant 5\right\} = 25$$

$$U_{23} = \#\left\{x_{2l_i} < x_{3l_j}, l_i \leqslant 5, l_j \leqslant 5\right\} = 19$$

(ii) 将U_{12}, U_{13}和U_{23}相加, Jonckheere-Terpstra 统计量的观测值为

$$J = U_{12} + U_{13} + U_{23} = 25 + 25 + 19 = 69$$

(3) 查找与显著性水平 0.05 相应的临界值. Jonckheere-Terpstra 检验临界值表显示, 对于$(n_1, n_2, n_3) = (5, 5, 5)$, $P(J \geqslant 66) = 0.0009$.

(4) 在显著性水平$\alpha = 0.05$下对原假设做出判断. 检验统计量J的观测值对应的P值为 0.0009, 小于 0.05. 有充分证据拒绝原假设, 支持 3 个部门月平均工资的中位数存在递增趋势.

7.3.3 Kendall 协同系数检验

假设K个总体, Kendall 协同系数检验可以用于检验K个总体的一致性. 例如, 在求职面试过程中, K个面试官对n个求职者评价是否一致. 如果面试官的评价一致, 评价结果将作为是否录用求职者的依据. 反之, 如果面试官的评价很不一致, 差异很大, 面试结果对是否录用求职者没有参考价值. 同样问题还有, 在升学考试中, K个阅卷老师对n个相同试卷给出的成绩是否一致. 这里, 一致性也是相关性. 面试成绩的一致性越低, 面试成绩的相关性越低; 面试成绩的一致性越强, 面试成绩的相关性越高.

假设每个总体的样本容量都为n, 样本观测值按照被评价对象顺序排列, 记x_{ij}为第i个样本第j个观测值, $i = 1, \cdots, K$, $j = 1, \cdots, n$. 对每组样本观测值, 分别由小到大顺序排列, 计算观测值的秩,记为R_{ij}, $i = 1, \cdots, K$, $j = 1, \cdots, n$. 评价对象的秩和为$R_{+j} = \sum_{i=1}^{K} R_{ij}$, $j = 1, \cdots, n$. 每个被评价对象秩和与平均秩和的离差平方和为

$$S = \sum_{j=1}^{n} \left[R_{+j} - \frac{K(n+1)}{2} \right]^2 \tag{7.21}$$

S的观测值越大, 越倾向于支持被评价对象的得分是一致的. 反之, S的观测值越小, 越倾向于支持被评价对象的得分是随机的. S的最大值为

$$S_{\max} = \sum_{j=1}^{n} \left[jK - \frac{K(n+1)}{2} \right]^2 = \frac{K^2 n(n^2 - 1)}{12} \tag{7.22}$$

Kendall 协同系数为

$$W = \frac{S}{S_{\max}} = \frac{12S}{K^2 n(n^2 - 1)} \tag{7.23}$$

W的取值在 0 与 1 之间. W取值越接近于 1, K组秩之间的相关性越强, 越倾向于支持总体是一致的. 相反, W的取值越接近于 0, K组秩之间的相关性越弱, 越倾向于支持总体是不一致的. 给定显著性水平, 对于K, n, W, 可以查表得到临界值. 如果样本量n很大, 则统计量

$$Q = K(n-1)W = \frac{12S}{Kn(n+1)} \tag{7.24}$$

近似服从自由度为$n-1$的卡方分布.

例 7.3 某艺术协会举办艺术作品比赛. 通过层层选拔, 最终有 6 部作品进入最后决

赛，有 3 位艺术专业评委对这些作品打分，按照打分结果，对 6 部作品排序和颁奖. 3 位评委打分结果见表 7.14. 试分析 3 位评委打分是否随机的. ($\alpha = 0.05$)

表 7.14　艺术作品决赛的评分结果

评委	A	B	C	D	E	F
1	70	90	80	85	96	87
2	84	98	94	90	80	86
3	85	91	93	94	88	96

解　根据已知条件，有 $K=3, n=6$, Kendall 协同系数检验的步骤如下.

(1) 为检验 3 位评委打分结果的随机性，原假设和备选假设分别为

原假设 H_0: 3 位评委打分结果是随机的

备择假设 H_1: 3 位评委打分结果是一致的

(2) 利用样本数据，计算检验统计量的观测值.

(i) 分别针对 3 位评委的打分，按由小到大顺序排列，并计算相应的秩 R_{ij}，$i=1,2,3$，$j=1,\cdots,6$. 计算每部作品的秩和 R_{+j}, $j=1,\cdots,6$，结果见表 7.15.

表 7.15　每部作品的秩和

评委	A	B	C	D	E	F
1	1	5	2	3	6	4
2	2	6	5	4	1	3
3	1	3	4	5	2	6
R_{+j}	4	14	11	12	9	13

(ii) 计算秩和的离差平方和. 每部作品秩和的平均值为

$$\overline{R}_+ = K(n+1)/2 = 3\times(6+1)/2 = 10.5$$

秩和的离差平方和为

$$\begin{aligned} S &= \sum_{j=1}^{n}[R_{+j} - \overline{R}_+]^2 \\ &= (4-10.5)^2 + (14-10.5)^2 + \cdots + (13-10.5)^2 = 65.5 \end{aligned}$$

(iii) 计算 Kendall 协同系数. Kendall 协同系数为

$$W = \frac{12S}{K^2 n(n^2-1)} = \frac{12\times 65.5}{3^2\times 6\times(6^2-1)} = 0.4159$$

Q 检验统计量为

$$Q = \frac{12S}{Kn(n+1)} = \frac{12\times 65.5}{3\times 6\times(6+1)} = 6.2381$$

(3) 计算检验统计量的 P 值. 利用 R 程序，计算的 P 值为 0.2837.

(4) 在显著性水平 $\alpha = 0.05$ 下对原假设做出推断. 检验统计量 J 观测值对应的 P 值 0.2837, 大于显著性水平 α =0.05. 不能拒绝原假设,没有充分证据说明 3 位评委打分具有一致性.

习 题 7

1. 有人推测某地区从事管理工作的女性职员的年收入中位数大于 32500 元. 现有该地区从事管理工作的 24 名女性职员样本, 年收入数据(单位: 元)如表 7.16 所示.

表 7.16 某地区 24 名女性职员年收入数据

序号	年收入	序号	年收入	序号	年收入	序号	年收入
1	28500	7	34100	13	30650	19	31300
2	31000	8	30150	14	35600	20	35900
3	22800	9	33550	15	26900	21	35200
4	32350	10	27350	16	31350	22	30850
5	30450	11	25200	17	32900	23	30000
6	38200	12	32050	18	28900	24	28750

试利用 Wilcoxon 符号秩检验判断该推测是否正确. ($\alpha = 0.05$)

2. 表 7.17 是随机抽取 18 个企业的纳税额(单位: 万元), 数据按升序排列.

表 7.17 18 个企业的纳税额数据

序号	纳税额	序号	纳税额	序号	纳税额
1	1.25	7	2.45	13	3.73
2	1.70	8	2.61	14	4.03
3	1.99	9	2.86	15	4.82
4	2.05	10	2.95	16	5.24
5	2.09	11	2.98	17	5.70
6	2.10	12	3.23	18	5.96

试用 Wilcoxon 符号秩检验判断该地区企业纳税额的中位数是否小于 2.48 万元. ($\alpha = 0.05$)

3. 某厂生产豪华型和普通型两种家用电器, 由 10 个零售点随机抽取的两种型号电器销售价格(单位: 元)如表 7.18 所示.

表 7.18 各零售点两种型号电器的销售价格

零售点	1	2	3	4	5	6	7	8	9	10
豪华型	390	390	455	380	406	390	350	405	370	435
普通型	270	280	350	300	300	340	290	320	280	320

厂方建议这两种型号电器销售价格有 100 元的差价. 试利用样本数据检验差价是不是 100 元, 并找出基于 Walsh 平均的中位数 Hodges-Lehmann 估计及 95%置信区间. ($\alpha = 0.05$)

4. 在第 1 题中, 加入该地区 20 名从事管理工作的男性职工年收入数据(单位:元), 见表 7.19. 试分别使用 Wilcoxon 秩和检验和 Mann-Whitney 统计量检验判断女性职工收入的中位数是否比男性职工收入的中位数低. ($\alpha = 0.05$)

表 7.19　20 名男性职工的年收入数据

序号	年收入	序号	年收入	序号	年收入	序号	年收入
1	39700	6	32250	11	38800	16	36700
2	33250	7	38050	12	29900	17	36100
3	31800	8	34800	13	26650	18	33950
4	38100	9	34500	14	40400	19	27850
5	30800	10	32750	15	35500	20	29000

5. 现有 2014 年 1～12 月及 2015 年 1～11 月中国境内入境旅游外汇收入数据(单位: 亿元), 见表 7.20.

表 7.20　2014 年 1～12 月及 2015 年 1～11 月中国境内入境旅游外汇收入

月份	2014 年	2015 年	月份	2014 年	2015 年
1	38.30	45.40	7	42.80	46.61
2	36.20	34.64	8	44.94	49.09
3	42.48	48.01	9	43.53	48.47
4	44.30	51.52	10	48.74	54.62
5	43.87	49.66	11	43.48	49.51
6	42.57	46.11	12	51.28	

试用 Mann-Whitney 统计量检验 2015 年入境旅游外汇收入中位数是否大于 2014 年入境旅游外汇收入中位数, 给出两个中位数差的点估计和区间估计. ($\alpha = 0.05$)

6. 为比较 A, B 两种型号汽车的每加仑汽油行驶里程(单位: 英里, 1 英里≈1.61km), 从每个型号汽车中随机挑选 12 辆汽车, 并高速行驶 1000 英里, 记录每加仑汽油行驶里程数据, 见表 7.21.

表 7.21　两种型号汽车的每加仑汽油行驶里程

序号	A 型汽车	B 型汽车
1	20.6	21.3
2	19.9	17.6
3	18.6	17.4

续表

序号	A 型汽车	B 型汽车
4	18.9	18.5
5	18.8	19.7
6	20.2	21.1
7	21.0	17.3
8	20.5	18.8
9	19.8	17.8
10	19.8	16.9
11	19.2	18.0
12	20.5	20.1

试用 Wilcoxon 秩和检验判断两种型号汽车每加仑汽油行驶里程是否有差异. ($\alpha = 0.05$)

7. 某品牌水杯质检部要求每个水杯的平均容积为600ml. 现从流水线上随机抽取20个水杯进行检测. 测得其容积(单位: ml)数据, 见表 7.22.

表 7.22　水杯容积数据

序号	容积	序号	容积	序号	容积	序号	容积
1	609	6	598	11	607	16	608
2	605	7	597	12	606	17	598
3	602	8	602	13	607	18	595
4	601	9	596	14	605	19	605
5	593	10	604	15	606	20	607

试检验构造的水杯容积是否满足要求. ($\alpha = 0.05$)

8. 某药厂生产新降压药, 招募高血压患者进行试验. 表 7.23 给出 10 个高血压患者服药前后血压的测量值(单位: mmHg).

表 7.23　患者服药前后的血压值

序号	1	2	3	4	5	6	7	8	9	10
服药前	145	165	155	160	175	150	160	140	145	165
服药后	150	125	150	125	165	135	140	150	150	125

试检验该种新药对降压是否有效果. ($\alpha = 0.05$)

9. 销售烘烤箱的研究报告说明烘烤箱的售出率可能和销售方式有关. 现有的三种销售方式分别为: 在商店内等待客户购买, 在店门口推销和在现场表演糕点烘制以吸引客户购买. 对一组商店在一段时间内烘烤箱的三种销售方式的售出率进行调查, 数据见表 7.24 (单位: 人).

表 7.24 三种销售方式的购买人数

销售方式	购买人数				
商店内等待	20	25	29	18	17
店门口销售	27	23	15	30	26
表演烘烤	53	47	48	43	52

试用 Kruskal-Wallis 秩和检验判断三种销售方式的售出率是否相同. ($\alpha = 0.05$)

10. 在第 5 题中加入表 7.25 的 2013 年 1～12 月中国境内入境旅游外汇收入数据(单位: 亿元). 请用 Jonckheere-Terpstra 检验判断 2013～2015 年中国境内入境旅游外汇收入是否呈上升趋势. ($\alpha = 0.05$)

表 7.25 2013 年 1～12 月中国境内入境旅游外汇收入

月份	外汇收入	月份	外汇收入
1	38.09	7	39.41
2	32.28	8	41.31
3	43.71	9	39.64
4	41.51	10	45.82
5	39.49	11	40.16
6	39.30	12	41.76

第 8 章

总体尺度参数和相关性检验

尺度参数描述总体观测值的离散程度，包括方差、极差以及标准差等. 在参数检验中，若相互独立的两个样本分别来自正态分布 $N(\mu_X,\sigma_X^2)$ 和 $N(\mu_Y,\sigma_Y^2)$，检验两个总体方差是否相等，可以采用服从自由度为 $(m-1,n-1)$ 的 F 分布的 F 统计量. 但在实际应用中，如果总体分布不是正态分布或者分布未知，F 检验方法就不适用了. 本章介绍总体尺度参数的非参数检验方法，主要有总体方差的 Siegel-Tukey 检验、Mood 检验以及平方秩检验. 这些方法不再局限于正态分布总体.

在实际经济问题研究中，变量之间的相关性是相关分析和建立模型的基础. 相关性不仅包括线性相关关系，还包括非线性相关关系. Pearson 相关系数只是描述变量之间的线性相关关系. 总体相关性的非参数检验法主要依据样本秩相关关系的显著性. 本章主要介绍连续型变量之间相关性的 Spearman 秩检验和 Kendall- τ 检验；有序变量之间相关性 Goodman-Kruskal's γ 检验.

8.1 两个总体尺度参数和相关性检验

本节主要介绍两个总体方差的 Siegel-Tukey 检验法和 Mood 检验法以及两个总体相关性的 Spearman 秩检验和 Kendall- τ 检验.

8.1.1 两个总体方差的 Siegel-Tukey 检验

两个总体方差相等的 Siegel-Tukey 检验的基本思想是：若总体方差较大，其样本观测值相对离散程度更大. 按照每个样本在联合样本中散布程度设定每个观测值的秩，再分别计算两个样本秩和. 假定两个样本相互独立，分别记为

$$X_1,X_2,\cdots,X_m\sim F\left(\frac{x-\theta_X}{\sigma_X}\right) \tag{8.1}$$

$$Y_1, Y_2, \cdots, Y_n \sim F\left(\frac{y-\theta_Y}{\sigma_Y}\right) \tag{8.2}$$

其中，$F(\cdot)$ 为连续分布函数，满足 $F(0)=0.5$．再假设两个总体中心位置相同，即 $\theta_X=\theta_Y$．检验两个总体方差相等的原假设和备择假设主要有以下三种情况．

$$H_0:\sigma_X^2=\sigma_Y^2;\quad H_1:\sigma_X^2\neq\sigma_Y^2$$

$$H_0:\sigma_X^2=\sigma_Y^2;\quad H_1:\sigma_X^2<\sigma_Y^2$$

$$H_0:\sigma_X^2=\sigma_Y^2;\quad H_1:\sigma_X^2>\sigma_Y^2$$

两个总体方差相等的 Siegel-Tukey 检验步骤

(1) 联合两个样本并排序赋秩．把两个样本的观测值联合在一起，按升序排列．将最小观测值的秩定义为1，最大两个观测值的秩定义为2和3，次小两个观测值的秩定义为4和5，$\cdots$，如此轮流赋秩，直到联合样本的观测值全部赋秩，记为 R_{ij} $(i\in(x,y), j=1,2,\cdots,m+n)$．赋秩结果见表 8.1.

表 8.1 联合样本排序并赋秩

排列序号	1	2	3	…	$m+n-3$	$m+n-2$	$m+n-1$	$m+n$
秩 R_{ij}	1	4	5	…	7	6	3	2

(2) 分别求样本秩和．按照 Wilcoxon 秩和检验的方法，求两个样本秩和．将 X 样本在联合样本中的秩相加，记为

$$W_X=\sum_{i=1}^{m}R_{xi} \tag{8.3}$$

将 Y 样本在联合样本中的秩相加，记为

$$W_Y=\sum_{j=1}^{n}R_{yj} \tag{8.4}$$

可以计算

$$W_{YX}=W_X-\frac{1}{2}m(m+1) \tag{8.5}$$

$$W_{XY}=W_Y-\frac{1}{2}n(n+1) \tag{8.6}$$

(3) 选择检验统计量．根据假设检验的备择假设，选择相应的检验统计量.

$$H_0:\sigma_X^2=\sigma_Y^2;\quad H_1:\sigma_X^2\neq\sigma_Y^2$$

取检验统计量 $W=\min(W_X,W_Y)$ 或者 $W=\min(W_{XY},W_{YX})$．

$$H_0:\sigma_X^2=\sigma_Y^2;\quad H_1:\sigma_X^2<\sigma_Y^2$$

取检验统计量 $W=W_Y$ 或 $W=W_{XY}$．

$$H_0:\sigma_X^2=\sigma_Y^2;\quad H_1:\sigma_X^2>\sigma_Y^2$$

取检验统计量$W = W_X$或$W = W_{YX}$.

(4) 计算检验统计量的P值, 根据显著性水平做出判断. 若某个样本的秩和很小, 说明其观测值大多数位于联合样本的两端, 也就是说样本分布更离散, 总体方差相对较大, 倾向于拒绝原假设. 计算检验统计量的P值. 在显著性水平α下, 若检验统计量的P值小于α, 则有充足证据认为原假设不成立.

需要注意, 若两个样本位置相差太远, 不能直接利用 Siegel-Tukey 检验法. 此时, 要将两个样本进行平移, 使其中心位置一致. 常用的方法有两种, 一是先估计出两样本中心的差$M_X - M_Y$, 把其中一个样本平移, 使两样本的中心相同. 二是每个样本分别减去其总体中位数. 若总体中位数未知, 则用样本中位数代替总体中位数. 当两个样本的中心相等时, 再进行 Siegel-Tukey 检验. 在实际情况中, 可根据具体的问题来选择合理的方法使两样本的中心一致.

8.1.2 两个总体方差的 Mood 检验

两个总体方差相等的 Siegel-Tukey 检验主要利用赋秩方法反映样本分布的离散程度. Mood 检验仍按照联合样本由小到大顺序赋秩, 用每个样本的秩与联合样本平均秩的差值的平方和作为检验统计量. 若某个样本检验统计量的值偏大, 说明该样本的观测值散布程度大. 假定两个样本相互独立, 记为

$$X_1, X_2, \cdots, X_m \sim F\left(\frac{x-\theta_X}{\sigma_X}\right)$$

$$Y_1, Y_2, \cdots, Y_n \sim F\left(\frac{y-\theta_Y}{\sigma_Y}\right)$$

其中$F(\cdot)$为连续分布函数, 满足$F(0)=0.5$. 再假定两个总体位置参数相等, 即$\theta_X = \theta_Y$. 原假设与备择假设为

$$H_0: \sigma_X^2 = \sigma_Y^2; \quad H_1: \sigma_X^2 > \sigma_Y^2$$

将两个样本混合, 按照观测值由小到大顺序排列并赋秩, 记R_{xi} $(i=1,2,\cdots,m)$为X样本在联合样本中的秩, $R_{yj}(j=1,2,\cdots,n)$为Y样本在联合样本中的秩, $N=m+n$. 在原假设成立下, 有

$$E(R_{xi}) = \sum_{k=1}^{m+n} \frac{k}{m+n} = \frac{m+n+1}{2} \tag{8.7}$$

对于样本X, Mood 秩统计量为

$$M = \sum_{i=1}^{m} \left(R_{xi} - \frac{m+n+1}{2}\right)^2 \tag{8.8}$$

若 Mood 秩统计量的值很大, 说明X样本的散布程度大, 倾向于拒绝原假设. 若$m,n \to +\infty$, $m/(m+n) \to \lambda$, $0 < \lambda < 1$, 近似服从标准正态分布的检验统计量为

$$Z = \frac{M - E(M)}{\sqrt{\operatorname{Var}(M)}} \tag{8.9}$$

其中，$E(M)$ 和 $\mathrm{Var}(M)$ 分别为在原假设成立下，Mood 秩统计量的期望和方差，即

$$E(M)=\frac{m(m+n+1)(m+n-1)}{12} \tag{8.10}$$

$$\mathrm{Var}(M)=\frac{mn(m+n+1)(m+n+2)(m+n-2)}{180} \tag{8.11}$$

当联合样本按照升序排列有结时，结统计量记为 $(\tau_1,\tau_2,\cdots,\tau_k)$. 在 X 样本和 Y 样本中的结分别记为 a_j,b_j，有 $a_j+b_j=\tau_j$，$j=1,2,\cdots,k$．$\sum_{j=1}^k a_j=m$，$\sum_{j=1}^k b_j=n$，$S_j=\sum_{i=1}^j \tau_i$，$a_0=b_0=\tau_0=0$．含结的 Mood 秩统计量为

$$M=\sum_{j=1}^k a_j\phi_j \tag{8.12}$$

其中

$$\phi_j=\tau_j^{-1}\sum_{I=S_{j-1}+1}^{S_j}\left(I-\frac{N+1}{2}\right)^2 \tag{8.13}$$

若样本量充分大，M 近似服从正态分布．在原假设成立下，M 统计量的均值和方差分别为

$$E(M)=\frac{m(N^2-1)}{12} \tag{8.14}$$

$$\begin{aligned}\mathrm{Var}(M)=&\frac{mn(m+n+1)(m+n+2)(m+n-2)}{180}\\&-\frac{mn}{180(m+n)(m+n-1)}\sum_{j=1}^k\tau_j(\tau_j^2-1)[\tau_j^2-4+15(N-S_j-S_{j-1})^2]\end{aligned} \tag{8.15}$$

两个总体方差相等的 Mood 检验步骤

(1) 把两个样本的观测值混合，由小到大顺序排列，并依次赋秩，最小值的秩为 1，最大值的秩为 $N=m+n$，分别计算观测值在联合样本中的秩.

(2) 计算两样本的 Mood 秩统计量. X 样本的 Mood 秩统计量为

$$M_X=\sum_{i=1}^m\left(R_{xi}-\frac{m+n+1}{2}\right)^2$$

Y 样本的 Mood 秩统计量为

$$M_Y=\sum_{j=1}^n\left(R_{yj}-\frac{m+n+1}{2}\right)^2$$

(3) 选择检验统计量. 针对原假设和备择假设，选择相应的检验统计量.

$$H_0:\sigma_X^2=\sigma_Y^2;\quad H_1:\sigma_X^2\neq\sigma_Y^2$$

检验统计量为 $M=\min(M_X,M_Y)$.

$$H_0:\sigma_X^2=\sigma_Y^2;\quad H_1:\sigma_X^2<\sigma_Y^2$$

检验统计量为 $M=M_Y$.

$$H_0:\sigma_X^2=\sigma_Y^2;\quad H_1:\sigma_X^2>\sigma_Y^2$$

检验统计量为$M = M_X$.

(4) 计算检验统计量的P值. 若某个样本的秩和小, 说明该样本观测值多数位于联合样本的两端, 样本方差相对大, 倾向于拒绝原假设. 利用 Mood 秩统计量的分布表或者大样本近似分布, 计算检验统计量M的P值. 在给定显著性水平α下, 若检验统计量的P值小于α, 有充分证据认为原假设不成立.

8.1.3 两个总体相关性的 Spearman 秩检验

区别于 Pearson 相关系数, Spearman 秩相关系数利用样本秩描述两个变量之间的相关关系. 主要检验思想是将两个变量的观测值分别按照升序排列, 计算相应的秩. 对同一观测中两个变量值的秩之差值取平方. 若差值的平方和大, 倾向于认为两个变量负相关; 否则倾向于认为两个变量正相关.

设变量X和Y的观测值为$(x_1,y_1),(x_2,y_2),\cdots,(x_n,y_n)$. Spearman 秩相关性检验的原假设和备择假设主要有以下三种情况:

$$H_0:X\text{ 和 }Y\text{ 不相关};\quad H_1:X\text{ 和 }Y\text{ 相关}$$
$$H_0:X\text{ 和 }Y\text{ 不相关};\quad H_1:X\text{ 和 }Y\text{ 正相关}$$
$$H_0:X\text{ 和 }Y\text{ 不相关};\quad H_1:X\text{ 和 }Y\text{ 负相关}$$

给定样本数据对$(x_1,y_1),(x_2,y_2),\cdots,(x_n,y_n)$, 先分别将$x_i$和$y_i$按升序排列, 计算$x_i$和$y_i$在各自变量中的秩, 记作$R_i$和$S_i$, 得到$n$个秩对$(R_1,S_1),(R_2,S_2),\cdots,(R_n,S_n)$. 将每个样本观测值的秩对相减, 记为

$$d_i = R_i - S_i,\quad i=1,2,\cdots,n \tag{8.16}$$

其中, d_i用来度量X和Y的相关程度. 若X和Y完全相关, 则$\sum_{i=1}^n d_i = 0$. d_i可正可负, 直接用$\sum_{i=1}^n d_i$测度相关性会抵消掉R_i和S_i之间的正负差值, 一般用$\sum_{i=1}^n d_i^2$来反映R_i和S_i之差值大小. $\sum_{i=1}^n d_i^2$既受R_i和S_i不一致程度的影响, 也受观测值个数n的影响. 为了描述X和Y的相关性, 用

$$r_s = \frac{\sum_{i=1}^{n}(R_i-\bar{R})(S_i-\bar{S})}{\sqrt{\sum_{i=1}^{n}(R_i-\bar{R})^2(S_i-\bar{S})^2}} = 1-\frac{6\sum_{i=1}^{n}d_i^2}{n(n^2-1)} \tag{8.17}$$

作为相关性的测量指标, 称为 Spearman 秩相关系数. 在实际应用中, Spearman 秩相关系数是测定两个变量相关程度的重要指标. 上式中, $\bar{R}=\sum_{i=1}^n R_i/n=(n+1)/2$, $\bar{S}=\sum_{i=1}^n S_i/n=(n+1)/2$.

显然, r_s的取值范围是从-1到$+1$. 若$r_s=+1$, 表明X和Y完全正相关; 若$r_s=-1$, 表明X和Y完全负相关. $|r_s|$越接近于 1, X和Y相关程度越高; 反之, $|r_s|$越接近于 0, X和Y相关程度越低. 若$|r_s|=0$, X和Y为完全不相关; 若$r_s>0$, X和Y为正相关; 若$r_s<0$, X和Y为负相关. 通常, 若$|r_s|>0.8$, 认为X和Y相关程度高.

根据样本观测值个数n、备择假设以及显著性水平，查 Spearman 秩相关系数检验临界值表，得到临界值r_s^{α}，拒绝域为$[r_s^{\alpha},+\infty)$. 若$r_s \geqslant r_s^{\alpha}$，有充分证据认为原假设$H_0$不成立. 若$r_s < r_s^{\alpha}$，没有充分证据认为原假设$H_0$不成立.

如果变量X和Y的观测值有结, Spearman 秩相关系数调整为

$$r_s = \frac{n(n^2-1)-6\sum_{i=1}^{n}(R_i-S_i)^2-6(U+V)}{\sqrt{\left(n(n^2-1)-U\right)\left(n(n^2-1)-V\right)}} \tag{8.18}$$

其中，$U=\sum_j(u_j^3-u_j)$，$V=\sum_j(v_j^3-v_j)$，$u_1,u_2,\cdots$和$v_1,v_2,\cdots$分别代表变量X和Y的每个结的观测值数目. 若样本量足够大，统计量$Z=r_s\sqrt{n-1}$近似服从标准正态分布.

Spearman 秩相关性检验的步骤

(1) 将观测值序列对$(x_1,y_1),(x_2,y_2),\cdots,(x_n,y_n)$分别排序赋秩. 分别将观测值$x_i$和$y_i$按照升序排列，计算观测值$x_i$和$y_i$在各自样本中的秩，分别记为$R_i$和$S_i$.

(2) 计算$\sum_i d_i^2$，其中$d_i=R_i-S_i, i=1,\cdots,n$.

(3) 计算 Spearman 秩相关系数,

$$r_s=\frac{\sum_{i=1}^{n}(R_i-\bar{R})(S_i-\bar{S})}{\sqrt{\sum_{i=1}^{n}(R_i-\bar{R})^2(S_i-\bar{S})^2}}=1-\frac{6\sum_{i=1}^{n}d_i^2}{n(n^2-1)}$$

(4) 依据显著性水平对原假设进行检验.

例 8.1 对某地区 12 个街道进行调查，计算人均可支配收入水平和教育水平得分，评定结果见表 8.2. 现对人均可支配收入水平和教育水平进行 Spearman 相关性检验. $(\alpha=0.05)$

表 8.2 某地区人均可支配收入水平与教育水平得分

街道号	人均可支配收入水平得分	教育水平得分
1	83	87
2	88	79
3	61	66
4	99	89
5	76	65
6	90	91
7	85	81
8	79	78
9	81	76
10	95	97
11	86	86
12	69	71

解 利用 Spearman 相关系数，检验人均可支配收入水平 X 和教育水平 Y 之间相关性的过程如下.

(1) 设定原假设与备择假设. 依据题意，原假设与备择假设分别为

$$H_0: \text{变量} X \text{和} Y \text{不相关}; \quad H_1: \text{变量} X \text{和} Y \text{相关}$$

(2) 依据样本观测值计算 Spearman 相关系数统计量.

(i) 分别将 x_i 和 y_i 排序，计算 x_i 和 y_i 在各变量中的秩，分别记为 R_i 和 S_i . 即将表 8.2 中数据分别从小到大顺序排列，得到表 8.3 的第 2 列和第 3 列.

(ii) 计算 $\sum d_i^2$ ，其中 $d_i = R_i - S_i, i = 1, \cdots, 12$ ，

$$\sum d_i^2 = 9 + 9 + 1 + 4 + 4 + 1 + \cdots + 1 = 32$$

表 8.3 某地区人均可支配收入水平与教育水平得分的秩

街道号	R	S	d	d^2
1	6	9	−3	9
2	9	6	3	9
3	1	2	−1	1
4	12	10	2	4
5	3	1	2	4
6	10	11	−1	1
7	7	7	0	0
8	4	5	−1	1
9	5	4	1	1
10	11	12	−1	1
11	8	8	0	0
12	2	3	−1	1

(iii) 计算 Spearman 秩相关系数，$n = 12$ 为样本个数.

$$r_s = 1 - \frac{6\sum_{i=1}^{n} d_i^2}{n(n^2 - 1)} = 1 - \frac{6 \times 32}{12 \times (12^2 - 1)} = 0.8881$$

(3) 计算检验统计量 r_s 的 P 值. 利用 R 软件，输入样本数据，输入 R 命令: cor.test(x, y, meth = "spearman", alt = "greater")，得到 P 值为 0.00005.

(4) 依据显著性水平对原假设进行检验. 在给定显著性水平 $\alpha = 0.05$ 下，$P < \alpha$ ，有充分证据认为原假设 H_0 不成立.

利用样本数据，得到样本 Spearman 秩相关系数 $r_s > 0.8$ ，该地区的人均可支配收入水平和教育水平之间存在相关关系.

8.1.4　两个总体相关性的 Kendall-τ 检验

Kendall-τ 相关系数是描述两个变量相关性的另一种方法. 变量 X 和 Y 的独立样本观测值分别记为 $x_1,x_2,\cdots,x_n$ 和 $y_1,y_2,\cdots,y_n$. 如果变量 X 和 Y 之间存在正相关, 随着 X 增加, Y 也会增大. 即若 $x_2>x_1$, 则 $y_2>y_1$. 有

$$(x_2-x_1)(y_2-y_1)>0 \tag{8.19}$$

称 (x_1,y_1) 和 (x_2,y_2) 是协同的, 具有相同的倾向. 反之, 如果 X 和 Y 之间存在负相关, 二者的变化趋势相反, 会有

$$(x_2-x_1)(y_2-y_1)<0 \tag{8.20}$$

称 (x_1,y_1) 和 (x_2,y_2) 是不协同的, 具有相反的倾向. 用

$$\tau=P((x_j-x_i)(y_j-y_i)>0)-P((x_j-x_i)(y_j-y_i)<0) \tag{8.21}$$

描述 X 和 Y 之间的相关性. 当 X 和 Y 为正相关时, τ 大于 0; 当 X 和 Y 为负相关时, τ 小于 0; 当 X 和 Y 不相关时, τ 等于 0. τ 越接近于 1, X 和 Y 的正相关性越强; τ 越接近于 -1, X 和 Y 的负相关性越强.

综上所述, Kendall[①]给出了 Kendall-τ 相关系数统计量, 用于估计 τ,

$$\tau=\frac{2}{n(n-1)}\sum_{1\leqslant i<j\leqslant n}\Psi(x_i,x_j,y_i,y_j)=\frac{K}{\binom{n}{2}}=\frac{n_c-n_d}{\binom{n}{2}} \tag{8.22}$$

其中

$$\Psi(x_i,x_j,y_i,y_j)=\begin{cases}1, & (x_j-x_i)(y_j-y_i)>0,\\ 0, & (x_j-x_i)(y_j-y_i)=0,\\ -1, & (x_j-x_i)(y_j-y_i)<0\end{cases} \tag{8.23}$$

n_c 表示协同对的数目, n_d 表示不协同对的数目. 在没有 $(x_j-x_i)(y_j-y_i)=0$ 的情况下, 有

$$K=\sum\Psi=n_c-n_d=n_c-\left(\frac{n(n-1)}{2}-n_c\right)=2n_c-\frac{n(n-1)}{2} \tag{8.24}$$

在样本量足够大时, 若 X 和 Y 之间不存在相关性,

$$K\sqrt{\frac{18}{n(n-1)(2n+5)}} \tag{8.25}$$

近似服从标准正态分布. 利用样本计算检验统计量的观测值, 查统计量 K 的分布表, 得到临界值 c_α, 满足

$$P(K\geqslant c_\alpha)=\alpha$$

其中, α 为显著性水平, c_α 是统计量 K 分布概率 α 的上侧临界值. $P(K\leqslant -c_\alpha)=\alpha$, 其中, $-c_\alpha$ 是统计量 K 分布概率 α 的下侧临界值.

当 $n\leqslant 30$ 时, 根据 n, τ 的值, 在临界值表中找到当原假设 H_0 为真时相应的概率 P.

---

① Kendall M G. A new measure of rank correlation[J]. Biomertika, 1938, 30: 81-93.

当$n>30$时，利用大样本公式进行近似计算. 当排序的样本有结时，调整的检验统计量为

$$\tau=\frac{n_c-n_d}{\sqrt{\left[n(n-1)/2-\sum_i u_i(u_i-1)/2\right]\left[n(n-1)/2-\sum_j v_j(v_j-1)/2\right]}} \tag{8.26}$$

其中，$u_1,u_2,\cdots$和$v_1,v_2,\cdots$分别代表x和y的结的观测值数目. 当样本量充分大时，近似服从标准正态分布的统计量为

$$\frac{n_c-n_d}{\sqrt{[n(n-1)(2n+5)-t_u-t_v]/18+t_1+t_2}} \tag{8.27}$$

其中

$$t_u=\sum_i u_i(u_i-1)(2u_i+5)$$

$$t_v=\sum_j v_j(v_j-1)(2v_j+5)$$

$$t_1=\sum_i u_i(u_i-1)\sum_j v_j(v_j-1)/(2n(n-1))$$

$$t_2=\sum_i u_i(u_i-1)(u_i-2)\sum_j v_j(v_j-1)(v_j-2)/(9n(n-1)(n-2))$$

Kendall-τ相关性检验的步骤

(1) 排序赋秩. 将成对样本数据(x_i,y_i) $(i=1,2,\cdots,n)$，按x_i升序排列，计算x_i的秩；按y_i升序排列，计算y_i的秩.

(2) 计算协同对数n_c和不协同对数n_d. n_c为满足$(x_2-x_1)(y_2-y_1)>0$的对数，n_d为满足$(x_2-x_1)(y_2-y_1)<0$的对数.

(3) 计算Kendall-τ检验统计量. $K=n_c-n_d$，则

$$\tau=\frac{K}{\binom{n}{2}}$$

(4) 依据显著性水平对原假设做出判断.

例 8.2 表 8.4 的数据来自中国统计年鉴. 检验 2015 年中国 31 个省(不含港、澳、台地区)的居民人均可支配收入与人口出生率是否相关. 如果相关，判断是正相关还是负相关? $(\alpha=0.05)$

表 8.4 31 个省居民人均可支配收入和人口出生率

收入/元	收入的秩	出生率/%	出生率的秩
12254.30	1	15.75	31
13466.59	2	12.36	17
13696.61	3	13.00	23
15222.57	4	12.88	21

续表

收入/元	收入的秩	出生率/%	出生率的秩
15812.70	5	14.72	29
16859.11	6	15.59	30
16873.42	7	14.05	27
17124.75	8	12.70	20
17220.96	9	10.30	11
17329.09	10	12.62	19
17394.98	11	10.10	10
17853.67	12	9.98	9
18118.09	13	11.35	16
18362.57	14	12.92	22
18437.11	15	13.20	24
18592.65	16	6.00	3
18683.65	17	5.87	2
18978.97	18	14.57	28
19317.49	19	13.58	25
20025.56	20	10.74	13
20110.11	21	11.05	14
22310.09	22	7.72	6
22703.19	23	12.55	18
24575.58	24	6.17	4
25404.36	25	13.90	26
27858.86	26	11.12	15
29538.85	27	9.05	8
31291.36	28	5.84	1
35537.09	29	10.52	12
48457.99	30	7.96	7
49867.17	31	7.52	5

解　利用 Kendall-τ 相关系数统计量，检验 2015 年中国 31 个省的居民人均可支配收入与人口出生率是否相关，检验过程如下.

(1) 设定原假设和备择假设. 用 X 表示人均可支配收入，$x_1,x_2,\cdots,x_{31}$ 表示样本观测值，Y 表示人口出生率，$y_1,y_2,\cdots,y_{31}$ 表示样本观测值. 人们普遍认为越贫穷的地方出生率越高，设定原假设与备择假设为

$$H_0: X,Y \text{不相关}; \quad H_1: X,Y \text{负相关}$$

(2) 计算检验统计量.

(i) 排序赋秩. 对 $x_1,x_2,\cdots,x_{31}$ 和 $y_1,y_2,\cdots,y_{31}$ 分别排序赋秩, 见表 8.4 中第 2 列和第 4 列数据.

(ii) 计算协同对数和不协同对数. 计算得到 $n_c=138$, $n_d=327$.

(iii) 计算 Kendall-τ 相关系数检验统计量.

$$\begin{aligned} K &= 2n_c - \frac{n(n-1)}{2} \\ &= 2\times 138 - \frac{31\times 30}{2} = -189 \end{aligned}$$

$$\begin{aligned} \hat{\tau} &= \frac{n_c - n_d}{\binom{n}{2}} \\ &= \frac{138-327}{31\times 30/2} = \frac{-189}{465} = -0.41 \end{aligned}$$

(3) 计算检验统计量的 P 值. 在 R 语言中直接用 cor.test( ), 可以得到单边检验的 P 值为 0.0005.

(4) 依据显著性水平做出推断. Kendall-τ 相关性检验统计量的 P 值小于显著性水平 0.05, 有充分证据认为原假设不成立, 即倾向于认为居民人均可支配收入与人口出生率之间存在负相关性.

8.2 网店与实体店的帽子价格分析

互联网的快速发展, 不仅为电子商务发展提供了广阔的网络平台, 也有效促进了网上消费的大幅度提升. 网上消费也成为人们日常的购物形式. 相比较传统的实体店, 网上消费更方便快捷. 消费者通过互联网搜索选择满意的商品, 支付成功后快递公司即可送货上门. 足不出户, 就可以购买到任何想要的商品. 京东商城、天猫、1 号店等网络运营平台是消费者购物的重要渠道.

尽管网上消费早已成为购物的主要方式, 但实体店的存在仍具有商业价值. 不难发现, 网店与实体店的价格之间存在差异. 网店的缺陷是消费者无法直接触摸到商品, 如服装、帽子、鞋类等商品无法试穿. 消费者在实体店可以随意试穿, 感受服装等商品的舒适度. 实体店的店铺租用等费用会使商品销售价格增高.

8.2.1 问题阐述

对于消费者而言, 在面对网店与实体店两种购物渠道时, 需要判定两种不同购物渠道的价格波动是否存在差异. 若存在明显差异, 消费者应该谨慎选择购物方式, 以避免不必要的损失.

8.2.2　相关变量选择

本节选择网店和实体店的相同款式帽子作为研究对象，分别选择 10 家网店和 15 家实体店登记其销售价格. 研究网店与实体店同款帽子价格波动幅度是否存在显著差异. 为了演示非参数检验方法，仅考虑价格变量，不考虑价格以外的其他变量.

8.2.3　数据收集

网店的价格主要是从天猫商城上随机抽取的，实体店主要随机选择了某地区 15 家店铺. 数据见表 8.5，网店的帽子价格记为 A，实体店的帽子价格记为 B.

表 8.5　网店和实体店的同款帽子价格　(单位：元)

序号	A	$A' = A - 77.5$	B	$B' = B - 76$
1	80	2.5	67	−9
2	74	−3.5	82	6
3	75	−2.5	88	12
4	76	−1.5	51	−25
5	77	−0.5	95	19
6	88	10.5	72	−4
7	70	−7.5	81	5
8	89	11.5	55	−21
9	78	0.5	76	0
10	95	17.5	83	7
11			99	23
12			63	−13
13			57	−19
14			100	24
15			64	−12

8.2.4　检验过程

要想知道“网店与实体店同款帽子价格波动幅度是否存在显著差异”，需要对网店和实体店的样本数据进行总体方差相等的检验，可以使用两个总体方差的 Siegel-Tukey 检验法或 Mood 检验法. 这里，先给出 Siegel-Tukey 检验法，再给出 Mood 检验法.

1. 两个总体方差的 Siegel-Tukey 检验

总体方差的 Siegel-Tukey 检验过程如下.

(1) 依据研究问题，设定原假设和备择假设分别为

$$H_0: \sigma_A^2 = \sigma_B^2; \quad H_1: \sigma_A^2 \neq \sigma_B^2$$

(2) 利用样本观测值计算检验统计量.

(i) 先检查网店和实体店的帽子价格中位数是否相等. 由样本观测值得到, $m=10, n=15, M_A=77.5, M_B=76$. 网店和实体店的帽子价格中位数不相等, 需要对样本观测值进行平移. 以 A 和 B 表示网店和实体店的帽子价格, A' 和 B' 分别表示 A 和 B 减去其总体中位数(用样本中位数估计)后的帽子价格. 结果见表 8.5 的第 3 列和第 5 列.

(ii) 将平移后两个样本观测值混合并排序. 采用 Siegel-Tukey 方差检验方法, 将最小观测值的秩定义为 1, 最大观测值的秩和次大观测值的秩分别定义为 2 和 3, 第二小观测值和第三小观测值的秩分别定义为 4 和 5, …, 以此类推. 联合样本中的全部观测值的秩在表 8.6 中给出.

表 8.6 Siegel-Tukey 方差检验帽子价格平移后的秩

组别	平移后价格	排序	R_{ij}
B	−25	1	1
B	−21	2	4
B	−19	3	5
B	−13	4	8
B	−12	5	9
B	−9	6	12
A	−7.5	7	13
B	−4	8	16
A	−3.5	9	17
A	−2.5	10	20
A	−1.5	11	21
A	−0.5	12	24
B	0	13	25
A	0.5	14	23
A	2.5	15	22
B	5	16	19
B	6	17	18
B	7	18	15
A	10.5	19	14
A	11.5	20	11
B	12	21	10
A	17.5	22	7
B	19	23	6
B	23	24	3
B	24	25	2

(iii) 分别计算网店和实体店的帽子价格的秩和统计量

$$W_A = \sum_{i=1}^{m} R_{Ai} = 172, \quad W_B = \sum_{j=1}^{n} R_{Bj} = 153$$

$$W_{BA} = W_A - \frac{1}{2}m(m+1) = 117, \quad W_{AB} = W_B - \frac{1}{2}n(n+1) = 33$$

检验统计量 $W = \min(W_{AB}, W_{BA}) = 33$.

(3) 计算检验统计量的 P 值. 查 Wilcoxon 秩和检验的临界值表, P 值等于 0.0096.

(4) 依据显著性水平对原假设做出判断. 由于 $P < \alpha = 0.05$, 有充分理由认为原假设不成立. 在显著性水平 $\alpha = 0.05$ 下, 认为网店和实体店的帽子价格的方差存在显著差异.

2. *两个总体方差的 Mood 检验法*

两个总体方差的 Mood 检验过程如下.

(1) 依据研究问题, 设定原假设和备择假设. 与 Siegel-Tukey 检验的原假设和备择假设一致:

$$H_0: \sigma_A^2 = \sigma_B^2; \quad H_1: \sigma_A^2 \neq \sigma_B^2$$

(2) 利用样本观测值计算检验统计量的观测值.

(i) 检查网店和实体店的价格中位数是否相等. 两个样本的中位数不相等, 对观测值进行平移, 结果见表 8.6 第二列.

(ii) 混合两样本并赋秩. 混合网店和实体店平移后的帽子价格数据, 按升序排序. 这里, 取排序后的序号为秩, 结果见表 8.7. 注意区别于 Siegel-Tukey 方差检验中的秩.

表 8.7　Mood 检验的帽子价格平移和排序

组别	平移后价格	排序 R_{ij}
B	−25	1
B	−21	2
B	−19	3
B	−13	4
B	−12	5
B	−9	6
A	−7.5	7
B	−4	8
A	−3.5	9
A	−2.5	10
A	−1.5	11
A	−0.5	12
B	0	13
A	0.5	14
A	2.5	15

续表

组别	平移后价格	排序 R_{ij}
B	5	16
B	6	17
B	7	18
A	10.5	19
A	11.5	20
B	12	21
A	17.5	22
B	19	23
B	23	24
B	24	25

(iii) 计算 Mood 检验统计量的观测值.

$$M_A=\sum_{i=1}^{m}\left(R_{Ai}-\frac{m+n+1}{2}\right)^2=237$$

$$M_B=\sum_{j=1}^{n}\left(R_{Bj}-\frac{m+n+1}{2}\right)^2=1063$$

对于双边假设检验, 检验统计量 $M=\min(M_A,M_B)=M_A$.

(3) 计算检验统计量的 P 值.

$$E(M_A)=\frac{m(m+n+1)(m+n-1)}{12}=520$$

$$\mathrm{Var}(M_A)=\frac{mn(m+n+1)(m+n+2)(m+n-2)}{180}=115.9957$$

$$Z_A=\frac{M_A-E(M_A)}{\sqrt{\mathrm{Var}(M_A)}}=\frac{237-520}{\sqrt{115.9957}}=-2.4397$$

从而, $P=2\Phi(Z_A)=0.0147$.

(4) 根据显著性水平对原假设做出判断. 由于 P 值小于显著性水平 $\alpha=0.05$, 有充分理由认为原假设不成立. 在显著性水平 $\alpha=0.05$ 下, 倾向于认为网店和实体店的帽子价格的方差存在显著差异.

8.2.5 结论

关于网店和实体店的相同款式帽子价格波动进行 Siegel-Tukey 检验和 Mood 检验. 虽然二者检验过程不同, 检验结论是一致的. 前者的 P 值等于 0.0096, 后者的 P 值等于 0.0147, 都有充分证据认为网店和实体店的帽子价格方差存在显著差异.

对于消费者而言, 网店与实体店的帽子价格确实存在显著差异. 对于实体店来说, 店主会根据所在区域消费群体的特征，自行定价．对于高收入群体，定价一般高于平均价格；对于低收入群体，适当的调低价格．这种现象在经济学中称为“价格歧视”．通常，向不同消费者提供相同等级、相同质量的商品或服务时，在消费者之间实行不同的销售价格或收费标准．然而，网店面对的客户群体来自全国各地，不具备实施价格歧视的条件．网上消费越来越普遍或许也与此有关．不置可否的是，实体店能极大满足消费者的体验心理．这是网店目前无法比拟的．

8.3 多个总体的平方秩检验

两个总体方差的 Siegel-Tukey 检验和 Mood 检验主要对联合样本的排序取秩，检验总体方差是否相等．Conover(1980)提出了平方秩检验．平方秩检验主要是对样本的绝对离差混合后排序赋秩，并对秩取平方．本节主要介绍两个总体和多个总体的平方秩检验．

8.3.1 两个总体方差的平方秩检验

为了检验两个总体尺度参数，如总体方差，设定的原假设与备择假设为

$$H_0:\sigma_X^2=\sigma_Y^2;\quad H_1:\sigma_X^2\neq\sigma_Y^2$$

设两个相互独立的样本为 $x_1,x_2,\cdots,x_m$ 和 $y_1,y_2,\cdots,y_n$，样本均值记为 $\bar{x}$ 与 $\bar{y}$．两个样本中的观测值依次减去其均值，并取绝对值，得到绝对离差为

$$|x_i-\bar{x}|,i=1,2,\cdots,m,\quad |y_j-\bar{y}|,j=1,2,\cdots,n$$

把两个样本的绝对离差混合排序赋秩，计算秩的平方，得到每个观测值绝对离差的平方秩．记样本 x 中观测值的平方秩为 R_{Xi}^2，$i=1,2,\cdots,m$．记样本 y 中观测值的平方秩为 R_{Yj}^2，$j=1,2,\cdots,n$．令 T_X 为 x 样本中观测值的平方秩和，即

$$T_X=\sum_{i=1}^{m}R_{Xi}^2 \tag{8.28}$$

令 T_Y 为 y 样本中观测值的平方秩和，即

$$T_Y=\sum_{j=1}^{n}R_{Yj}^2 \tag{8.29}$$

若统计量 T_X 或 T_Y 过大或过小，都表示两个样本的方差存在显著差异，倾向于认为两总体方差不相等．在原假设成立下，若样本量足够大，检验统计量 Z_X 和 Z_Y 近似服从标准正态分布

$$Z_X=\frac{T_X-m\bar{R}}{S},\quad Z_Y=\frac{T_Y-n\bar{R}}{S} \tag{8.30}$$

其中

$$\bar{R}=\frac{1}{m+n}(T_X+T_Y) \tag{8.31}$$

$$S^2 = \frac{mn\left(\sum_{i=1}^{m}\left(R_{Xi}^2\right)^2 + \sum_{j=1}^{n}\left(R_{Yj}^2\right)^2 - (m+n)\overline{R}^2\right)}{(m+n)(m+n-1)} \tag{8.32}$$

通过下面例题，演示两个总体方差的平方秩检验步骤.

例 8.3 某中学 15 名学生分别来自 A 班级和 B 班级. 15 名学生的综合成绩见表 8.8，综合成绩从 0 分到 100 分，其中 100 分为最高. 现在需要对来自 A, B 班级的学生综合成绩做出评价，以了解不同班级学生成绩的方差有无差异($\alpha = 0.05$).

表 8.8 A 和 B 班级的 15 名学生的综合成绩

A	80	74	75	91	77	88	95	89
B	70	82	88	51	95	100	81	

解 依据题意，两个班级学生成绩方差的平方秩检验过程如下.

(1) 设定的原假设和备择假设为

$$H_0: \sigma_A^2 = \sigma_B^2; \quad H_1: \sigma_A^2 \neq \sigma_B^2$$

(2) 计算两个总体方差的平方秩检验统计量的观测值.

(i) 计算两个样本的绝对离差，按升序排列，并计算观测值的平方秩. A 班级和 B 班级的学生成绩均值分别为

$$\overline{x}_A = 83.625, \quad \overline{y}_B = 81$$

将两个班级的学生成绩分别减去本班级成绩均值，得到离差. 计算离差的绝对值，得到绝对离差. 把两个样本的绝对离差混合，排序赋秩. 对秩取平方得到每个观测值绝对离差的平方秩，结果见表 8.9.

表 8.9 两个班级学生成绩的平方秩计算

班级	学生成绩	离差	绝对离差	秩 R_{ij}	平方秩 R_{ij}^2
B	81	0	0	1	1
B	82	1	1	2	4
A	80	−3.625	3.625	3	9
A	88	4.375	4.375	4	16
A	89	5.375	5.375	5	25
A	77	−6.625	6.625	6	36
B	88	7	7	7	49
A	91	7.375	7.375	8	64
A	75	−8.625	8.625	9	81
A	74	−9.625	9.625	10	100
B	70	−11	11	11	121
A	95	11.375	11.375	12	144
B	95	14	14	13	169
B	100	19	19	14	196
B	51	−30	30	15	225

(ii) 分别求两个班级的平方秩和. A 班级成绩的平方秩和 T_A 为

$$T_A=\sum_{i=1}^{m}R_{Ai}^2=475$$

B 班级成绩的平方秩和 T_B 为

$$T_B=\sum_{j=1}^{n}R_{Bj}^2=765$$

(iii) 对于双边检验, 选择两个样本中平方秩和较小的作为检验统计量. 这里, 选择秩和 T_A.

(3) 计算检验统计量的 P 值. 在原假设成立下, 检验统计量 T_A 渐近服从标准正态分布, 有

$$Z_A=\frac{T_A-m\overline{R}}{S}=-1.3106$$

其中

$$\begin{aligned}\overline{R}&=\frac{1}{m+n}(T_A+T_B)\\&=\frac{1}{15}\times(1+4+9+\cdots+225)=82.667\end{aligned}$$

$$\begin{aligned}S^2&=\frac{mn\left(\sum_i\left(R_{Xi}^2\right)^2+\sum_j\left(R_{Yj}^2\right)^2-(m+n)\overline{R}^2\right)}{(m+n)(m+n-1)}\\&=\frac{7\times8\times[(1^2+4^2\cdots+225^2)-(7+8)\times82.667^2]}{(7+8)\times(7+8-1)}=20214.54\end{aligned}$$

从而, $S=\sqrt{20214.54}=142.1778$, $P=2\Phi(Z_A)=0.19$.

(4) 根据显著性水平对原假设做出判断. 由于 $P>\alpha=0.05$, 没有充分证据认为原假设不成立. 即在显著性水平 $\alpha=0.05$ 下, 倾向于认为 A 和 B 班级学生成绩方差无显著差异.

8.3.2　多个总体方差的平方秩检验

假设有 k 个独立样本, 样本的观测值依次为 $x_{i1},x_{i2},\cdots,x_{in_i},i=1,2,\cdots,k$, 其中样本量分别为 $n_1,n_2,\cdots,n_k$, 共有 $N=\sum_{i=1}^{k}n_i$ 个观测值. 多个总体方差的平方秩检验的原假设和备择假设分别为

$$H_0:\sigma_1^2=\sigma_2^2=\cdots=\sigma_k^2;\quad H_1:\text{总体方差并不全相等}$$

多个总体方差的平方秩检验步骤

(1) 分别计算每个样本均值. 样本均值分别记为 $\overline{x}_i,i=1,2,\cdots,k$.

(2) 计算绝对离差和平方秩和. 将每个样本中的观测值分别减去其均值, 再取绝对值, 得到绝对离差

$$\left|x_{ij}-\overline{x}_i\right|,\quad i=1,2,\cdots,k;\ j=1,2,\cdots,n_i$$

把k个样本的绝对离差混合排序并赋秩，计算秩平方，得到每个观测值的平方秩，记为

$$R_{ij}^2, \quad i=1,2,\cdots,k;\ j=1,2,\cdots,n_i$$

分别计算每个样本的平方秩和，记为

$$T_i=\sum_{j=1}^{n_i} R_{ij}^2, \quad i=1,2,\cdots,k \tag{8.33}$$

(3) 计算平方秩检验统计量的观测值.

$$T=\frac{(N-1)\left(N\sum_{i=1}^{k}(T_i^2/n_i)-\left(\sum_{i=1}^{k}T_i\right)^2\right)}{N\sum_{i=1}^{k}\sum_{j=1}^{n_i}R_{ij}^2-\left(\sum_{i=1}^{k}T_i\right)^2} \tag{8.34}$$

在原假设成立下，检验统计量T服从自由度为$k-1$的卡方分布. 计算检验统计量的P值.

例 8.4 (例 8.3 续) 在例 8.3 中，又加入班级C，数据见表 8.10. 对三个班级的学生综合成绩做出评价，了解不同班级学生成绩的方差有无差异($\alpha=0.05$).

表 8.10 三个班级的学生成绩

A	80	74	75	91	77	88	95	89
B	70	82	88	51	95	100	81	
C	98	92	87	78	99	61.5	90	

解 依据题意，三个班级学生成绩方差的平方秩检验过程如下.

(1) 设定原假设和备择假设为

$$H_0:\sigma_1^2=\sigma_2^2=\sigma_3^2; \quad H_1:\text{三个班级学生成绩方差不都相等}$$

(2) 利用样本计算检验统计量的观测值.

(i) 计算每个班级学生成绩的均值.

$$\bar{x}_A=83.625; \quad \bar{y}_B=81; \quad \bar{z}_C=86.5$$

(ii) 计算样本观测值的绝对离差以及平方秩和. 三个班级的学生成绩分别减去本班成绩均值，得到离差，计算离差绝对值. 将三个班级学生成绩的绝对离差混合后排序赋秩，计算平方秩，结果见表 8.11.

表 8.11 三个班级学生成绩的平方秩计算过程

班级	学生成绩	离差	绝对离差	秩 R_{ij}	平方秩 R_{ij}^2
B	81	0	0	1	1
C	87	0.5	0.5	2	4

续表

班级	学生成绩	离差	绝对离差	秩 R_{ij}	平方秩 R_{ij}^2
B	82	1	1	3	9
C	90	3.5	3.5	4	16
A	80	−3.625	3.625	5	25
A	88	4.375	4.375	6	36
A	89	5.375	5.375	7	49
C	92	5.5	5.5	8	64
A	77	−6.625	6.625	9	81
B	88	7	7	10	100
A	91	7.375	7.375	11	121
C	78	−8.5	8.5	12	144
A	75	−8.625	8.625	13	169
A	74	−9.625	9.625	14	196
B	70	−11	11	15	225
A	95	11.375	11.375	16	256
C	98	11.5	11.5	17	289
C	99	12.5	12.5	18	324
B	95	14	14	19	361
B	100	19	19	20	400
C	61.5	−25	25	21	441
B	51	−30	30	22	484

计算每个班级的平方秩和. A 班级成绩的平方秩和为

$$T_1=\sum_{j=1}^{n_1}R_{1j}^2=933$$

B 班级成绩的平方秩和为

$$T_2=\sum_{j=1}^{n_2}R_{2j}^2=1580$$

C 班级成绩的平方秩和为

$$T_3=\sum_{j=1}^{n_3}R_{3j}^2=1282$$

(iii) 计算检验统计量:

$$T=\frac{(N-1)\left(N\sum_{i=1}^{k}(T_i^2/n_i)-\left(\sum_{i=1}^{k}T_i\right)^2\right)}{N\sum_{i=1}^{k}\sum_{j=1}^{n_i}R_{ij}^2-\left(\sum_{i=1}^{k}T_i\right)^2}=-1.471$$

(3) 计算检验统计量的P值. 在原假设成立下, 检验统计量T服从自由度$k-1=2$的卡方分布, 计算的P值等于0.3815.

(4) 在显著性水平$\alpha=0.05$下对原假设做出判断. 由于$P>\alpha$, 没有充分证据认为原假设不成立, 即倾向于认为三个班级学生综合成绩方差不存在显著差异.

8.3.3 两个总体相关性的 Goodman-Kruskal's γ 检验

Spearman 和 Kendall's τ 相关检验主要用于检验两个连续变量的相关性. 而 Goodman-Kruskal's γ 相关检验主要用于检验两个有序变量是否存在相关性. 假设X和Y为有序变量, 分别有r和c个水平, 将两个变量的观测值放入一个$r\times c$的列联表, 表中每个格子的频数记为n_{ij}, $i=1,2,\cdots,r$, $j=1,2,\cdots,c$. 列联表见表8.12.

表 8.12 变量X的r个有序水平和Y的c个有序水平的列联表

	y_1	y_2	$\cdots$	y_c
x_1	n_{11}	n_{12}	$\cdots$	n_{1c}
x_2	n_{21}	n_{22}	$\cdots$	n_{2c}
$\vdots$	$\vdots$	$\vdots$		$\vdots$
x_r	n_{r1}	n_{r2}	$\cdots$	n_{rc}

假设检验的原假设$H_0:X$和Y不相关, $\gamma=0$; 备择假设$H_1:X$和Y相关, $\gamma\neq 0$. 若$(x_2-x_1)(y_2-y_1)>0$, 称样本点$(x_1,y_1),(x_2,y_2)$是协同的, 具有相同的倾向. 若$(x_2-x_1)(y_2-y_1)<0$, 称样本点$(x_1,y_1),(x_2,y_2)$是不协同的, 有不同的倾向.

计算协同的样本点对数和不协同的样本点对数. 在表8.12的列联表里, 沿从左到右和从上到下的方向, 对于每一个元素n_{ij}, 依次找到该元素的协同对子数. 对于观测频数n_{ij}对应的水平为x_i和y_j, 计算变量X的水平大于x_i且变量Y的水平大于y_j的协同对子数为

$$n_{ij}\sum_{i'>i}\sum_{j'>j}n_{i'j'} \tag{8.35}$$

协同对子数总数n_c为

$$n_c=\sum_{i,j}n_{ij}\sum_{i'>i}\sum_{j'>j}n_{i'j'} \tag{8.36}$$

类似地, 不协同对子总数n_d为

$$n_d=\sum_{i,j}n_{ij}\sum_{i'>i}\sum_{j'<j}n_{i'j'} \tag{8.37}$$

Goodman-Kruskal's γ 相关系数的计算公式为

$$G=\frac{n_c-n_d}{n_c+n_d} \tag{8.38}$$

渐近方差为

$$\frac{16}{(P+Q)^4}\sum_{i,j} n_{ij}(PC_{ij}-QD_{ij})^2$$

其中

$$P=\sum_{i,j} n_{ij}C_{ij}=2n_c,\quad Q=\sum_{i,j} n_{ij}D_{ij}=2n_d$$

$$C_{ij}=\sum_{i'>i}\sum_{j'>j} n_{i'j'}+\sum_{i'<i}\sum_{j'<j} n_{i'j'}$$

$$D_{ij}=\sum_{i'>i}\sum_{j'<j} n_{i'j'}+\sum_{i'<i}\sum_{j'>j} n_{i'j'}$$

$$n_c=\sum_{i,j} n_{ij}\sum_{i'>i}\sum_{j'>j} n_{i'j'}=\sum_{i,j} n_{ij}\sum_{i'<i}\sum_{j'<j} n_{i'j'}$$

$$n_d=\sum_{i,j} n_{ij}\sum_{i'>i}\sum_{j'<j} n_{i'j'}=\sum_{i,j} n_{ij}\sum_{i'<i}\sum_{j'>j} n_{i'j'}.$$

注意，Goodman-Kruskal's γ 的分母不包含打结，不包含 $(x_j-x_i)(y_j-y_i)=0$ 的对子数. 这里的协同对子数和不协同对子数与 Kruskal's τ 相关检验不同.

Goodman-Kruskal's γ 相关检验的步骤

(1) 计算协同对子数 n_c 和不协同对子数 n_d.

(2) 计算 Goodman-Kruskal's γ 的相关系数. 相关系数 $G=(n_c-n_d)/(n_c+n_d)$.

(3) 计算检验统计量 G 的 P 值.

(4) 依据显著性水平做出判断.

例 8.5 现有个人年收入水平和生活满意度的观测数据，见表 8.13. 通常认为，居民收入水平越高，生活满意度也越高. 试检验个人年收入水平和生活满意度之间是否存在相关性. ($\alpha=0.05$)

表 8.13 年收入水平和生活满意度的观测数据

年收入/万元	生活满意度			
	很不满意	不满意	满意	很满意
<5	2	8	10	6
5~8	1	6	13	12
>8	0	1	10	11

解 依据题意，个人年收入水平和生活满意度之间的相关性检验过程如下.

(1) 设定原假设和备择假设.

H_0: 收入水平和生活满意度不相关； H_1: 收入水平和生活满意度相关

(2) 计算检验统计量.

(i) 计算协同对子总数为

$$\begin{aligned} n_c &= \sum_{i,j} n_{ij} \sum_{i'<i} \sum_{j'<j} n_{i'j'} \\ &= 2\times(6+13+12+1+10+11)+8\times(13+12+10+11)+10\times(12+11) \\ &\quad +1\times(1+10+11)+6\times(10+11)+13\times 11 \\ &= 995 \end{aligned}$$

不协同对子总数为

$$\begin{aligned} n_d &= \sum_{i,j} n_{ij} \sum_{i'>i} \sum_{j'<j} n_{i'j'} \\ &= 6\times(1+6+13+0+1+10)+10\times(1+6+0+1)+8\times(1+0) \\ &\quad +12\times(0+1+10)+13\times(0+1)+6\times 0 \\ &= 419 \end{aligned}$$

(ii) 计算 Goodman-Kruskal's γ 相关系数. Goodman-Kruskal's γ 相关系数为

$$G = \frac{n_c - n_d}{n_c + n_d} = \frac{995-419}{995+419} = 0.407$$

(3) 计算检验统计量的 P 值. 检验统计量 G 的 P 值为 0.0012.

(4) 依据显著性水平做出判断. 由于 P 值小于显著性水平 $\alpha = 0.05$, 有充分证据认为原假设不成立, 即倾向于个人年收入与生活满意度之间存在显著相关性.

习 题 8

1. 股票价格波动在一定程度上可以反映该股票的持有风险. 下面给出两只股票 8 月份前九个交易日的股票收盘价格(表 8.14, 单位: 元), 试使用 Siegel-Tukey 检验方法检验两只股票的波动程度是否相同? $(\alpha = 0.05)$

表 8.14 两只股票九个交易日收盘价格

A 股票	11.52	11.76	11.49	11.60	11.82	11.55	11.71	11.69	11.85
B 股票	11.16	11.29	11.25	11.54	11.68	12.07	11.88	11.75	11.80

2. 现有两批某种型号的电池, 抽样检验两批电池的质量, 每批各抽取 20 只电池作为样本, 经测试其使用寿命(单位: h), 数据见表 8.15.

表 8.15 两批电池使用寿命数据

第一批	45.50	54.26	54.05	52.53	48.88	42.96	53.60	41.90	46.32	42.27
	53.05	54.65	40.13	54.49	49.05	47.88	43.95	42.84	42.27	45.33
第二批	54.60	48.94	45.92	54.98	45.36	48.90	47.52	46.60	46.12	47.91
	48.01	45.46	45.97	51.52	54.76	48.37	52.68	51.63	54.70	47.27

请使用 Siegel-Tukey 检验方法检验第一批电池的寿命稳定性是否低于第二批电池的寿命稳定性? $(\alpha = 0.05)$

3. 现有 2014 年 1～12 月及 2015 年 1～11 月的中国境内入境旅游外汇收入数据(单位: 亿元), 数据见表 8.16.

表 8.16　2014 年 1～12 月及 2015 年 1～11 月中国境内入境旅游外汇收入数据

2014	38.30	36.20	42.48	44.30	43.87	42.57	42.80	44.94	43.53	48.74	43.48	51.28
2015	45.40	34.64	48.01	51.52	49.66	46.11	46.61	49.09	48.47	54.62	49.51	

试使用 Mood 方法检验 2014～2015 年中国境内入境旅游外汇收入波动程度是否增加? ($\alpha=0.05$)

4. 某一农业研究院要寻找一个试验田进行作物培养, 现有两个地点作为备选, 对两个地点的土壤 pH 值进行抽样测试, 测试数据见表 8.17.

表 8.17　*A*, *B* 两块试验田 pH 值测量数据

A	7.83	7.76	8.10	8.05	8.08	8.17	7.74	7.70
B	7.98	7.93	8.03	8.00	7.80	7.96	7.83	8.07

请使用 Mood 方法检验 A 地土壤 pH 值稳定性是否低于 B 地土壤 pH 值稳定性? ($\alpha=0.05$)

5. 大年初一贺岁档同天上映了五部电影, 随机抽选了 6 名观众对五部电影的喜好进行排序, 具体结果见表 8.18. 计算 Kendall 协同系数, 并判断这 6 名观众的喜好排序是否具有一致性. ($\alpha=0.05$)

表 8.18　电影喜好排序数据

观众	电影 A	电影 B	电影 C	电影 D	电影 E
1	3	5	2	1	4
2	1	4	2	5	3
3	1	2	4	3	5
4	2	5	3	1	4
5	4	3	1	5	2
6	3	4	2	1	5

第 9 章 总体分布检验

研究总体分布既是为了满足现有许多统计模型假设条件的需要，又是对总体性质更深入分析的基础. 分布检验是对总体分布的推断，是研究总体分布的重要方法. 常用分布检验方法是利用已知的分布与样本数据进行比较，推断样本数据是否服从已知分布. 比较样本数据与已知分布是否一致的简单方法是统计图形，如直方图和检验正态分布的正态概率图等. 统计图形方便直观，主观经验因素对判断结果影响大. 本章将介绍总体分布的几种非参数检验法.

9.1 单个总体分布的假设检验

本节主要介绍单个总体分布的非参数检验方法，有 Kolmogorov-Smirnov 检验、Pearson χ^2 拟合优度检验和 Shapiro-Wilk 检验等.

9.1.1 Kolmogorov-Smirnov 检验

Kolmogorov-Smirnov 检验主要用于检验样本经验分布是否与设定的理论分布相一致，用两个分布的差异来判断样本是否来自该理论分布. 适用于 Kolmogorov-Smirnov 检验方法的理论分布有：正态分布、均匀分布、指数分布和泊松分布等.

Kolmogorov-Smirnov 检验的基本思想是将基于样本的经验分布函数 $S(x)$ 与已知的理论分布函数 $F_0(x)$ 进行比较，用 $S(x)$ 与 $F_0(x)$ 之间的差值描述两个分布之间的差异. 如果经验分布 $S(x)$ 与理论分布 $F_0(x)$ 之间的差异大，说明两个分布差异大，倾向于认为样本不是来自理论分布 $F_0(x)$.

假设容量为 n 的样本来自总体分布 $F(x)$，观测值记为 $x_1, x_2, \cdots, x_n$. 检验总体分布函数 $F(x)$ 是否与已知的理论分布 $F_0(x)$ 一致，原假设与备择假设主要有如下三种形式:

$$H_0: F(x) = F_0(x); \quad H_1: F(x) \neq F_0(x)$$

$$H_0: F(x) = F_0(x); \quad H_1: F(x) < F_0(x)$$
$$H_0: F(x) = F_0(x); \quad H_1: F(x) > F_0(x)$$

总体分布函数 $F(x)$ 的估计量为样本的经验分布函数，记为 $S(x)$. 经验分布函数 $S(x)$ 为阶梯函数

$$S(x) = \frac{1}{n}\sum_{i=1}^{n} I(x_i \leqslant x) \tag{9.1}$$

其中，$I(x_i \leqslant x)$ 为示性函数. 函数 $S(x)$ 是在样本数据中小于等于 x 的观测值频率. 对于上述三种检验假设，分别选取检验统计量，

$$H_1: F(x) \neq F_0(x)，取 D = \sup_x |S(x) - F_0(x)|$$
$$H_1: F(x) < F_0(x)，取 D^+ = \sup_x (F_0(x) - S(x))$$
$$H_1: F(x) > F_0(x)，取 D^- = \sup_x (S(x) - F_0(x))$$

在原假设 $H_0: F(x) = F_0(x)$ 成立的条件下，D 的分布与已知分布 $F_0(x)$ 无关. D 统计量可以用统计量 D_n 表示

$$D_n = \max_{1\leqslant i\leqslant n}\left\{\max(|S(x_i) - F_0(x_i)|, |S(x_{i-1}) - F_0(x_i)|)\right\} \tag{9.2}$$

$$D_n^+ = \max_{1\leqslant i\leqslant n}\left\{\max(F_0(x_i) - S(x_i), F_0(x_i) - S(x_{i-1}))\right\} \tag{9.3}$$

$$D_n^- = \max_{1\leqslant i\leqslant n}\left\{\max(S(x_i) - F_0(x_i), S(x_{i-1}) - F_0(x_i))\right\} \tag{9.4}$$

该检验统计量称为 Kolmogorov 统计量或 Kolmogorov-Smirnov 统计量. 在原假设成立的条件下，统计量 D_n 的临界值可查表. 在原假设成立的条件下，当样本量 n 趋于无穷时，统计量 D_n 的渐近分布为

$$P(\sqrt{n}D_n < x) \to K(x) \tag{9.5}$$

其中，分布函数 $K(x)$ 为

$$K(x) = \begin{cases} 0, & x < 0, \\ \sum_{j=-\infty}^{\infty} (-1)^j \exp(-2j^2x^2), & x > 0 \end{cases} \tag{9.6}$$

Kolmogorov-Smirnov 检验的步骤

(1) 样本按升序排序. 样本 $x_1, x_2, \cdots, x_n$ 按升序排序为 $x_{(1)}, x_{(2)}, \cdots, x_{(n)}$.

(2) 计算经验分布函数. 假设理论分布函数为 $F_0(x)$，经验分布函数为 $S(x)$，利用样本观测值，计算理论分布函数 $F_0(x)$ 和经验分布函数 $S(x)$ 的函数值为

$$F_0(x_{(1)}), F_0(x_{(2)}), \cdots, F_0(x_{(n)}) 和 S(x_{(1)}), S(x_{(2)}), \cdots, S(x_{(n)})$$

若 $F_0(x_{(n)})$ 不为 1，需要修正为 1.

(3) 计算检验统计量. 计算经验分布函数 $S(x)$ 与理论分布函数 $F_0(x)$ 的差值. 依据备择假设，选择检验统计量. 针对备择假设 $H_1: F(x) \neq F_0(x)$，计算

$$\Delta_i = F_0(x_i) - S(x_i)，\ \Delta_i^1 = F_0(x_i) - S(x_{i-1})，\ i = 1, 2, \cdots, n$$

两个差值序列 Δ_i 和 Δ_i^1 中的最大绝对值作为检验统计量 D_n. 针对备择假设 H_1: $F(x) < F_0(x)$，计算

$$\Delta_i = F_0(x_i) - S(x_i),\ \Delta_i^1 = F_0(x_i) - S(x_{i-1}),\ i = 1,2,\cdots,n$$

两个差值序列 Δ_i 和 Δ_i^1 中的最大值作为检验统计量 D_n^+. 针对备择假设 H_1: $F(x) > F_0(x)$, 计算

$$\Delta_i = S(x_i) - F_0(x_i),\ \Delta_i^1 = S(x_{i-1}) - F_0(x_i),\ i = 1,2,\cdots,n$$

两个差值序列 Δ_i 和 Δ_i^1 中的最大值作为检验统计量 D_n^-.

(4) 计算检验统计量的 P 值. 根据显著性水平 α 和样本容量 n, 查表得到满足 $P(D_n \geqslant d_\alpha) = \alpha$ 的临界值 d_α, 则拒绝域为 $(d_\alpha, +\infty)$. 若检验统计量 $D_n > d_\alpha$, 有充分证据认为原假设 $H_0: F(x) = F_0(x)$ 不成立.

Kolmogorov-Smirnov 检验是较为经典的分布检验方法. 在正态分布总体检验时, 该检验并不比其他检验有效, 建议使用其他检验方法.

9.1.2 Pearson χ^2 拟合优度检验

Pearson χ^2 拟合优度检验由 Karl Pearson 提出, 也简称为卡方检验, 是广泛应用的一种检验方法. Pearson χ^2 拟合优度检验主要检验样本抽取的总体分布 $F(x)$ 与已知的理论分布 $F_0(x)$ 是否一致, 推断样本是否来自该理论分布 $F_0(x)$. Pearson χ^2 拟合优度检验常用于检验名义变量数据, 允许理论分布 $F_0(x)$ 包含未知参数. Pearson χ^2 拟合优度检验倾向于接受原假设, 检验结果较为保守, 检验功效不高.

Pearson χ^2 拟合优度检验的基本思想是假设理论分布 $F_0(x)$ 为样本的总体分布, 使用实际的观测频数与理论分布的期望频数之间的差值构造检验统计量, 描述样本的总体分布 $F(x)$ 与理论分布 $F_0(x)$ 之间的偏离程度. 如果偏离程度过大, 倾向于认为样本的总体分布 $F(x)$ 不是理论分布 $F_0(x)$.

将总体 X 的取值范围 S 划分为 k 个互不相交的子集 $S_1,\cdots,S_k$, 即 $\bigcup_{i=1}^k S_i = S$ 且 $S_i \cap S_j = \varnothing (i \neq j)$. 记

$$p_i = P(X \in S_i),\quad i = 1,\cdots,k$$

记 $p = (p_1,\cdots,p_k)$, $p_1 + p_2 \cdots + p_k = 1$. 从总体 X 中随机抽取 n 个观测值, 落在 S_i 中的数目 N_i 服从多项分布, $n = \sum_{i=1}^k N_i$, 有

$$P(N_1 = n_1,\cdots,N_k = n_k) = \frac{n!}{n_1!\cdots n_k!} p_1^{n_1} \cdots p_k^{n_k} \tag{9.7}$$

对于连续型随机变量, 当 $k \to \infty$ 且 $\max_i\{p_i\} \to 0$ 时, 多项分布将会非常接近总体 X 的理论分布. 多项分布参数 p 是否等于已知参数 $p_0 = (p_{10},\cdots,p_{k0})$ 的假设检验为

$$H_0: p = p_0;\quad H_1: \text{至少一个 } p_i \neq p_{i0}$$

当样本量 n 充分大时, 分布参数 p 的 Pearson χ^2 检验统计量为

$$Q = \sum_{i=1}^k \frac{(Q_i - E_i)^2}{E_i} \tag{9.8}$$

其中, Q_i 为实际的观测频数, E_i 为理论分布的期望频数. 期望频数 $E_i = np_{i0}$, 观测频数为 n_i, 检验统计量为

$$Q=\sum_{i=1}^{k}\frac{(n_i-np_{i0})^2}{np_{i0}} \tag{9.9}$$

在原假设 $p=p_0$ 成立下，当 $k>2$，$\min_i\{n_i\}\to\infty$ 时，统计量 Q 服从自由度为 $k-1$ 的卡方分布. 若分布参数 $p_0=(p_{10},\cdots,p_{k0})$ 未知，一般利用 $p_0=(p_{10},\cdots,p_{k0})$ 的估计值代替. 若有 m 个未知参数需要估计，则卡方分布的自由度为 $k-m-1$.

Pearson χ^2 拟合优度检验的步骤

(1) 样本分组并计算各组的样本观测频数. 选择适当的分组方法，将样本观测值 $x_1,x_2,\cdots,x_n$ 分组. 假设共计分为 k 组，观测频数依次为 $n_1,n_2,\cdots,n_k$.

(2) 计算各组的期望频数. 根据理论分布，各组概率为 $p_0=(p_{10},\cdots,p_{k0})$，各组的期望频数等于样本量与期望概率的乘积，即期望频数 $np_0=(np_{10},\cdots,np_{k0})$.

(3) 计算检验统计量. 检验统计量的计算公式为 $Q=\sum_{i=1}^{k}(n_i-np_{i0})^2/(np_{i0})$.

(4) 计算检验统计量的 P 值或临界值. 根据显著性水平 α 和自由度，计算卡方分布的临界值 d_α. 若检验统计量 $Q>d_\alpha$，倾向于认为原假设不成立；否则，倾向于认为原假设成立.

9.1.3 Shapiro-Wilk 检验

Shapiro-Wilk 检验简称为 W 检验，常用于检验总体分布的正态性. 在很多情形下，对于总体分布正态性的假设检验，Shapiro-Wilk 检验比 Pearson χ^2 拟合优度检验等功效更高 (Shapiro and Wilk, 1965; La Brecque, 1973).

Shapiro-Wilk 检验判断样本次序统计量与其正态得分之间的 Pearson 相关性，相关性越大，说明观测数据的总体分布和正态分布之间的差异越小. 假定 $x_1,x_2,\cdots,x_n$ 是容量为 n 的样本，总体分布未知，分布函数记为 $F(x)$. 原假设与备择假设分别为

$$H_0:\ F(x)\text{为正态分布};\quad H_1:\ F(x)\text{不是正态分布}$$

将样本观测值从小到大排序为 $x_{(1)}\leqslant x_{(2)}\leqslant\cdots\leqslant x_{(n)}$，$x_{(i)}$ 为样本的第 i 个次序统计量. 对于 n 个样本观测值，计算系数 $a_1,a_2,\cdots,a_k$，其中 k 约为 $n/2$. 检验统计量 W 为

$$W=\frac{\left(\sum_{i=1}^{n}a_i\left(x_{(n-i+1)}-x_{(i)}\right)\right)^2}{\sum_{i=1}^{n}(x_i-\overline{x})^2} \tag{9.10}$$

其中，$\overline{x}=\sum_{i=1}^{n}x_i/n$ 为样本均值，a_i 为样本次序统计量的正态得分值. 检验统计量 W 是相关系数的平方，是次序统计量 $x_{(i)}$ 与正态得分 a_i 之间的 Pearson 相关系数的平方. W 越接近 1，越倾向于认为样本来自正态分布总体. W 越小，越倾向于认为样本不是来自正态分布总体. 计算检验统计量 W 的 P 值. 如果 P 值小于显著性水平 α，在显著性水平 α 下有充分证据认为原假设不成立.

Shapiro-Wilk 检验的步骤

(1) 样本排序. 将样本 $x_1,x_2,\cdots,x_n$ 从小到大排序为 $x_{(1)}\leqslant x_{(2)}\leqslant\cdots\leqslant x_{(n)}$.

(2) 计算正态得分. 对于容量 n 的样本, 查表得到次序统计量的正态得分 $a_1, a_2, \cdots, a_n$.

(3) 计算统计量 W. 计算公式 $W = \left(\sum_{i=1}^{n} a_i \left(x_{(n-i+1)} - x_{(i)}\right)\right)^2 \Big/ \sum_{i=1}^{n} (x_i - \overline{x})^2$.

(4) 根据显著性水平 α 和 n 值, 计算临界值 d_α. 若 $W < d_\alpha$, 没有充分证据认为原假设不成立.

9.2 电影票房分析

随着社会经济的快速发展, 中国居民收入水平显著提高, 精神、文化生活也日益成为广大消费者追求的目标. 观看电影现在已经成为大众消费, 成为居民文化生活的一部分, 丰富居民日常生活.

9.2.1 研究背景与目标

电影票房是决定制片公司运营稳定性的重要指标. 良好的票房有利于制片公司进一步拓展相关业务活动. 及时准确地掌握电影票房的变化情况, 有助于制片公司了解市场的偏好变化, 及时做出相应的营销策略调整. 控制制片成本, 改善票房收益, 提高制片公司的竞争力与知名度.

9.2.2 选择相关变量

制片公司关注电影票房的分布情况, 电影票房就是目标变量. 本例是模拟实例, 暂不关注其他影响票房的相关变量.

9.2.3 收集数据

本案例是以某制片公司的电影票房为研究对象, 选择其中的 A 电影进行分析. A 电影在 45 家不同电影院的票房(单位: 百万), 记为 R, 数据见表 9.1.

表 9.1 A 电影的票房

电影院	票房	电影院	票房
1	49.33	9	52.21
2	45.23	10	49.40
3	55.37	11	50.79
4	43.58	12	54.17
5	49.48	13	42.23
6	48.98	14	49.10
7	53.34	15	45.91
8	60.77	16	43.24

续表

电影院	票房	电影院	票房
17	47.52	32	50.63
18	45.50	33	48.79
19	49.75	34	47.13
20	50.38	35	50.95
21	51.28	36	43.67
22	49.05	37	46.89
23	51.78	38	53.78
24	44.32	39	50.58
25	55.33	40	49.68
26	46.37	41	50.99
27	58.03	42	50.12
28	52.71	43	45.21
29	49.92	44	52.86
30	49.42	45	51.55
31	62.36		

制片公司认为 A 电影在 45 家电影院的票房 R 服从均值 $\mu=50$ 且方差 $\sigma^2=4^2=16$ 的正态分布. 下面检验制片公司 A 电影票房的总体分布.

9.2.4 数据分析过程

检验 A 电影的票房分布是否服从均值 $\mu=50$ 且方差 $\sigma^2=4^2=16$ 的正态分布, 是单个总体分布检验, 下面分别进行 Kolmogorov-Smirnov 检验、Pearson χ^2 拟合优度检验、Shapiro- Wilk 检验.

1. Kolmogorov-Smirnov 检验

(1) 根据问题设定原假设和备择假设. 原假设和备择假设分别为

$$H_0: \text{票房 } R \text{ 服从正态分布 } N(50,16);$$

$$H_1: \text{票房 } R \text{ 不服从正态分布 } N(50,16)$$

(2) 利用样本的观测数据计算检验统计量.

(i) 将样本排序. 将样本观测值从小到大进行排序, 见表 9.2.

表 9.2 A 电影的票房及排序

电影院	票房	排序	电影院	票房	排序
1	49.33	18	5	49.48	21
2	45.23	7	6	48.98	15
3	55.37	42	7	53.34	38
4	43.58	3	8	60.77	44

续表

电影院	票房	排序	电影院	票房	排序
9	52.21	35	28	52.71	36
10	49.40	19	29	49.92	24
11	50.79	29	30	49.42	20
12	54.17	40	31	62.36	45
13	42.23	1	32	50.63	28
14	49.10	17	33	48.79	14
15	45.91	9	34	47.13	12
16	43.24	2	35	50.95	30
17	47.52	13	36	43.67	4
18	45.50	8	37	46.89	11
19	49.75	23	38	53.78	39
20	50.38	26	39	50.58	27
21	51.28	32	40	49.68	22
22	49.05	16	41	50.99	31
23	51.78	34	42	50.12	25
24	44.32	5	43	45.21	6
25	55.33	41	44	52.86	37
26	46.37	10	45	51.55	33
27	58.03	43			

(ii) 计算经验分布函数 $S(x)$ 和理论分布函数 $F_0(x)$. 经验分布函数为 $S(x)=\sum_{i=1}^{n} I(X_i \leqslant x)/n$, 其中函数 $I(X_i \leqslant x)$ 为示性函数. $F_0(x)$ 为均值 $\mu=50$ 且方差 $\sigma^2=16$ 的正态分布 $N(50,16)$ 的累积函数, 计算结果见表 9.3 的第 2 列和第 3 列. 若 $F_0(x)$ 的最后一项不为 1, 要修正为 1.

(iii) 计算分布函数差值序列. 差值序列 $\varDelta_i=F_0(x_i)-S(x_i)$, $\varDelta_i^1=F_0(x_i)-S(x_{i-1})$, 见表 9.3 的第 4 列和第 5 列.

表 9.3　电影 A 票房的检验过程数据

x_i	$F_0(x_i)$	$S(x_i)$	$\varDelta_i$	$\varDelta_i^1$
42.23	0.022	0.026	0.004	0.026
43.24	0.044	0.045	0.001	0.023
43.58	0.067	0.054	−0.012	0.010
43.67	0.089	0.057	−0.032	−0.010
44.32	0.111	0.078	−0.033	−0.011
45.21	0.133	0.116	−0.018	0.005
45.23	0.156	0.116	−0.039	−0.017
45.50	0.178	0.130	−0.047	−0.025
45.91	0.200	0.153	−0.047	−0.025
46.37	0.222	0.182	−0.040	−0.018

续表

x_i	$F_0(x_i)$	$S(x_i)$	Δ_i	Δ_i^1
46.89	0.244	0.219	–0.026	–0.004
47.13	0.267	0.237	–0.030	–0.008
47.52	0.289	0.267	–0.021	0.001
48.79	0.311	0.381	0.070	0.092
48.98	0.333	0.399	0.066	0.088
49.05	0.356	0.407	0.051	0.073
49.10	0.378	0.411	0.033	0.056
49.33	0.400	0.434	0.034	0.056
49.40	0.422	0.441	0.019	0.041
49.42	0.444	0.443	–0.002	0.021
49.48	0.467	0.448	–0.019	0.003
49.68	0.489	0.468	–0.021	0.002
49.75	0.511	0.475	–0.036	–0.014
49.92	0.533	0.492	–0.041	–0.019
50.12	0.556	0.512	–0.043	–0.021
50.38	0.578	0.538	–0.040	–0.018
50.58	0.600	0.558	–0.042	–0.020
50.63	0.622	0.563	–0.059	–0.037
50.79	0.644	0.578	–0.066	–0.044
50.95	0.667	0.594	–0.073	–0.050
50.99	0.689	0.597	–0.091	–0.069
51.28	0.711	0.625	–0.086	–0.064
51.55	0.733	0.651	–0.082	–0.060
51.78	0.756	0.672	–0.084	–0.061
52.21	0.778	0.710	–0.068	–0.046
52.71	0.800	0.751	–0.049	–0.026
52.86	0.822	0.763	–0.059	–0.037
53.34	0.844	0.798	–0.046	–0.024
53.78	0.867	0.828	–0.039	–0.017
54.17	0.889	0.851	–0.038	–0.015
55.33	0.911	0.909	–0.002	0.020
55.37	0.933	0.910	–0.023	–0.001
58.03	0.956	0.978	0.022	0.044
60.77	0.978	0.996	0.019	0.041
62.36	1.000	1.000	0.000	0.022

(iv) 计算检验统计量. 在表 9.3 的差值序列 Δ_i 和 Δ_i^1 中, 绝对值最大的值为 0.092, 其绝对值作为检验统计量 D_n 的观测值, 即 $D_n = 0.092$.

(3) 计算假设检验的拒绝域. 对于显著性水平 $\alpha = 0.05$，临界值为 $d_{\alpha} = 0.294$，则拒绝域为 $(0.294, +\infty)$.

(4) 做出判断. 检验统计量 $D_n < d_{\alpha}$. 在显著性水平 $\alpha = 0.05$ 下，没有充分证据认为原假设不成立，即倾向于认为制片公司 A 电影的票房 R 服从均值 $\mu = 50$ 且方差 $\sigma^2 = 4^2 = 16$ 的正态分布.

2. Pearson χ^2 拟合优度检验

(1) 根据问题设定原假设和备择假设. 原假设和备择假设分别为

$$H_0: \text{票房 } R \text{ 服从正态分布 } N(50,16)$$

$$H_1: \text{票房 } R \text{ 不服从正态分布 } N(50,16)$$

(2) 计算检验统计量.

(i) 样本分组. 样本观测值的范围为 42.23～62.36，将数据分为 4 组(也可以分成其他区间段)，并计算观测频数，见表 9.4.

表 9.4 各区间频数

票房区间	40～46	46～51	51～55	55～63
相应的电影院数(N_i)	9	22	9	5

根据上面的频数(表 9.4)，得到各区间的观测频数 Q_i 为(9, 22, 9, 5).

(ii) 计算区间的概率. 根据正态分布 $N(50,16)$ 的分布函数

$$F_x = \frac{1}{\sqrt{2\pi}\sigma}\int_{-\infty}^{x} \exp\left(-\frac{(x-\mu)^2}{2\sigma^2}\right)\mathrm{d}x$$

计算正态分布 $N(50,16)$ 在各区间上限的概率值，有

$$p_1 = P(X \leqslant 46) = 0.159$$

$$p_2 = P(X \leqslant 51) = 0.599$$

$$p_3 = P(X \leqslant 55) = 0.894$$

计算每个票房区间的概率值，

$$p_{10} = p_1 = 0.159$$

$$p_{20} = p_2 - p_1 = 0.599 - 0.159 = 0.440$$

$$p_{30} = p_3 - p_2 = 0.894 - 0.599 = 0.295$$

$$p_{40} = p_4 - p_3 = 1 - 0.894 = 0.106$$

得 $p = (0.159, 0.440, 0.295, 0.106)$.

(iii) 计算期望频数. 根据 $E_i = np_{i0}$，$n = 45$，计算每个区间的期望数为 $E_i = (7.16, 19.80, 13.27, 4.77)$.

(iv) 利用 Q_i 和 E_i，计算检验统计量

$$
\begin{aligned}
Q &= \sum_{i=1}^{k} \frac{(Q_i - E_i)^2}{E_i} \\
&= \frac{(9-7.16)^2}{7.16} + \frac{(22-19.80)^2}{19.80} + \frac{(9-13.27)^2}{13.27} + \frac{(5-4.77)^2}{4.77} \\
&= 2.12
\end{aligned}
$$

(3) 确定检验统计量的拒绝域. 在显著性水平 $\alpha = 0.05$ 下, 自由度为 $k-1=3$ 的卡方分布, 临界值为 7.85, 则拒绝域为 $(7.85, +\infty)$.

(4) 做出判断. 检验统计量 $Q < d_\alpha$, 在显著性水平 $\alpha = 0.05$ 下, 没有充分证据认为原假设不成立, 即倾向于认为制片公司 A 电影的票房 R 服从均值 $\mu = 50$ 且方差 $\sigma^2 = 4^2 = 16$ 的正态分布.

注: 本例中, 出现了期望频数小于 5 的情况. 此时, 需要与其他组的样本数据合并, 再进行 Pearson χ^2 拟合优度检验. 具体过程留给读者完成.

3. Shapiro-Wilk 检验

(1) 设定原假设和备择假设. 原假设和备择假设分别为

$$H_0: \text{票房 } R \text{ 服从正态分布 } N(50,16)$$

$$H_1: \text{票房 } R \text{ 不服从正态分布 } N(50,16)$$

(2) 计算检验统计量.

(i) 样本排序. 将样本 $x_1, x_2, \cdots, x_n$ 从小到大顺序排序为 $x_{(1)} \leqslant x_{(2)} \leqslant \cdots \leqslant x_{(n)}$.

(ii) 计算正态得分 a_i 和次序统计量差值 $x_{(n-i+1)} - x_{(i)}$. 结果见表 9.5. 查相关表, 正态得分 a_i 见表 9.5 第 2 列, 表 9.5 最后 1 列给出了差值 $x_{(n-i+1)} - x_{(i)}$.

表 9.5 Shapiro-Wilk 检验的差值序列

i	a_i	$x_{(n-i+1)} - x_{(i)}$
1	0.3850	62.36 − 42.23
2	0.2651	60.77 − 43.24
3	0.2313	58.03 − 43.58
4	0.2065	55.37 − 43.67
5	0.1868	55.33 − 44.32
6	0.1695	54.17 − 45.21
7	0.1545	53.78 − 45.23
8	0.1410	53.34 − 45.50
9	0.1286	52.86 − 45.91
10	0.1170	52.71 − 46.37
11	0.1062	52.21 − 46.89
12	0.0959	51.78 − 47.13
13	0.0860	51.55 − 47.52

续表

i	a_i	$x_{(n-i+1)}-x_{(i)}$
14	0.0765	51.28 − 48.79
15	0.0673	50.99 − 48.98
16	0.0584	50.95 − 49.05
17	0.0497	50.79 − 49.10
18	0.0412	50.63 − 49.33
19	0.0328	50.58 − 49.40
20	0.0245	50.38 − 49.42
21	0.0163	50.12 − 49.48
22	0.0081	49.92 − 49.68

(iii) 计算检验统计量

$$W=\frac{\left[\sum_{i=1}^{n}a_i(x_{(n-i+1)}-x_{(i)})\right]^2}{\sum_{i=1}^{n}(x_i-\overline{x})^2}=\frac{773.018}{809.916}=0.954$$

其中

$$\left(\sum_{i=1}^{n}a_i(x_{(n-i+1)}-x_{(i)})\right)^2=[0.3850\times(62.36-42.23)+\cdots+0.0081\times(49.92-49.68)]^2$$
$$=773.018$$

$$\sum_{i=1}^{n}(x_i-\overline{x})^2=809.916$$

(3) 计算检验统计量的拒绝域. 在显著性水平 $\alpha=0.05$ 下, 查表得临界值为 $d_\alpha=0.927$, 则拒绝域为 $(0,0.927)$.

(4) 做出判断. 检验统计量 $W>d_\alpha$. 在显著性水平 $\alpha=0.05$ 下, 没有充分证据认为原假设不成立, 即倾向于认为制片公司电影 A 的票房 R 服从均值 $\mu=50$ 且方差 $\sigma^2=4^2=16$ 的正态分布.

9.2.5 结论

为了分析电影票房的分布情况, 选择某制片公司的 A 电影在不同影院的票房进行分析. 分别使用 Kolmogorov-Smirnov 检验、Pearson χ^2 拟合优度检验和 Shapiro-Wilk 检验对"A 电影的票房分布为正态分布 $N(50,16)$"进行检验. 在显著性水平 $\alpha=0.05$ 下, 得到如下结论. 没有充分证据否认制片公司 A 电影的票房 R 服从均值为 $\mu=50$ 且方差为 $\sigma^2=4^2=16$ 的正态分布. 建议, 在票房高的影院中增加 A 电影的上映次数.

9.3 两个总体分布的 Kolmogorov-Smirnov 检验

两个总体分布的 Smirnov 检验和 Kolmogorov 检验的基本思想相同, 区别是将单个总体的原假设和备择假设的理论分布代替为另一个总体分布. 两个检验合称为 Kolmogorov-Smirnov 拟合优度检验.

假定两个总体的独立样本, 样本 $x_1, x_2, \cdots, x_m$ 来自总体分布 $F(x)$, 样本 $y_1, y_2, \cdots, y_n$ 来自总体分布 $G(y)$. 检验两总体分布相等的原假设和备择假设有如下三种形式

$$H_0: F(x)=G(y); \quad H_1: F(x)\neq G(y)$$

$$H_0: F(x)=G(y); \quad H_1: F(x)<G(y)$$

$$H_0: F(x)=G(y); \quad H_1: F(x)>G(y)$$

对于双边假设检验, 检验统计量为

$$D_N = \max\left\{\max_i(|F_m(x_i)-G_n(x_i)|), \max_j(|F_m(y_j)-G_n(y_j)|)\right\} \tag{9.11}$$

其中, $N=m+n$, $F_m(x)$ 和 $G_n(y)$ 分别表示 $F(x)$ 和 $G(y)$ 的经验分布. 检验统计量 D_N 的临界值可查表得到.

两个总体的 Kolmogorov-Smirnov 检验步骤

(1) 样本排序. 分别将两个样本 $x_1, x_2, \cdots, x_m$ 和 $y_1, y_2, \cdots, y_n$ 按升序排序, 记为 $x_{(1)}, x_{(2)}, \cdots, x_{(m)}$ 和 $y_{(1)}, y_{(2)}, \cdots, y_{(n)}$.

(2) 计算经验分布函数. 计算两个样本的经验分布函数 $F_m(x)$ 和 $G_n(y)$. 将两个样本 $x_1, x_2, \cdots x_m, y_1, \cdots, y_n$ 合并为联合样本 x_i' $(i=1,2,\cdots,N)$. 计算两个经验分布函数 $F_m(x)$ 和 $G_n(y)$ 在 x_i' $(i=1,2,\cdots,N)$ 上的函数值, 得到如下序列

$$(F_m(x_1'), F_m(x_2'), \cdots, F_m(x_N')) \text{ 和 } (G_n(x_1'), G_n(x_2'), \cdots, G_n(x_N'))$$

(3) 计算经验分布函数差值和检验统计量. 依次计算两个序列的差值

$$\Delta_i = F_m(x_i') - G_n(x_i'), \quad i=1,2,\cdots,N$$

取差值序列 Δ_i 中的最大绝对值, 作为检验统计量 D_N.

(4) 依据显著性水平 α 进行判断. 样本量 m 和 n, 临界值记为 d_α. 若 $D_N \leqslant d_\alpha$, 没有充分证据认为原假设不成立; 否则, 有充分证据认为原假设不成立.

例 9.1 商店 A 和商店 B 的日销售收入(单位: 千元)见表 9.6. 试检验两个商店的销售收入分布是否相同. $(\alpha=0.05)$

表 9.6 商店 A 和 B 的日销售收入

商店 A	商店 B
5.38	6.67
4.38	16.21
9.33	11.93
3.66	9.85

续表

商店 A	商店 B
3.72	10.43
1.66	13.54
0.23	2.40
0.08	12.89
2.36	9.30
1.71	11.92
2.01	5.74
0.90	14.45
1.54	1.99
	9.14
	2.89

解 依据题意，采用两个总体分布的 Kolmogorov-Smirnov 检验，具体的检验过程如下.

(1) 样本排序. 分别将两个样本按升序排序，样本容量分别为 13 和 15，结果见表 9.7.

表 9.7 商店 A 和 B 的日销售收入排序

商店 A 收入	排序	商店 B 收入	排序
5.38	15	6.67	17
4.38	14	16.21	28
9.33	20	11.93	24
3.66	12	9.85	21
3.72	13	10.43	22
1.66	5	13.54	26
0.23	2	2.40	10
0.08	1	12.89	25
2.36	9	9.30	19
1.71	6	11.92	23
2.01	8	5.74	16
0.90	3	14.45	27
1.54	4	1.99	7
		9.14	18
		2.89	11

(2) 计算经验分布函数 $F_{13}(x)$ 和 $G_{15}(y)$. 计算经验分布函数 $F_{13}(x)$ 在 $x_1, x_2, \cdots, x_m, y_1, y_2, \cdots, y_n$ 上的函数值，见表 9.8 的第 3 列和第 8 列. 计算经验分布函数 $G_{15}(y)$ 在 $x_1, x_2, \cdots, x_m, y_1, y_2, \cdots, y_n$ 上的函数值，见表 9.8 的第 4 列和第 9 列.

表 9.8 差值 $\Delta_i = F_{13}(x) - G_{15}(y)$ 序列

x_i	y_i	$F_{13}(x)$	$G_{15}(y)$	Δ_i	x_i	y_i	$F_{13}(x)$	$G_{15}(y)$	Δ_i
0.08		1/13	0	1/13	5.38		12/13	3/15	141/195
0.23		2/13	0	2/13		5.74	12/13	4/15	128/195
0.9		3/13	0	3/13		6.67	12/13	5/15	115/195
1.54		4/13	0	4/14		9.14	12/13	6/15	102/195
1.66		5/13	0	5/13		9.3	12/13	7/15	89/195
1.71		6/13	0	6/13	9.33		1	7/15	8/15
	1.99	6/13	1/15	77/195		9.85	1	8/15	7/15
2.01		7/13	1/15	92/195		10.43	1	9/15	6/15
2.36		8/13	1/15	107/195		11.92	1	10/15	5/15
	2.4	8/13	2/15	94/195		11.93	1	11/15	4/15
	2.89	8/13	3/15	81/195		12.89	1	12/15	3/15
3.66		9/13	3/15	96/195		13.54	1	13/15	2/15
3.72		10/13	3/15	111/195		14.45	1	14/15	1/15
4.38		11/13	3/15	126/195		16.21	1	1	0

(3) 计算两个经验分布函数差值和检验统计量. 计算差值 $\Delta_i = F_{13}(x) - G_{15}(y)$, 见表 9.8 的第 5 列和第 10 列. 取差值序列 Δ_i 中的最大绝对值, 作为检验统计量 D_N, 即检验统计量为

$$D_N = \max\left\{\max_i(|F_m(x_i) - G_n(x_i)|), \max_j(|F_m(y_j) - G_n(y_j)|)\right\}$$

$$= \frac{141}{195} = 0.723$$

相应的 $x_i = 5.38$.

(4) 依据显著性水平 $\alpha = 0.05$, 样本量 $n = 13$ 和 $m = 15$, 计算检验统计量的 P 值为 0.0005, 小于显著性水平 $\alpha = 0.05$. 有充分证据认为原假设不成立, 即有充分证据认为商店 A 和商店 B 的销售收入分布不同.

习 题 9

1. 某车间生产的一批轴, 实际测量的直径(单位: mm)数据见表 9.9.

表 9.9 轴的实际直径

编号	长度	编号	长度
1	10.25	4	9.81
2	10.08	5	9.94
3	9.69	6	10.00

续表

编号	长度	编号	长度
7	10.48	19	10.08
8	10.15	20	10.03
9	9.84	21	10.16
10	9.77	22	9.99
11	9.94	23	10.10
12	9.94	24	10.22
13	9.92	25	9.86
14	10.05	26	9.74
15	9.82	27	10.01
16	10.09	28	9.95
17	9.75	29	9.89
18	9.96	30	9.91

利用 Kolmogorov-Smirnov 方法检验轴直径服从均值为 10 且标准差为 0.2 的正态分布. $(\alpha=0.05)$

2. 在空气严重污染城市的一个观测点, 测得的臭氧含量(单位: mg/m^3)数据见表 9.10.

表 9.10 臭氧含量数据

编号	含量	编号	含量
1	7.4	16	7.7
2	7.8	17	11.4
3	13.0	18	6.5
4	8.4	19	9.5
5	9.0	20	9.2
6	12.3	21	8.4
7	5.9	22	12.2
8	6.2	23	8.2
9	12.3	24	9.1
10	10.2	25	9.5
11	11.2	26	7.2
12	11.5	27	8.0
13	9.0	28	9.0
14	9.9	29	7.5
15	12.5	30	9.9

请用 Kolmogorov-Smirnov 检验方法检验臭氧含量分布是否服从均值为 9 且方差为 4 的正态分布. $(\alpha=0.05)$

3. 某商店经理检验顾客到达商店的随机性假设. 选择一天上午, 记录连续到达顾客的时间间隔(单位: min), 数据见表 9.11.

表 9.11 连续到达顾客时间间隔

编号	间隔	编号	间隔	编号	间隔	编号	间隔
1	3.6	13	1.4	25	36.0	37	7.8
2	6.2	14	3.3	26	6.8	38	9.1
3	12.7	15	8.2	27	12.8	39	14.1
4	14.2	16	10.4	28	8.1	40	18.1
5	38.0	17	10.3	29	12.1	41	5.2
6	3.8	18	6.2	30	20.1	42	6.6
7	10.8	19	10.3	31	6.2	43	14.7
8	6.1	20	21.1	32	7.6	44	18.2
9	10.1	21	4.6	33	12.9	45	32.0
10	22.1	22	7.2	34	16.2	46	7.8
11	4.2	23	11.7	35	25.0	47	9.8
12	4.6	24	15.2	36	6.8	48	16.1

请用 Pearson χ^2 拟合优度检验法进行检验, 原假设为时间间隔服从均值为 12 和方差为 66 的正态分布; 备择假设为时间间隔不服从均值为 12 且方差为 66 的正态分布. $(\alpha = 0.05)$

4. 从四年级班上抽取 36 名同学进行跑步测试, 跑步测试成绩(单位: min)见表 9.12.

表 9.12 36 名同学跑步测试成绩

编号	成绩	编号	成绩
1	30.2	19	39.2
2	35.1	20	40.5
3	40.4	21	58.2
4	45.6	22	38.5
5	48.6	23	44.3
6	54.6	24	47.6
7	60.7	25	53.2
8	36.6	26	52.8
9	42.8	27	47.4
10	44.8	28	38.4
11	43.3	29	36.8
12	45.6	30	39.6
13	54.4	31	53.4
14	55.2	32	48.6
15	58.4	33	44.5
16	34.4	34	43.2
17	36.5	35	32.5
18	38.4	36	55.8

请用 Shapiro-Wilk 检验法检验样本是否来自均值为 45 和方差为 65 的正态分布. ($\alpha = 0.05$)

5. 随机抽取某地区 16 天的降雨量(单位: mm), 数据见表 9.13.

表 9.13　16 天降雨量数据

编号	降雨量	编号	降雨量
1	8.1	9	2.5
2	19.5	10	7.7
3	9.6	11	17.2
4	5.6	12	6.3
5	13.4	13	10.6
6	6.7	14	8.4
7	13.6	15	8.3
8	6.7	16	6.4

试用 Shapiro-Wilk 检验法检验降雨量是否服从均值为 9.5 和方差为 20 的正态分布. ($\alpha = 0.05$)

第 10 章

非参数回归模型

在实际应用中，常常关注变量 X 与 Y 之间是否存在函数关系. 对于参数回归模型，响应变量 Y 与解释变量 X 之间的函数形式是已知的，但参数并不都已知. 然而，针对许多实际问题，变量 Y 与 X 之间的函数关系比较复杂，与事先设定的函数关系并不总是一致的. 为了避免不一致情形发生，非参数回归不事前设定变量 Y 与 X 之间的函数形式，更充分利用观测数据，试图得到更合理的变量 Y 与 X 之间的函数关系. 本章主要介绍非参数回归模型、非参数回归模型优缺点、非参数回归模型估计、非参数回归模型估计的光滑参数选取以及非参数回归模型检验等问题.

10.1 非参数回归模型表示

设 $X_1,X_2,\cdots,X_p$ 为自变量，Y 为因变量. 为了找到因变量 Y 与自变量 X_1， $X_2,\cdots,X_p$ 之间的函数关系，非参数回归模型的形式为

$$Y=f(X_1,X_2,\cdots,X_p)+\varepsilon \tag{10.1}$$

其中，p 元函数 $f(X_1,X_2,\cdots,X_p)$ 的具体形式不做假定，但约束 p 元函数 $f(X_1,X_2,\cdots,X_p)$ 具有连续性或光滑性，以增加拟合模型的灵活性与适应性. 利用观测数据拟合 p 元函数 $f(X_1,X_2,\cdots,X_p)$，能更充分展现样本数据的统计性质. 对于一元非参数回归模型，总体 (X,Y) 容量为 n 的样本记为 $y_i,x_{i1},x_{i2},\cdots,x_{ip}$，$i=1,2,\cdots,n$，将观测数据代入模型，有

$$y_i=f(x_{i1},x_{i2},\cdots,x_{ip})+\varepsilon_i \tag{10.2}$$

其中，$i=1,2,\cdots,n$. 建立非参数回归模型的主要任务是估计函数 $f(X_1,X_2,\cdots,X_p)$.

与参数回归模型相比，非参数回归模型的优点体现在如下几个方面. 首先，非参数回归模型在事前不设定回归函数的具体形式. 在回归模型函数形式未知的情况下，非参数回归模型是更好的选择，精度通常较高，稳健性较好. 其次，非参数回归模型主要是数据驱

动的，回归函数形式约束较少. 非参数回归模型估计方法利用样本对总体进行估计，不依赖具体的总体分布，适用于不同类型的总体. 非参数回归模型与总体分布的参数无关，不需要回归参数的严格假定.

非参数回归模型的缺点在于不能用于外推预测，函数拟合的收敛速度较慢，受维度影响大，对估计结果影响大的光滑参数选取一般较为复杂. 对于多元非参数回归模型，往往编程工作量大，计算复杂度也高. 非参数回归模型没有充分利用样本外的总体信息，有时效率低. 给定精度，非参数回归模型估计往往需要更大的样本量. 在小样本的情况下，非参数回归模型拟合精度往往相对较差.

10.1.1 非参数回归模型估计

非参数回归模型的主要目标是估计回归函数 $f(x)$. 通常，回归函数估计采用某种光滑方式对数据光滑. 本节介绍较为常用的几种数据光滑方法，包括滑动平均、核回归光滑、k-近邻光滑、局部多项式回归、Loess 局部加权回归、平滑样条、Friedman 超光滑法等.

1. *滑动平均*

k 点滑动平均的基本思想是用某一点和其邻近的 $k-1$ 个点的响应变量 Y 值的平均数来代替该点的 Y 值，达到光滑数据的目的. 例如，三点滑动平均就是利用某一点和其邻近两个点 Y 值的平均数代替该点的 Y 值. 计算平均数的点数越多，各点之间的曲线越光滑.

2. *核回归光滑*

核回归光滑是使用核函数进行加权平均. 这里，核(kernel)函数是任意的光滑函数 $K(x)$，核函数的作用是计算局部平均，需要满足以下几条性质:

(1) $$K(x)\geqslant 0; \tag{10.3}$$

(2) $$\int K(x)\mathrm{d}x=1; \tag{10.4}$$

(3) $$\int xK(x)\mathrm{d}x=0; \tag{10.5}$$

(4) $$\sigma_K^2=\int x^2K(x)\mathrm{d}x>0. \tag{10.6}$$

假定样本为 $(x_1,y_1),\cdots,(x_n,y_n)$，在样本点 x 的距离为 h 范围内的 x_i 相应观测值 y_i 的平均数为

$$\sum_{i=1}^{n}y_il_i(x) \tag{10.7}$$

其中

$$l_i(x)=\frac{K\left(\dfrac{x_i-x}{h}\right)}{\displaystyle\sum_{i=1}^{n}K\left(\dfrac{x_i-x}{h}\right)} \tag{10.8}$$

函数 $K(x)$ 可以是 Boxcar 核，也可以是其他的核函数. 式(10.7)为局部加权平均. 核函数在许多非参数方法中具有重要作用.

若核函数 $K(x)$ 为 Nadaraya-Watson 核，称回归函数估计为 Nadaraya-Watson 核估计，回归函数估计为

$$\hat{f}(x)=\frac{\frac{1}{nh}\sum_{i=1}^{n}K\left(\frac{x-x_i}{h}\right)y_i}{\frac{1}{nh}\sum_{i=1}^{n}K\left(\frac{x-x_i}{h}\right)} \tag{10.9}$$

若核函数 $K(x)$ 为 Gausser-Muller 核，称回归函数估计为 Gausser-Muller 核估计，回归函数估计为

$$\hat{f}(x)=\sum_{i=1}^{n}y_i\int_{s_{i-1}}^{s_i}K\left(\frac{u-x}{h}\right)\mathrm{d}u \tag{10.10}$$

其中，$s_i=(x_1+x_2)/2$，$x_0=-\infty$，$x_{n+1}=+\infty$.

常用的核函数还有三次方核、矩形核、均匀核等. 选用不同的核函数，回归函数估计效果不同. 需要注意的是，若采用核函数，常用交叉验证法等选择光滑参数 h (也称带宽).

3. *k-近邻光滑*

k-近邻光滑与滑动平均类似，回归函数估计为

$$\hat{f}_k(x)=\frac{1}{n}\sum_{i=1}^{n}W_k(x)y_i \tag{10.11}$$

其中

$$W_k(x)=\begin{cases}\frac{n}{k}, & i\in Q_x,\\ 0, & i\notin Q_x\end{cases} \tag{10.12}$$

Q_x 表示 x 的最邻近 k 个点集合.

4. *局部多项式回归*

局部多项式回归是将回归函数 $f(x)$ 在 x 的邻域点 z 进行 Taylor 展开，即

$$f(z)\approx\sum_{j=0}^{p}\frac{f^{(j)}(x)}{j!}(z-x)^j=\sum_{j=0}^{p}\beta_j(z-x)^j \tag{10.13}$$

使得

$$\sum_{i=0}^{n}\left\{y_i-\sum_{j=0}^{p}\beta_j(x_i-x)^j\right\}^2K\left(\frac{x-x_i}{h}\right) \tag{10.14}$$

达到最小的 $\beta_j(j=0,\cdots,p)$，记为 $\hat{\beta}_j(j=0,\cdots,p)$，得到

$$\hat{f}^{(j)}(x)=j!\hat{\beta}_j \tag{10.15}$$

$$\hat{f}(z)=\sum_{j=0}^{p}\frac{\hat{f}_j(x)}{j!}(z-x)^j \tag{10.16}$$

$p=1$ 的局部多项式回归称为局部线性回归估计. 局部线性回归估计不同于核回归光滑和 k-近邻光滑, 后两者都是在局部采用常数加权.

5. *Loess 局部加权回归*

Loess 局部加权回归(locally weighted regression)和 Lowess(locally weighted scatterplot smoothing)方法相似. 在 x 的邻域点用多项式拟合, 得到 x 对应的回归函数 $f(x)$ 估计. 局部多项式采用加权最小二乘法拟合, 根据与点 x 的距离确定权重大小. 与点 x 的距离越近, 权重越大; 与点 x 的距离越远, 权重越小. 通过局部多项式得到回归函数的估计 $\hat{f}(x)$. Loess 局部加权回归不需要所有数据拟合回归函数, 适用性强, 回归函数的优良性很大程度上依赖于数据密集性.

6. *平滑样条*

样条是指平滑连接的分段多项式函数. 与回归样条相比, 平滑样条(smoothing spline)主要通过调整拟合度和光滑度, 选择函数 $f(x)$, 使下式尽可能小,

$$\sum_{i=1}^{n}[y_i-f(x_i)]^2+h\int_{x_{\min}}^{x_{\max}}[f''(x)]^2\mathrm{d}x \tag{10.17}$$

作为回归函数估计. 式(10.17)中第一项称为残差平方和, 第二项为惩罚项. h 是平滑常数, 类似于核回归光滑和局部多项式回归中的带宽. 若选择 h 较小, 拟合效果好, 光滑度不好. 确定合适的平滑常数 h 是平滑样条的关键.

7. *Friedman 超光滑法*(supersmoother)

根据交叉验证确定每个点的带宽, 避免迭代过程①.

10.1.2 光滑参数的选取

在实际应用中, 非参数回归利用样本数据, 构造回归函数估计, 使得其在每个样本点上尽可能地光滑. 非参数回归模型主要考虑局部加权回归, 涉及核光滑、局部多项式回归、k-近邻光滑、样条光滑等. 利用不同光滑函数, 非参数回归函数估计的光滑度不一样. 若非参数回归函数过于光滑, 拟合程度不一定高. 过拟合的非参数回归函数估计往往不光滑.

带宽 h 被称为光滑参数(smoothing parameter). h 选择过大可能导致非参数回归函数估计的偏差大、方差小, 称为过光滑(oversmoothing). h 选择过小可能导致非参数回归估计的偏差较小、方差大, 称为欠光滑(undersmoothing). 过光滑和欠光滑之间折中是非参数回归函数估计的偏差与方差之间的权衡, 是确定光滑参数的关键.

1. *选取光滑参数标准*

光滑参数 h 的选择标准常用均方误差, 也称为风险, 即

---

① Friedman J H. A Variable Span Scatterplot Smoother[M]. Palo Alto, CA: Laboratory for Computational Statistics, Stanford University. Technical Report No.5. 1984.

$$R(h)=E\left(\frac{1}{n}\sum_{i=1}^{n}[\hat{f}(x_i)-f(x_i)]^2\right) \tag{10.18}$$

选择光滑参数 h，使得拟合回归函数能最好地逼近真实回归函数，均方误差最小，风险最小. 即选择光滑参数 h，使式(10.18)中的 $R(h)$ 函数值最小. $R(h)$ 函数值依赖于函数 $f(x)$. 在实际应用中，真实回归函数 $f(x)$ 往往未知，选用估计 $\hat{R}(h)$ 代替 $R(h)$，选择光滑参数 h 使式(10.19)中的 $\hat{R}(h)$ 最小. $\hat{R}(h)$ 称为平均残差平方和，或称为训练误差，计算公式为

$$\hat{R}(h)=\frac{1}{n}\sum_{i=1}^{n}[\hat{f}(x_i)-f(x_i)]^2 \tag{10.19}$$

式(10.19)中的估计 $\hat{R}(h)$ 往往导致非参数回归函数估计有偏，拟合回归函数欠光滑或过拟合，主要原因是样本数据重复利用所致.

2. *光滑参数选取方法*

交叉验证得分法是常用的光滑参数选择方法. 缺一交叉验证得分(leave-one-out cross-validation score)定义为

$$\mathrm{CV}(h)=\hat{R}(h)=\frac{1}{n}\sum_{i=1}^{n}[y_i-\hat{f}_{(-i)}(x_i)]^2 \tag{10.20}$$

其中，$\hat{f}_{(-i)}$ 为剔除第 i 个样本点 (x_i,y_i) 后的回归函数估计，即 $\hat{f}_{(-i)}(x)=\sum_{j=1}^{n}y_j l_{j,(-i)}(x)$

$$l_{j,(-i)}(x)=\begin{cases}0, & j=i,\\ \dfrac{l_j(x)}{\sum\limits_{k\neq i}l_k(x)}, & j\neq i\end{cases} \tag{10.21}$$

也就是说，若样本点 $j=i$，赋予的权数为 0；其他样本点的权数总和为 1.

均方误差 $E(y_i-\hat{f}_{(-i)}(x_i))^2$ 主要包括两部分，方差 σ^2 和偏差平方 $(E(f(x_i))-\hat{f}(x_{(-i)}))^2$. 缺一交叉验证得分法是使偏差平方为0，均方误差等于方差. 缺一交叉验证得分法的计算复杂度高，去掉一个观测值要重新进行回归函数估计. 如果选用线性光滑器，采用缺一交叉验证得分法，$\hat{R}(h)$ 的计算公式为

$$\hat{R}(h)=\frac{1}{n}\sum_{i=1}^{n}\left(\frac{y_i-\hat{f}(x_i)}{1-L_{ii}}\right)^2 \tag{10.22}$$

其中，$L_{ii}=l_i(x)$ 是光滑矩阵 L 的第 i 个对角线元素. 使 $\hat{R}(h)$ 最小化，得到光滑参数 h.

广义交叉验证得分(generalized cross-validation score)也是选择光滑参数 h 的方法. 将式(10.22)的 L_{ii} 替换为 $\sum_{i=1}^{n}L_{ii}/n=v/n$，其中 $v=\mathrm{tr}(L)$ 为光滑矩阵 L 的迹，并且最小化下式

$$\mathrm{GCV}(h)=\frac{1}{n}\sum_{i=1}^{n}\left(\frac{y_i-\hat{f}(x_i)}{1-v/n}\right)^2 \tag{10.23}$$

通常，采用广义交叉验证得分法，使 $\mathrm{GCV}(h)$ 最小的带宽参数 h 接近于使用缺一交叉验证得分法的带宽. 利用函数近似 $(1-x)^{-2}\approx 1+2x$，有

$$\mathrm{GCV}(h) \approx \frac{1}{n}\sum_{i=1}^{n}\left(y_i - \hat{f}_{(-i)}(x_i)\right)^2 + \frac{2\nu\sigma^2}{n} \equiv C_p \tag{10.24}$$

其中，$\sigma^2 = n^{-1}\sum_{i=1}^{n}[y_i - \hat{f}_{(-i)}(x_i)]^2$．统计量 C_p 是由 Colin Mallows 提出的.

10.1.3 非参数回归模型检验

非参数回归模型的统计检验与参数回归模型的统计检验较为类似，包括模型显著性检验与拟合效果检验两部分. 非参数回归模型的统计检验方法通常是参数回归统计检验方法的延伸.

1. 非参数回归模型显著性检验

1) F 检验①

非参数回归模型显著性检验的原假设和备择假设分别为

$$\text{原假设 } H_0: f(x) = \beta_0 + \beta_1 x, \text{对某个}\beta_0, \ \beta_1\text{成立}$$

$$\text{备择假设 } H_1: f(x) = \beta_0 + \beta_1 x, \text{对任意 }\beta_0, \ \beta_0 \text{ 不成立}$$

在原假设 H_0 成立下，H 表示拟合回归模型的帽子矩阵，L 表示拟合非参数回归函数的光滑矩阵，Y 表示拟合非参数回归函数的观测值矩阵，检验统计量为

$$T = \frac{\| LY - HY \| \lambda}{\hat{\sigma}^2}$$

其中，$\lambda = \mathrm{tr}((L-H)^{\mathrm{T}}(L-H))$，$v_1 = \mathrm{tr}(L)$，$v_2 = \mathrm{tr}(L^{\mathrm{T}}L)$，

$$\hat{\sigma}^2 = \frac{1}{n - 2v_1 + v_2}\sum_{i=1}^{n}(y_i - \hat{f}(x_i))^2$$

在原假设 H_0 成立下，检验统计量 T 近似服从自由度 v 和 $n-2v_1+v_2$ 的 F 分布. 若 $T > F_{v,n-2v_1+v_2,\alpha}$，则在显著性水平 α 下，现有数据有足够证据认为原假设 H_0 不成立.

2) 广义似然比检验②

广义似然比检验构造的似然统计量近似服从卡方分布. 在实际应用中，根据卡方分布拟合检验以及 Bootstrap 方法具体推断参数显著性，具体过程较为复杂，这里不再详述，有兴趣的读者请参见文献(Fan and Li, 2001).

针对非参数回归模型显著性，还有拟合优度检验与残差回归检验等. 需要注意的是，对于非参数回归模型，这些方法的检验统计量并不完全相同于参数回归模型情形下的检验统计量. 为了比较模型和选择模型，还可以利用非参数回归模型与参数回归模型的拟合优度或均方误差等进行比较.

2. 非参数回归模型拟合效果检验

非参数回归模型拟合效果检验主要考察非参数回归模型的残差是否满足模型假设条件. 目前，拟合效果检验主要包括以下三个方面.

(1) 残差序列相关性检验：对于非参数回归模型，通常假定拟合模型残差相互独立.

---

① L.沃塞曼. 现代非参数统计[M]. 吴喜之，译. 北京：科学出版社, 2008.

② 范剑青，姚琦伟. 非线性时间序列——建模、预报及应用[M]. 陈敏，译. 北京：高等教育出版社, 2005.

为了验证拟合模型残差的独立性，往往进行残差序列相关性检验，如采用基于经验似然的检验方法等[①].

(2) 残差异方差性检验：常用的异方差检验法是残差图. 残差图可清楚直观地显示是否存在异方差. 当维数增加时，残差图只能显示残差中存在异方差，不能判断异方差是由哪些变量引起的. 此外，还有基于经验分布函数与小波检验方法等[②-④].

(3) 残差正态性检验：直方图和 Q-Q 图是残差正态性检验的常用方法. 这两种检验方法操作简单，但会受到人为主观因素的影响，分析结果只能作为正态性检验的重要参考，不能作为正态性检验法的严谨结论. 还有一些非参数分布检验方法如 Shapiro-Wilk 检验等也可用于残差正态性检验.

10.2 货币流通对居民消费物价指数影响分析

10.2.1 问题陈述

通货膨胀一直是宏观经济学中的重要问题. 通货膨胀表现为价格持续上涨的一种过程，或者从等同意义上说，是货币不断贬值的一种过程(《新帕尔雷格夫经济学大辞典》[⑤]). 当出现通货膨胀时，货币贬值，造成价格体系和税收体系混乱，并导致经济资源无效配置.

经济学在理论上最早主要是从货币数量论出发，研究货币和物价之间的数量关系. 货币数量论的内容可以从 Fisher 方程式中得出，即 $PY = MV$，其中 M 为货币存量，P 为一般价格水平，Y 为实际 GDP，V 为货币流通速度. 从 Fisher 方程可以看出，当 Y 和 V 相对稳定时，流通中货币流通量越大则物价水平越高. 弗里德曼认为：“通货膨胀无论到哪里都只是一种货币现象.”探究物价水平与货币流通量的变化关系，对避免出现通货膨胀现象具有重要意义.

10.2.2 选择变量

研究物价水平与货币流通量之间的关系，考虑到数据的可获取性，选择居民消费价格指数(consumer price index，CPI)和货币流通量 M_0. 选择变量 X 为以 1978 年为基期的货币流通量 M_0 的同比增长率，Y 为 CPI. X 和 Y 之间的函数关系很难用参数回归模型描述. 这里，用非参数回归模型拟合数据.

---

① Chen S X, Qin Y S. Empirical likelihood confidence intervals for local linear smoothers[J]. Biometrika, 2000, 87(4):946-953.

② Eubank R L, Thomas W. Detecting heteroscedasticity in nonparametric regression[J]. Journal of the Royal Statistical Society: Series B(Methodological), 1993, 55(1): 145-155.

③ Dette H, Munk A. Testing heteroscedasticity in nonparametric regression[J]. Journal of the Royal Statistical Society: Series B(Statistical Methodology), 1998,60(4):693-708.

④ Dette H. A consistent test for heteroscedasticity in nonparametric regression based on the kernel method[J]. Journal of Statistical Planning and Inference, 2002, 103(1-2): 311-329.

⑤ 约翰•伊特维尔. 新帕尔格雷夫经济学大辞典[M]. 北京：法律出版社. 1987.

10.2.3 收集数据

本节收集到 1979～2016 年共 38 年的观测数据, 包括 CPI 和货币流通量 M_0 的同比增长率, 数据来自《中国统计年鉴》. 整理后的数据见表 10.1.

表 10.1 CPI 和货币流通量 M_0 的同比增长率

年份	CPI	M_0 增长率	年份	CPI	M_0 增长率
1979	101.90	0.2627	1998	99.40	51.8500
1980	107.50	0.6330	1999	98.70	62.4693
1981	102.50	0.8693	2000	100.80	68.1165
1982	102.00	1.0712	2001	100.70	73.0038
1983	102.00	1.4991	2002	99.04	80.5001
1984	102.70	2.7363	2003	100.95	92.1410
1985	111.90	3.6594	2004	103.34	100.2656
1986	107.00	4.7472	2005	101.59	112.3571
1987	108.80	5.8608	2006	101.48	126.7010
1988	120.70	9.0660	2007	104.48	142.2794
1989	116.30	10.0566	2008	105.58	160.4102
1990	101.30	11.4736	2009	99.15	179.4104
1991	105.10	13.9896	2010	103.20	209.5102
1992	108.60	19.4528	2011	105.25	238.3795
1993	116.10	26.6637	2012	102.68	256.8293
1994	125.00	33.3802	2013	102.58	275.2945
1995	116.80	36.1948	2014	102.06	283.2431
1996	108.80	40.5189	2015	101.49	297.1914
1997	103.10	47.0075	2016	102.10	321.1887

10.2.4 整理数据

对 CPI 和货币流通量 M_0 的同比增长率进行初步分析. CPI 和货币流通量 M_0 的同比增长率的散点图见图 10.1. 图 10.1 显示, CPI 和货币流通量 M_0 的同比增长率并未呈现出明显的线性关系.

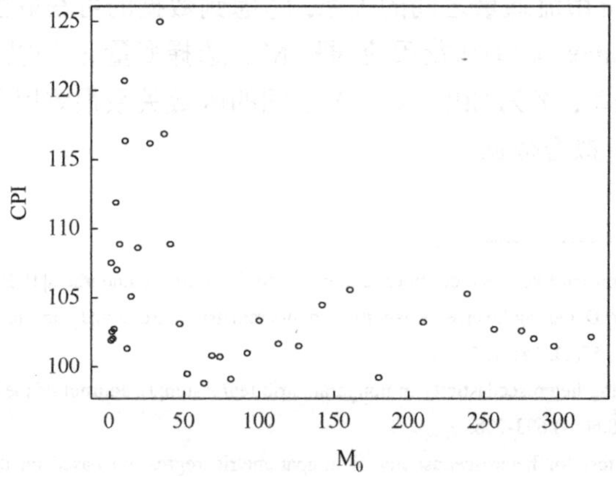

图 10.1 CPI 和 M_0 数据的散点图

10.2.5 模型建立与估计

为了对比分析, 利用表 10.1 中的数据, 分别建立线性回归模型、Nadaraya-Watson 核回归模型和 Loess 局部加权回归模型.

1. 线性回归模型

利用简单回归模型, 拟合 CPI 和货币流通量 M_0 的同比增长率的关系, 得到的拟合回归模型为

$$\hat{Y} = 107.2637 - 0.0216X$$

模型参数估计结果如表 10.2 所示. 在显著性水平 0.05 下, 拟合模型的系数都是显著的, P 值均小于 0.05.

表 10.2 简单线性回归模型参数估计

变量	系数	标准误	P 值
c	107.2637	1.3102	0.0000
X	−0.0216	0.0099	0.0353

拟合线性回归模型的残差见图 10.2. 从残差散点图可以发现, 拟合模型的残差显示出一定程度的相关性, 线性回归模型拟合并不充分.

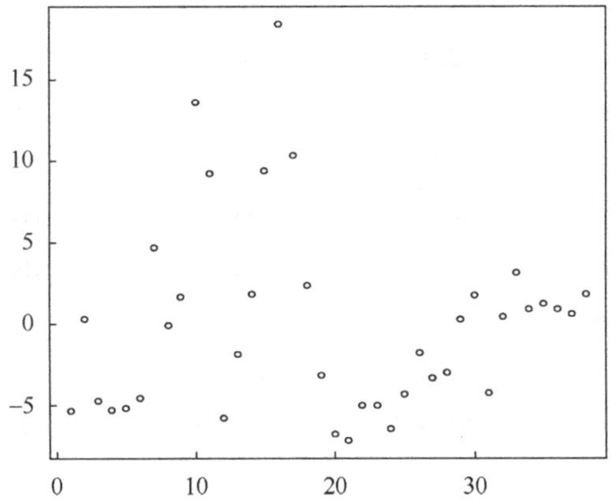

图 10.2 拟合线性回归模型的残差散点图

2. Nadaraya-Watson 核回归模型

图 10.1 显示, CPI 和 M_0 并不符合线性关系, 选择非参数回归模型拟合表 10.1 的数据. 采用 Nadaraya-Watson 核函数, 模型估计为

$$\hat{f}(x) = \frac{\dfrac{1}{nh}\sum_{i=1}^{n} K\left(\dfrac{x - x_i}{h}\right) y_i}{\dfrac{1}{nh}\sum_{i=1}^{n} K\left(\dfrac{x - x_i}{h}\right)} \tag{10.25}$$

令 CPI 为Y, 货币流通量 M_0 为X, 核函数$K(x)$为 Nadaraya-Watson 核, 这里依据案例背景以及为了演示方便, 带宽h仅选择四种, 分别为 20, 30, 40 和 50. CPI 的核回归估计结果见表 10.3.

表 10.3　CPI 的实际值和拟合值

年份	实际值	核回归拟合值			
		$h=20$	$h=30$	$h=40$	$h=50$
1979	101.90	106.1149	106.6696	107.0899	107.4751
1980	107.50	106.1851	106.7084	107.1214	107.5019
1981	102.50	106.2305	106.7333	107.1417	107.5192
1982	102.00	106.2695	106.7548	107.1592	107.5340
1983	102.00	106.3533	106.8007	107.1968	107.5658
1984	102.70	106.6020	106.9369	107.3092	107.6598
1985	111.90	106.7924	107.0423	107.3968	107.7321
1986	107.00	107.0208	107.1711	107.5048	107.8196
1987	108.80	107.2549	107.3090	107.6208	107.9118
1988	120.70	107.9068	107.7483	107.9889	108.1907
1989	116.30	108.0947	107.9006	108.1138	108.2808
1990	101.30	108.3507	108.1359	108.3023	108.4124
1991	105.10	108.7879	108.6162	108.6651	108.6518
1992	108.60	110.2455	110.0208	109.5592	109.1709
1993	116.10	114.7537	112.3352	110.7006	109.7054
1994	125.00	116.0950	113.0815	111.0411	109.7629
1995	116.80	114.9698	112.5918	110.8010	109.5867
1996	108.80	111.8644	111.0148	109.9417	109.0457
1997	103.10	106.0684	107.5152	107.7667	107.6656
1998	99.40	102.6407	104.7519	105.8264	106.3396
1999	98.70	99.9220	100.8894	102.2451	103.4433
2000	100.80	100.0570	100.2760	101.1779	102.2932
2001	100.70	100.1163	100.1438	100.7070	101.6093
2002	99.04	99.9831	100.2820	100.5653	101.0787
2003	100.95	101.3490	101.1968	101.0828	101.1098
2004	103.34	102.3083	101.8407	101.5393	101.4020
2005	101.59	101.8883	101.9636	101.9321	101.8764
2006	101.48	101.7565	102.1792	102.4278	102.5170
2007	104.48	104.2434	103.9224	103.6569	103.3762
2008	105.58	105.3078	104.3683	103.7336	103.3586

续表

年份	实际值	核回归拟合值			
		$h=20$	$h=30$	$h=40$	$h=50$
2009	99.15	99.3821	100.4320	101.3711	101.9661
2010	103.20	103.2010	103.1685	103.0438	102.9419
2011	105.25	105.1380	104.6844	104.2607	103.9347
2012	102.68	102.7812	103.0538	103.1371	103.1176
2013	102.58	102.3936	102.3392	102.3391	102.3897
2014	102.06	102.1734	102.1386	102.1488	102.1989
2015	101.49	101.5861	101.7712	101.8981	101.9826
2016	102.10	102.0968	102.0459	101.9768	101.9473

为了比较不同窗宽 h 的模型估计效果，分别画出 h 为 20, 30, 40 和 50 的拟合模型图形，如图 10.3 所示.

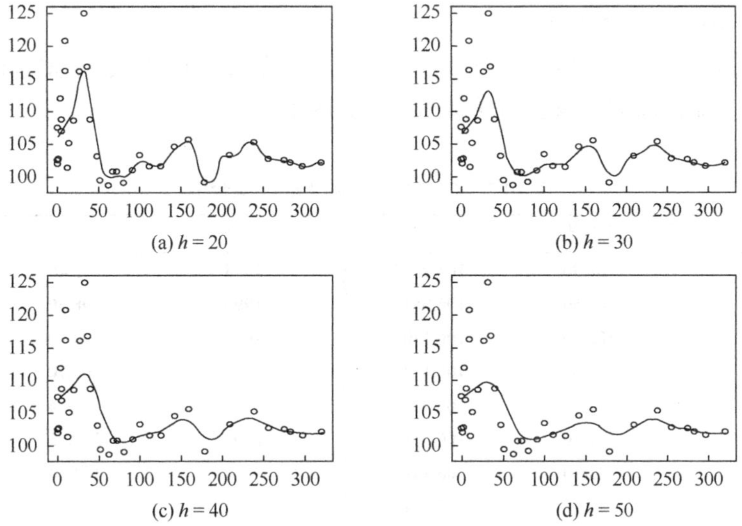

图 10.3　CPI 和 M_0 增长率的拟合图

相比较，窗宽 $h=20$ 和窗宽 $h=30$ 的拟合效果较好. 根据表 10.3 的拟合值，计算均方误差估计，见表 10.4. 均方误差估计的计算公式如下

$$\text{MSE}=\sqrt{\frac{1}{n}\sum_{i=1}^{n}(y_i-\hat{y}_i)^2} \tag{10.26}$$

表 10.4　不同窗宽 h 下拟合模型的均方误差估计

h	20	30	40	50
MSE	21.55	24.68	27.05	29.04

表 10.4 显示, 对于当前选择的 4 个窗宽, 当 $h = 20$ 时, 均方误差 (MSE) 估计值最小, 为 21.55. 相比较, 窗宽 $h = 20$ 的拟合模型更好. 该拟合模型残差见图 10.4. 图 10.4 显示, 拟合模型残差好于拟合线性回归模型的残差散点图(图 10.2). Nadaraya-Watson 核回归模型能较好地拟合数据.

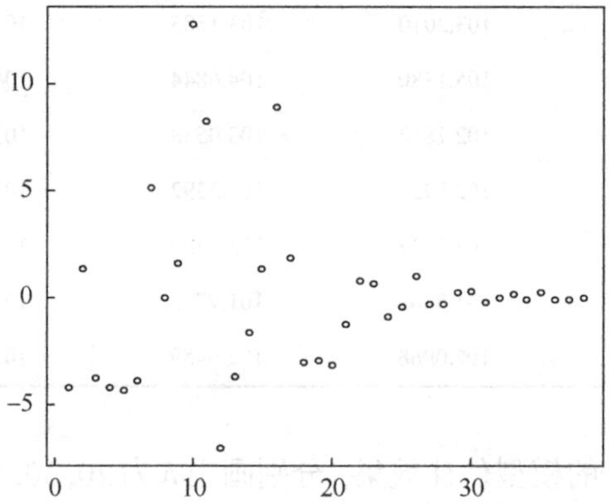

图 10.4 Nadaraya-Watson 核回归模型的残差散点图

3. Loess 局部加权回归模型

Loess 局部加权回归模型的拟合值见表 10.5. CPI 的实际值和 Loess 拟合值的散点图见图 10.5. 拟合 Loess 局部加权回归模型的残差见图 10.6.

表 10.5 CPI 实际值和 Loess 拟合值

年份	实际值	拟合值	年份	实际值	拟合值
1979	101.90	105.9317	1998	99.40	107.3930
1980	107.50	106.0540	1999	98.70	104.3300
1981	102.50	106.1304	2000	100.80	102.5443
1982	102.00	106.1946	2001	100.70	101.2006
1983	102.00	106.3260	2002	99.04	99.9485
1984	102.70	106.6887	2003	100.95	99.4749
1985	111.90	106.9493	2004	103.34	99.5501
1986	107.00	107.2448	2005	101.59	100.0443
1987	108.80	107.5335	2006	101.48	100.8279
1988	120.70	108.2794	2007	104.48	101.3301
1989	116.30	108.4809	2008	105.58	101.5289
1990	101.30	108.7416	2009	99.15	101.8582
1991	105.10	109.1309	2010	103.20	102.4326
1992	108.60	109.7060	2011	105.25	102.7764
1993	116.10	110.0793	2012	102.68	102.7535
1994	125.00	109.8889	2013	102.58	102.5688
1995	116.80	109.6211	2014	102.06	102.4681
1996	108.80	109.0907	2015	101.49	102.2610
1997	103.10	108.2415	2016	102.10	101.8150

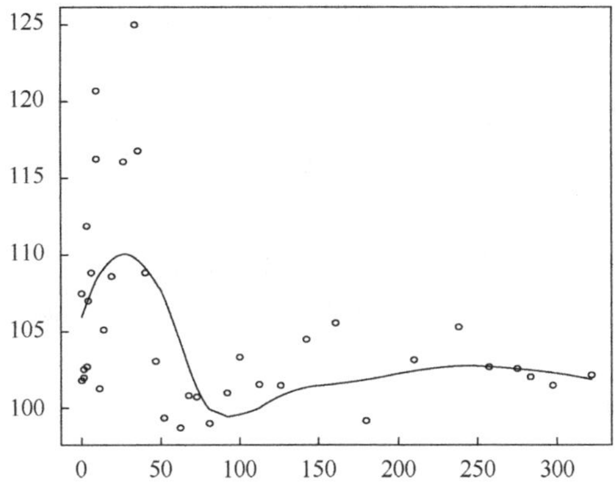

图 10.5 CPI 实际值和 Loess 拟合线

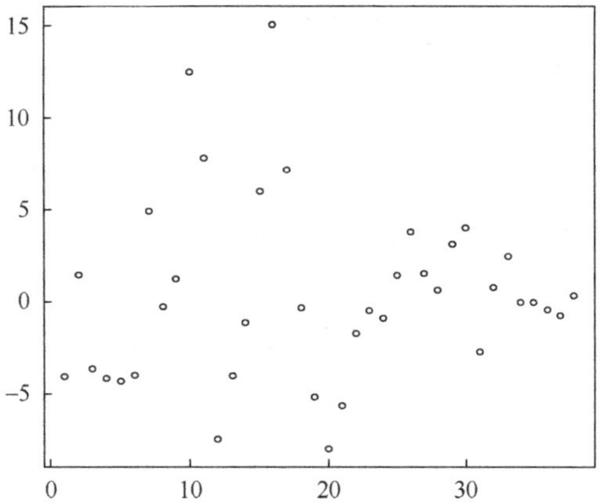

图 10.6 拟合 Loess 局部加权回归模型的残差散点图

Loess 局部加权回归模型拟合效果不如 Nadaraya-Watson 核回归模型拟合效果好, 残差波动幅度相对较大, 有些残差数值甚至超过了 15. 与 Nadaraya-Watson 核回归模型相比, Loess 局部加权回归模型拟合数据不充分.

10.2.6 模型评价

比较上述三个拟合模型, 简单线性回归模型不能充分拟合 CPI 和货币流通量 M_0 同比增长率之间的数据关系, 拟合模型残差波动幅度大. 对于非参数回归模型, Nadaraya-Watson 核回归模型和 Loess 局部加权回归模型的拟合效果好于简单线性回归模型. 拟合 Nadaraya-Watson 核回归模型和拟合 Loess 局部加权回归模型的均方误差见表 10.6. 相比较, 拟合 Nadaraya-Watson 核回归模型的均方误差最小, 残差波动幅度小, Nadaraya-Watson 核回归模型拟合效果好于 Loess 局部加权回归模型.

表 10.6 Nadaraya-Watson 核回归模型和 Loess 局部加权回归模型的均方误差估计

拟合模型	Nadaraya-Watson 核回归模型	Loess 局部加权回归模型
均方误差估计	21.55	29.28

10.2.7 问题结论

为了探究物价水平与货币流通量之间的关系, 选择 CPI 和货币流通量 M_0 两个指标, 收集 1979～2016 年 CPI 和货币流通量 M_0 同比增长率的观测数据, 分别使用简单线性回归模型、Nadaraya-Watson 核回归模型、Loess 局部加权回归模型拟合数据. 模型估计结果显示:

(1) 简单线性回归模型不能充分描述 CPI 和货币流通量 M_0 同比增长率之间的函数关系. 在显著性水平 5%下, 模型参数估计是显著的. 拟合模型的残差图显示, 拟合模型的残差不满足线性回归模型的假设条件.

(2) Nadaraya-Watson 核回归模型和 Loess 局部加权回归模型较充分地拟合 CPI 和货币流通量 M_0 同比增长率之间的函数关系，两种非参数回归模型的拟合值与观测值基本保持一致，拟合效果较好.

(3) 基于非参数回归模型的均方误差最小标准，选择 Nadaraya-Watson 核回归模型. 拟合 Loess 局部加权回归模型的均方误差估计略大于拟合 Nadaraya-Watson 核回归模型的均方误差估计，残差波动幅度相对较小.

上述分析显示，随着货币流通量 M_0 同比增长率的增加，CPI 先出现较大幅度升降波动，然后小幅波动，并基本保持在较平稳水平. 需要指出的是，造成通货膨胀的原因很多，例如，大宗原材料价格、房地产价格等. 本节为了演示，仅用 CPI 描述通货膨胀率并不全面，不能全面反应通货膨胀率的全部信息. 在实际应用中，需要充分考虑指标选择对结论的影响.

10.3 非参数密度估计和分位数回归模型

10.3.1 非参数密度估计

非参数密度估计(nonparametric density estimation)方法已被广泛应用于非参数模型估计和非参数统计推断等. 非参数密度估计方法类似于非参数回归模型估计，需要选择核函数和光滑参数 h 以估计密度函数. 假定样本观测值为 $x_1, x_2, \cdots, x_n$，样本相互独立，并来自同一总体 $F(x)$，密度函数 $f(x) = F'(x)$.

直方图密度估计法是最简单直观的非参数密度估计方法. 假定密度函数 $f(x)$ 在某个区间有支撑. 不失一般性，假设函数 $f(x)$ 的支撑区间为 $[0,1]$. 取一个整数 m，定义箱(bin)

$$B_1 = \left[0, \frac{1}{m}\right), B_2 = \left[\frac{1}{m}, \frac{2}{m}\right), \cdots, B_m = \left[\frac{m-1}{m}, 1\right] \tag{10.27}$$

选择的带宽 $h = 1/m$. 令 n_i 为 B_i $(i = 1, 2, \cdots, m)$ 中的观测值个数，观测值占比为 $\hat{p}_i = n_i / n$，理论观测频率为 $p_i = \int_{B_i} f(u)\mathrm{d}u$. 密度函数 $f(x)$ 的直方图密度估计为

$$\hat{f}_n(x) = \sum_{i=1}^{m} \frac{\hat{p}_i}{h} I(x \in B_i) \tag{10.28}$$

若 $x \in B_i$ 且 h 很小，有

$$E\left(\hat{f}_n(x)\right) = \frac{1}{h} E(\hat{p}_i) = \frac{1}{h} \int_{B_i} f(u)\mathrm{d}u = f(x)$$

核密度估计(kernel density estimator)是对直方图密度估计法的有效修正. 相比直方图密度估计法，核密度估计更光滑，更好地收敛于真实密度函数. 设核函数 $K(x)$ 和带宽 h，密度函数的核密度估计为

$$\hat{f}_n(x) = \frac{1}{nh} \sum_{i=1}^{n} K\left(\frac{x - x_i}{h}\right) \tag{10.29}$$

相对于直方图密度估计法，核密度估计法在每个样本点 x_i 处仅选择对应值的 $1/n$．核密度估计法的常用核函数有均匀核函数、三角核函数、Gauss 核函数等.

除了核密度估计法以外，还有局部多项式密度估计法、k 近邻密度估计法等. 这些密度函数估计法都需要选择合适的带宽 h.

例 10.1　股市收益率是反映股票市场波动性的指标. 事实上，大多数的股市收益率存在明显的尖峰特征. 相对于正态分布，股市收益率在均值附近的观测频率更高. 假定股市收益率服从非正态分布. 利用核密度估计法对上证 A 股综合指数收益率的密度函数进行估计. 数据见表 10.7，来自 Wind 资讯公司的 2015 年 11 月 2 日至 11 月 30 日中国上证 A 股日收盘点位，共 21 个观测值.

表 10.7　2015 年 11 月 2 日至 11 月 30 日的上证 A 股日收盘点位

日期	收盘点位	日期	收盘点位	日期	收盘点位
11 月 2 日	3325.09	11 月 11 日	3650.25	11 月 20 日	3630.50
11 月 3 日	3316.70	11 月 12 日	3632.90	11 月 23 日	3610.32
11 月 4 日	3459.64	11 月 13 日	3580.84	11 月 24 日	3616.11
11 月 5 日	3522.82	11 月 16 日	3606.96	11 月 25 日	3647.93
11 月 6 日	3590.03	11 月 17 日	3604.80	11 月 26 日	3635.55
11 月 9 日	3646.88	11 月 18 日	3568.47	11 月 27 日	3436.30
11 月 10 日	3640.49	11 月 19 日	3617.06	11 月 30 日	3445.41

解　本例选用高斯核函数估计上证 A 股综合指数收益率的密度函数. 为了演示方便，这里仅选择三种带宽，分别为 $h=2$，$h=4$，$h=8$．密度函数的拟合结果见图 10.7～图 10.9. 图 10.7 中带宽 $h=2$ 的拟合密度函数似乎欠光滑. 图 10.9 中带宽 $h=8$ 的拟合密度函数似乎过光滑. 相比较，图 10.8 中显示，带宽 $h=4$ 的拟合密度函数较为合适. 带宽 $h=4$ 的拟合密度函数显示，股市收益率分布并非正态分布，呈现出尖峰厚尾的特征. 非参数核密度估计方法更好地拟合收益率分布.

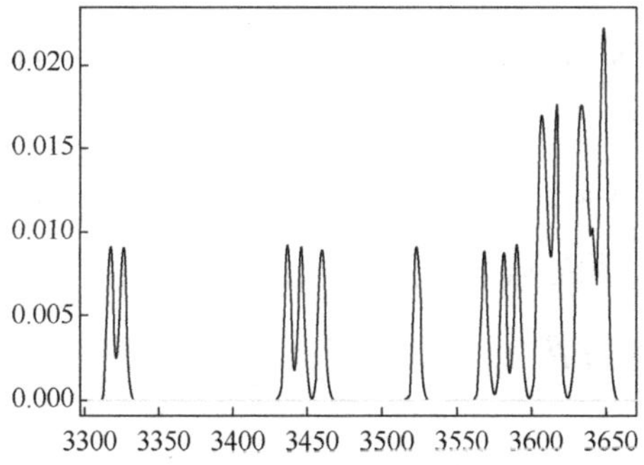

图 10.7　带宽 $h=2$

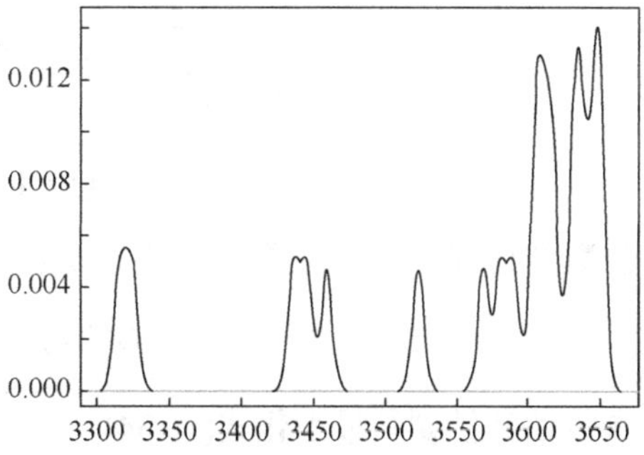

图 10.8　带宽 $h=4$

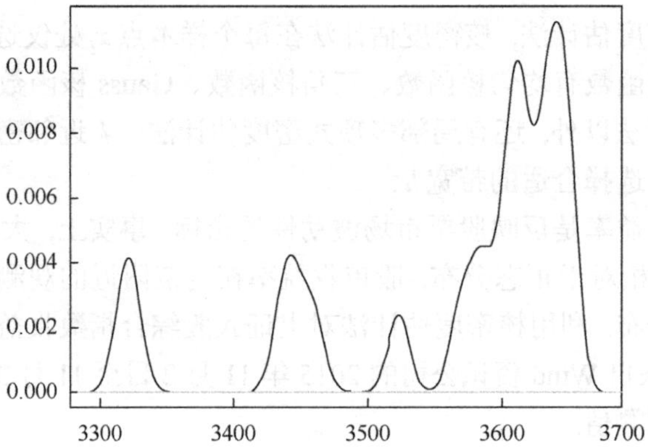

图 10.9 带宽 $h=8$

10.3.2 分位数回归模型

分位数回归模型描述自变量 X 对因变量 Y 分布中位数、分布尺度和分布形状的影响, 有助于全面分析因变量 Y 的条件分布完整特征. 分位数回归模型是 Koenker 和 Bassett (1978) 提出的.

线性回归模型需要满足正态性假设和方差齐性假设. 社会经济等领域数据通常无法满足这两个假设条件. 线性回归模型参数估计容易受异常值的影响. 直接删除异常值, 容易导致损失有价值的信息. 例如, 在居民收入问题研究中, 异常值是研究者关注的重点. 分位数回归能够有效克服普通线性回归模型的上述缺陷.

分位数回归模型表示为

$$Q^{(q)}(y_i \mid x_i) = \beta_0^{(q)} + \beta_1^{(q)} x_{1i} + \beta_2^{(q)} x_{2i} + \cdots + \beta_k^{(q)} x_{ki} + Q^{(q)}(\varepsilon_i) \tag{10.30}$$

其中, $Q^{(q)}(y_i \mid x_i)$ 表示因变量 Y 的 q 分位数. 线性回归模型参数估计使用普通的最小二乘法, 最小化残差平方和. 分位数回归参数估计最小化残差绝对值的加权和. 假设响应变量 Y 是连续型随机变量, Y 的总体分位数恰好将总体分布划分为两个部分, 其中小于或等于 q 分位数 $Q^{(q)}(y)$ 的概率为 q, 大于 q 分位数 $Q^{(q)}(y)$ 的概率为 $1-q$. 可以证明, 样本 q 分位数是残差绝对值加权之和最小化问题的最优解, 即

$$\min_{\mu}\left\{\sum_{i:y_i \geqslant \mu}^{n} q\left|y_i-\mu\right| + \sum_{i:y_i<\mu}^{n}(1-q)\left|y_i-\mu\right|\right\} \tag{10.31}$$

$$Q^{(q)}(y_i \mid x_i) = \mu \tag{10.32}$$

将分位数估计推广到分位数回归模型参数估计, 用矩阵表示为

$$Q^{(q)}(y_i \mid x_i) = \boldsymbol{x}_i^{\mathrm{T}} \boldsymbol{\beta}^{(q)} \tag{10.33}$$

模型参数估计量 $\hat{\boldsymbol{\beta}}^{(q)}$ 最小化式(10.34)

$$\min_{\boldsymbol{\beta}^{(q)}}\left\{\sum_{i:y_i\geqslant \boldsymbol{x}_i^{\mathrm{T}}\boldsymbol{\beta}^{(q)}}^{n} q\left|y_i-\boldsymbol{x}_i^{\mathrm{T}}\boldsymbol{\beta}^{(q)}\right|+\sum_{i:y_i<\boldsymbol{x}_i^{\mathrm{T}}\boldsymbol{\beta}^{(q)}}^{n}(1-q)\left|y_i-\boldsymbol{x}_i^{\mathrm{T}}\boldsymbol{\beta}^{(q)}\right|\right\} \tag{10.34}$$

分位数回归模型参数估计的目标函数有绝对值，不能进行微分运算，通常采用线性规划方法计算 $\hat{\boldsymbol{\beta}}^{(q)}$. 最小二乘估计的目标函数是最小化残差平方和，容易受极端值的影响. 相比较，分位数回归模型系数估计量更稳健.

分位数回归模型拟合优度用准则 R^2 来度量，其定义为

$$1-\frac{\sum_{i:y_i\geqslant \boldsymbol{x}_i^{\mathrm{T}}\hat{\boldsymbol{\beta}}^{(q)}}^{n} q\left|y_i-\boldsymbol{x}_i^{\mathrm{T}}\hat{\boldsymbol{\beta}}^{(q)}\right|+\sum_{i:y_i<\boldsymbol{x}_i^{\mathrm{T}}\hat{\boldsymbol{\beta}}^{(q)}}^{n}(1-q)\left|y_i-\boldsymbol{x}_i^{\mathrm{T}}\hat{\boldsymbol{\beta}}^{(q)}\right|}{\sum_{i:y_i\geqslant \hat{Q}^{(q)}(y_i)}^{n} q\left|y_i-\hat{Q}^{(q)}(y_i)\right|+\sum_{i:y_i<\hat{Q}^{(q)}(y_i)}^{n}(1-q)\left|y_i-\hat{Q}^{(q)}(y_i)\right|} \tag{10.35}$$

分位数回归模型是根据因变量 Y 的条件分位数对自变量 X 进行回归，可以得到所有分位数的回归模型. 相对比线性回归模型，分位数回归模型更好地描述自变量 X 对于因变量 Y 的变化范围以及条件分布形状的影响，特别是能更好地描述拟合分布的尾部特征.

例 10.2 考察收入差距对居民消费支出产生的影响. 居民消费为被解释变量，记为 Y，用家庭平均月消费支出(单位：元)表示. 收入差距为解释变量，记为 X，用基尼系数表示. 收集到 30 个地区样本数据，见表 10.8. 试建立分位数回归模型，描述收入差距对居民消费支出产生的影响.

表 10.8 30 个地区家庭平均消费支出与基尼系数

地区	Y 平均月消费	X 基尼系数	地区	Y 平均月消费	X 基尼系数
1	6372.319	0.853	16	6348.452	0.888
2	6361.521	0.853	17	6614.507	0.688
3	6517.920	0.853	18	6662.010	0.732
4	6459.818	0.839	19	7504.371	0.408
5	6863.920	0.412	20	6406.218	0.476
6	6831.441	0.590	21	6692.169	0.597
7	6534.761	0.287	22	6588.137	0.551
8	6392.050	0.287	23	6511.261	0.850
9	6934.975	0.311	24	6700.560	0.397
10	6813.308	0.733	25	7301.145	0.470
11	6263.710	0.515	26	6879.066	0.625
12	6769.084	0.787	27	6912.885	0.308
13	6630.586	0.626	28	7509.781	0.539
14	6645.987	0.394	29	6484.061	0.615
15	6319.558	0.649	30	6399.670	0.700

先对数据进行初步分析. 30 个地区家庭平均消费支出与基尼系数的散点图见图 10.10. 图 10.10 显示，收入差距与居民消费似乎呈现出负相关关系. 为了描述收入差距影响居民消费的位置和形状变化的特征，采用分位数回归模型分析 30 个地区家庭平均消费支出与基尼系数的数据.

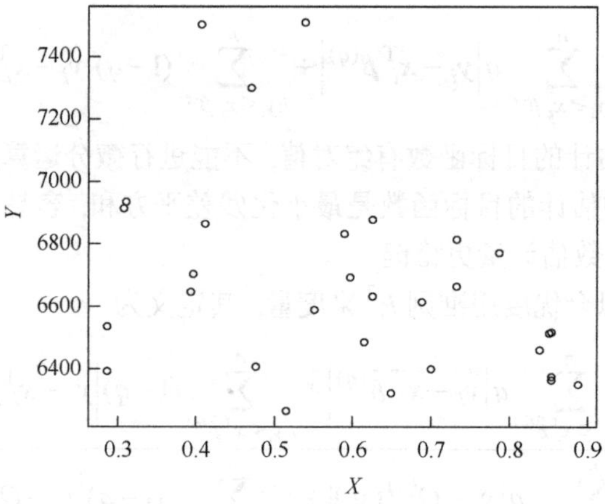

图 10.10 家庭平均消费支出与基尼系数散点图

表 10.9 给出了普通最小二乘估计结果和五个不同分位数水平(5%, 25%, 50%, 75%, 95%)下分位数回归模型估计结果.

表 10.9 最小二乘估计和分位数回归模型参数估计

变量	OLS	5%	25%	50%	75%	95%
常数项	7049.8***	6241.1***	6622.6***	7175.7***	7136.6***	8295.9***
(标准误)	185.2	196.0	209.6	209.9	474.5	668.4
X	−631.9**	120.9	−306.1	−853.2***	−648.4	−1940.1***
(标准误)	297.1	271.1	259.0	290.2	635.9	988.3

注: **和***分别表示显著性水平为 0.1%和 0.0%

回归系数的最小二乘估计是统计显著的, 表明收入差距对居民消费的负向影响显著. 在 50% 分位数和 95% 分位数下, 分位数回归系数估计是显著的, 表明对中等消费水平群体和高消费水平群体组而言, 收入差距对居民消费的负向影响显著. 分位数回归的拟合模型为

$$Q^{(0.5)}(y\,|\,x) = 7175.7 - 853.2x$$

$$Q^{(0.95)}(y\,|\,x) = 8295.9 - 1940.1x$$

图 10.11 给出了简单线性回归模型和 7 个不同分位数(5%, 10%, 25%, 50%, 75%, 90%, 95%)下回归拟合曲线. 其中, 虚线代表简单线性回归拟合直线, 实线代表 7 个分位数回归拟合直线, 从下到上的 7 条拟合直线依次对应低分位数到高分位数. 图 10.11 显示, 居民消费随收入差距增大呈现下降趋势. 分位数回归拟合直线的左侧间隙较宽, 反应样本数据点比较稀疏. 分位数回归拟合直线的右侧间隙较窄, 反应样本数据点比较密集. 不同分位数下的回归拟合直线的间隙先宽后窄, 反映了居民消费是右偏的. 图 10.11 还显示, 50%分位数下的拟合回归直线和拟合普通线性回归直线的位置并不重合, 反映了条件分布的不对称性.

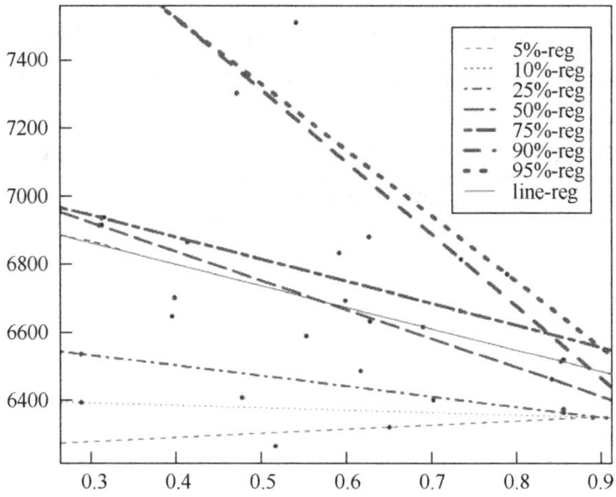

图 10.11 线性回归模型和分位数回归模型的估计结果比较

习 题 10

1. 收集 1980～2012 年城镇居民人均可支配收入 X (单位：元)和城镇居民家庭人均消费支出 Y (单位：元)的数据见表 10.10. 利用表 10.10 中的观测数据, 建立 Loess 局部加权回归模型, 给出 Loess 局部加权回归模型的预测值.

表 10.10 城镇居民人均可支配收入和城镇居民家庭人均消费支出

年份	X	Y	年份	X	Y
1980	412.40	600.61	1997	8371.30	8326.84
1981	877.20	638.16	1998	8663.40	8718.24
1982	903.10	695.81	1999	9232.00	9343.71
1983	969.90	744.25	2000	9996.10	9965.65
1984	1073.70	888.72	2001	10618.00	10807.56
1985	1024.90	1032.95	2002	12059.90	12000.72
1986	1217.90	1301.33	2003	13021.80	13065.99
1987	1357.30	1469.27	2004	14364.20	14363.90
1988	1671.00	1764.91	2005	15885.90	15810.59
1989	1871.00	2087.35	2006	17393.10	17490.07
1990	1972.70	2314.95	2007	19995.00	20127.07
1991	2236.30	2633.08	2008	22485.70	22690.99
1992	3344.70	3175.67	2009	24529.10	24465.34
1993	4221.60	4099.28	2010	26942.90	26884.96
1994	5702.80	5658.53	2011	30321.80	30179.86
1995	7075.20	6963.39	2012	33348.80	33444.69
1996	7839.20	7841.20			

2. 表 10.11 为 2007 年全国和 30 个省市的农村居民消费的数据, 数据来源于《中国统计年鉴 2008》. 试选择合适的窗宽, 建立 Nadaraya-Watsnn 核回归模型, 给出拟合图形和残差图形.

表 10.11　各地区农村居民人均生活消费支出和人均收入

地区	人均生活消费支出/元	人均收入/元
全国	2415.47	3587.04
北京	5681.09	8275.47
天津	3261.91	6227.94
河北	2246.29	3801.82
山西	2039.80	3180.92
内蒙古	2378.60	3341.88
辽宁	2740.97	4090.40
吉林	2398.45	3641.13
黑龙江	2365.23	3552.43
上海	7807.08	9138.65
江苏	3658.19	5813.23
浙江	5819.70	7334.81
安徽	2050.09	2969.08
福建	3217.66	4834.75
江西	2111.73	3459.53
山东	2867.30	4368.33
河南	1875.98	3261.03
湖北	2099.64	3419.35
湖南	2444.90	3389.62
广东	3421.56	5079.78
广西	1917.97	2770.48
海南	1759.26	3255.53
重庆	1600.58	2873.83
四川	1816.09	3002.38
贵州	1167.92	1984.62
云南	1597.26	2250.46
西藏	1435.41	2435.02
陕西	1938.60	2260.19
甘肃	1365.33	2134.05
青海	1657.87	2358.37
宁夏	1824.87	2760.14

3. 表 10.12 为 1978～1995 年商品零售价格指数与进出口对外贸易总额(单位: 亿美元), 商品零售价格指数以 1978 年为基期. 试选择最优带宽, 建立 Nadaraya-Watson 核估计模型, 并给出拟合图和残差图以及最优带宽下的商品零售价格指数的预测值.

表 10.12　商品零售价格指数与进出口对外贸易总额

年份	商品零售价格指数	进出口对外贸易总额
1978	100.0	206.4
1979	102.0	293.3
1980	108.1	381.4
1981	110.7	440.3
1982	112.8	416.1
1983	114.5	436.2
1984	117.7	535.5
1985	128.1	696.0
1986	135.8	738.5
1987	145.7	826.5
1988	172.7	1027.9
1989	203.4	1116.8
1990	207.7	1154.4
1991	213.7	1356.3
1992	225.2	1655.3
1993	254.9	1957.0
1994	310.2	2367.3
1995	356.1	2809.0

参考文献

胡桂华, 武洁. 2016. 人口普查质量评估理论与实践[M]. 北京: 中国社会科学出版社.

孟杰，杨贵军. 2018. 基于双系统估计量的中国非普查年人口总数估计[J]. 数理统计与管理，37(2): 298-308.

王静龙, 梁小筠. 2006. 非参数统计分析[M]. 北京: 高等教育出版社.

吴喜之, 赵博娟. 2014. 非参数统计[M]. 北京: 中国统计出版社.

Agresti A. 2002. Categorical Data Analysis[M]. 2nd ed . New York: Wiley.

Allison P. 1999. Logistic Regression Using the SAS System[M]. Cary, NC:SAS Institute.

Bishop Y M M, Fienberg S E, Holland P W. 1975. Discrete Multivariate Analysis[M]. Cambridge, MA: MIT Press.

Christensen R. 1997. Log-Linear Models and Logistic Regression[M]. New York: Springer.

Collett D. 2003. Modelling Binary Data[M]. 2nd ed. London: Chapman & Hall.

Conover W J. 1980. Practical Nonparametric Statistics[M]. 2nd ed. New York: John Wiley & Sons.

Daniel W W. 1978. Applied Nonparametric Statistics[M]. Boston: Houghton Mifflin Company.

Fahrmeir L, Tutz G. 2001. Multivariate Statistical Modelling Based on Generalized Linear Models[M]. 2nd ed. New York: Springer.

Fan J, Li R. 2001. Variable selection via nonconcave penalized likelihood and its oracle properties[J]. Journal of The American Statistical Association, 96: 1348-1360.

Fleiss J L, Levin B, Paik M C. 2003. Statistical Methods for Rates and Proportions[M]. 3rd ed. New York: John Wiley & Sons.

Goodman L A, Kruskal W H. 1979. Measures of Association for Cross Classifications[M]. New York, Heidelberg, Berlin: Springer-Verlag.

Hastie T, Tibshirani R J. 1990. Generalized Additive Models[M]. London: Chapman and Hall.

Hosmer D W, Lemeshow S. 2000. Applied Logistic Regression[M]. 2nd ed. New York: Wiley.

Koenker R, Bassett G J. 1978. Regression quantiles[J]. Econometrica, 46: 33-50.

La Brecque J F. 1973. New goodness-of-fit procedures for the case of normality[D]. Ph. D. thesis, State University of New York at Buffalo.

Lloyd C J. 1999. Statistical Analysis of Categorical Data[M]. New York: Wiley.

Shapiro S S, Wilk M B. 1965. An analysis of variance test for normality(complete samples)[J]. Biometrika, 52: 591-611.

Simonoff J S. 2003. Analyzing Categorical Data[M]. New York: Springer.

Wasserman Larry. 2008. 现代非参数统计[M]. 吴喜之, 译. 北京: 科学出版社.